中國學術思想 研究輯刊

三八編

林慶彰 主編

第4冊

江右王門論稿

彭樹欣 著

花木蘭文化事業有限公司

國家圖書館出版品預行編目資料

江右王門論稿／彭樹欣 著 -- 初版 -- 新北市：花木蘭文化事
業有限公司，2023〔民 112〕
序 4+ 目 4+208 面；19×26 公分
（中國學術思想研究輯刊 三八編；第 4 冊）
ISBN 978-626-344-392-1（精裝）
1.CST：陽明學 2.CST：明代哲學 3.CST：文獻
030.8   112010412

中國學術思想研究輯刊
三八編 第 四 冊   ISBN：978-626-344-392-1

江右王門論稿

作　　者　彭樹欣
主　　編　林慶彰
總 編 輯　杜潔祥
副總編輯　楊嘉樂
編輯主任　許郁翎
編　　輯　張雅淋、潘玟靜　美術編輯　陳逸婷
出　　版　花木蘭文化事業有限公司
發 行 人　高小娟
聯絡地址　235 新北市中和區中安街七二號十三樓
　　　　　電話：02-2923-1455 ／傳真：02-2923-1452
網　　址　http://www.huamulan.tw 信箱 service@huamulans.com
印　　刷　普羅文化出版廣告事業
封面設計　劉開工作室
初　　版　2023 年 9 月
定　　價　三八編 16 冊（精裝）新台幣 42,000 元

江右王門論稿

彭樹欣　著

作者簡介

彭樹欣（1968.10～），男，江西蓮花人，江西財經大學人文學院教授，華中師範大學文學博士，武漢大學哲學博士後，碩士生導師。從事中國哲學、古典文獻學和民俗學研究。主持、參與國家及省部級課題 10 餘項，其中國家社科基金項目《明代江右王門重鎮安福縣學人群文獻整理與研究》以優秀結題，出版著作（含文獻整理）10 餘部，在《光明日報》《孔子研究》等發表論文近 50 篇，獲江西省社科優秀成果二等獎 2 項、三等獎 1 項。

提　要

　　江右王門是陽明學派的最大支派，不僅人物最多，文獻富贍，思想深厚，而且最得陽明思想之正，又能豐富、發展其思想，並救正陽明後學之弊。其中，吉安府安福陽明學又是其重鎮。本書按兩大主題將關於江右王門學者（除廣義上的江右王門羅汝芳外，其他均為安福陽明學者）的系列研究論文及輯佚文獻整合為一本書，分為上下篇。上篇為思想研究，論述對象為鄒守益、劉陽、羅汝芳、王時槐、鄒德涵、劉元卿。或總論其哲學思想，包括《劉陽哲學思想論》《鄒德涵哲學思想論》《劉元卿哲學思想論》；或論其思想的某些方面，包括《論鄒守益的本體論》《論羅汝芳哲學的神秘主義傾向》《論王時槐的工夫論》《論劉元卿的教育實踐與思想》《論劉元卿的禮學實踐與思想》。下篇為考證與文獻，屬於文獻學研究，涉及對象為劉陽、劉邦采、王釗、劉元卿和鄒氏家學，有兩大內容：一是著述考，包括《劉陽著述考及其孤本文獻之發現》《劉元卿著述考》《江右王門鄒氏第二三代文獻及其思想價值》；二是文獻輯佚，包括《劉邦采文獻輯佚》《王釗文獻輯佚》《〈劉元卿集〉外佚文》。

自　序

　　陽明學派無疑是明代最大的學術流派，人物眾多，影響亦最大。陽明生前，其學說就在全國各地廣為傳播，其卒後，依然成燎原之勢，從而形成了各大地域支派。黃宗羲《明儒學案》依地域將該學派分為浙中王門、江右王門、南中王門、楚中王門、北方王門、粵閩王門，另加以學術思想而分的泰州學派和止修學派，共 8 大支派。其中，影響較大者為江右王門、浙中王門和泰州學派，而前者尤為其大宗，不僅人物最多，而且最得陽明思想之正，又能豐富、發展其思想，並救正陽明後學之弊。黃宗羲說：「姚江（陽明）之學，惟江右為得其傳，東廓、念庵、雙江其選也。再傳而為塘南、思默，皆能推原陽明未盡之旨。是時越中流弊錯出，挾師說以杜學者之口，而江右獨能破之，陽明之道賴以不墜。蓋陽明一生精神，俱在江右，亦其感應之理宜也。」〔註1〕所謂「姚江之學，惟江右為得其傳」「陽明一生精神，俱在江右」，這是黃氏對江右王門的最大肯定，也意味該支派具有很大的研究價值，這也是我進入該研究之背書。

　　陽明學經過明中後期的蓬勃發展後，入清，漸成潛流，一線如縷，至晚清民國，又呈中興之勢。但 1949 年後，在大陸陽明作為封建的反動的「唯心主義」思想家打入另冊，成為意識形態下的「臭狗」，幾乎無人問津。至 1978 年後，華夏大地思想解放，學術復蘇，陽明也開始恢復其思想家的原貌，漸為研究者所關注，出現了不少專精之作，以陳來的專著《有無之境——王陽明哲學

〔註 1〕黃宗羲著、沈芝盈點校：《明儒學案》（修訂本），中華書局，2008 年，第 331 頁。

的精神》等為代表。進入 21 世紀，不僅陽明本人之學成為顯學，而且陽明後學也成為學術熱點，文獻整理之書和研究專著及相關論文不斷問世。在地域上，主要形成了兩大研究中心，一是浙江，一是貴州，兩地學者的成果最多，質量亦較高。相比而言，江西學界較為沈寂，即使是作為本土資源的江右王門研究，也多為外省學者的成果，而本地只有三五學者在默默耕耘，未形成氣候。關於江右王門的研究，已有蔡仁厚《王學流衍——江右王門思想研究》、徐儒宗《江右王學通論》、李伏明《江右王門學派研究——以吉安地區為中心》三種專著、幾種關於某個人物的專著以及一些論文，但相對浙中王門、泰州學派研究而言，仍不夠充分，這與其本身的成就是不相稱的，其實還有許多空白點和學術增長點。

　　本人從 2010 年博士後出站後，才開始進入江右王門的研究。我本來主要從事梁啟超研究，一直未關注這一本土學術，但由於不斷發現其豐富的文獻，意識到這是一個新的學術寶藏，作為一個江西學者出於鄉土情懷，當然異常興奮，故而也就轉入了該領域的研究，重點是吉安府安福縣的陽明學。先從基礎的文獻整理著手，然後再進入思想研究。十餘年間，出版了兩部文獻整理的書（《劉元卿集》《劉三五集》）和一本年譜（《劉元卿年譜》），去年完成了國家社科基金項目《明代江右王門重鎮安福縣學人群文獻整理與研究》，並以優秀結題，期間還發表一些相關論文。但至今，未有專著問世。此次將出版的《江右王門論稿》還說不上是嚴格意義上的專著，只是按兩大主題將系列論文及一些輯佚文獻整合為一本書，故名曰「論稿」。第一大主題為思想研究，由系列論文組成，研究對象包括鄒守益、劉陽、羅汝芳、王時槐、鄒德涵、劉元卿（其中羅汝芳屬泰州學派，因為是江西人，故歸入廣義上的江右王門〔註2〕），或總論其哲學思想，如對劉陽、鄒德涵、劉元卿的研究，或論其思想的某些方面，如對鄒守益的本體論、羅汝芳的神秘主義、王時槐的工夫論、劉元卿的教育和禮學的研究。第二大主題是考證與文獻，屬於文獻學的範圍，包括兩方面的內容：一是對劉陽、劉元卿和鄒氏家學的著述（包括版本）的全面考證和介紹，為文獻收集、整理或新文獻發現提供思路；二是對劉邦采、王釗和劉元卿的文獻輯佚，即彙集、整理、點校其散佚的文獻，為學界提供研究資料。

〔註 2〕按：此採取了蔡仁厚《王學流衍——江右王門思想研究》（人民出版社，2006年）的處理方法。

　　以上所涉及的研究對象除羅汝芳外，均為安福縣重要的陽明學者。對於安福陽明學，在此略作介紹：黃宗羲《明儒學案》關於江右王門所提及的代表性學者 6 人中就有 3 人為安福人，即東廓（鄒守益）、兩峰（劉文敏）、塘南（王時槐）。對於當時安福陽明學之盛，陽明著名弟子聶豹、王畿均有稱讚。聶豹曰：「陽明先生悼俗學之塗生民也，毅然以身犯不韙，倡道東南，而以良知為宗……有志之士，聞風而興者，時惟江西為盛。江西之盛，惟吉安。吉安之盛，惟安福。」〔註3〕王畿亦曰：「陽明夫子生平德業著於江右最盛，講學之風亦盛於江右，而尤盛於吉之安成（即安福）。」〔註4〕據筆者考證，安福陽明學者多達 170 多人，加上同道者更達 230 多人。從人數、重要學者和影響看，安福可謂是陽明學的重鎮，是江右甚至全國的陽明學中心之一。對於安福陽明學全面而系統的研究，體現在本人已完成的國家社科基金項目中，後續擬出版專著。

　　本書內容有三分之二在各類刊物上發表過（其中三篇在 CSSCI 期刊上發表），但整合為書中各章內容時，為照顧到全書的體例，其題目和內容有的有所改動。現將發表過的內容及各種刊物附錄如下：

　　1. 上篇第二章以《江右王門修證派劉陽論》發表於《贛南師範大學學報》（2019 年第 1 期）。

　　2. 上篇第三章以《論羅近溪哲學的神秘主義傾向》發表於《陽明學研究》（2019 年第四輯）。

　　3. 上篇第五章以《明儒鄒德涵簡論》發表於《孔子研究》（2014 年第 5 期，CSSCI 期刊）。

　　4. 上篇第六章以《體用合一論：劉元卿的儒學立場與特色》，《江西社會科學》（2018 年第 8 期，CSSCI 期刊）。

　　5. 上篇第七章以《江右王門劉元卿的教育實踐與思想》發表於《贛南師範大學學報》（2020 年第 4 期）。

　　6. 上篇第八章以《禮學心學化：明儒劉元卿的禮學思想與實踐》發表於《王陽明與吉安：江右王門學術研討會論文集》（江西人民出版社，2019 年）。

　　7. 下篇第一章以《王陽明弟子劉陽著述考及其孤本文獻之發現》發表於《北京大學中國古文獻研究中心集刊》（2017 年第 16 輯，CSSCI 集刊）。

〔註3〕聶豹著、吳可為編校整理：《聶豹集》，鳳凰出版社，2007 年，第 133～134 頁。
〔註4〕王畿著、吳震編校整理：《王畿集》，鳳凰出版社，2007 年，第 467 頁。

8. 下篇第三章以《江右王門鄒氏第二三代文獻及其思想價值》發表於《陽明學研究》（2016 年第二輯）。

9. 下篇第五章以《江右王門王釗文獻輯佚》發表於《陽明學研究》（2021 年第六輯）。

本人在從事江右王門研究和資料收集的過程中，得到了各位師友和同仁的幫助，他們是浙江社科院的錢明先生、武漢大學的歐陽禎人先生和張昭煒先生、井岡山大學的李伏明先生、寧波大學的鄒建鋒先生、安福縣博物館的刁山景先生、復禮中學的顏毅先生及同宗彭天華先生、彭亮先生等。同時，也一值得到我的碩士導師黃鎮偉先生、博士導師高華平先生、博士後導師郭齊勇先生的鼓勵、關愛和支持。此生能安心學問和教學，亦有賴於內子劉衛華女士對家庭的默默奉獻。此外，花木蘭文化事業有限公司副總編楊嘉樂女士等為本書的出版付出了辛勤的汗水。在此，一併深致謝忱！

2023 年 2 月江右彭樹欣識於洪都蓮花齋

目

次

上編　思想研究篇

第一章　論鄒守益的本體論

鄒守益（1491～1562），字謙之，號東廓，諡文莊，安福縣北鄉澂源人，是江右王門的領軍人物。學界對其專門研究已較豐富，如專著鍾治國《鄒東廓哲學思想研究》、張衛紅《敦於實行：鄒東廓的講學、教化與良知學思想》和30多篇論文（含碩博論文），其中對於其本體論也有所涉及，但未見全面的探討，故有進一步深入的必要，筆者在此展開較為全面的論述。

對心體、本體的體證、證悟是陽明心學的根本特徵。王陽明中年龍場悟道，悟到「心即理」，即是體證到了心體。後來在江右提出「致良知」，直指良知為心之本體，稱「良知本體」。晚年徹底證悟良知本體，「時時知是知非，時時無是無非，開口即得本心」[註1]，進入圓熟之境。可以說，陽明及其弟子王畿、鄒守益、聶豹等都以證悟良知本體為為學、求道的根本目的。承認有一個本然、先驗的良知本體，幾乎是陽明學者的共識；體證、證悟良知本體，幾乎是陽明學者共同的生命追求。陽明學作為生命的學問，其實良知本體不是用語言、思維去邏輯建構其內涵的，而是必須用篤實修行的工夫才能真正把握到。但是，良知學作為一門學問或一種工夫論，也需要用語言作為輔助手段讓學者領悟良知本體，從而指導實際修行。故陽明學者仍用種種言詞描述、說明良知本體，或說其特徵，或言其境界，不一而足。東廓作為一個有眾多弟子的教授師，當然也不得不常說本體。他對良知本體的體證、言說大體上同於陽明，但言說更詳細、更豐富，也有自己的獨特之處。

東廓對於良知本體，在不同語境下，有各種表述，如本體、心體、仁體、

〔註1〕黃宗羲：《明儒學案》（修訂本），中華書局，2008年，第180頁。

良知本體（良知之本體）、良知真體、吾性真體、吾心本體、性之本體、皜皜肫肫本體、肫肫皜皜真體、愷愷皜皜真體、惻怛真誠仁體、不睹不聞真體、戒懼真體等，有時也用良知、吾性、明德、天命之性等來表示良知本體。這些表述最具東廓特色的，一是將本體稱為「真體」，強調本體的至真至誠，二是在本體或真體前加「皜皜」「皜皜肫肫」等，強調本體的潔白、昭融、瑩然，於本體上無以復加；三是在真體前加「戒懼」，強調工夫所至之本體，即本體與工夫的合一。這些表述都是在陽明文本中找不到的，是東廓的自撰。當然除了這些表述外，東廓對於本體的內涵還有許多描述、論說，下面分而論之：

一、對本體的體證、證悟

正德十四年（1519），東廓拜陽明為師後，即開始了對良知本體的體證、證悟的人生歷程。次年，東廓在贛州與二三好友觀月而「悟吾性」〔註2〕。所謂「悟吾性」，即是對良知本體有所體悟。他體悟到：「吾性」（即良知本體）之精明而大公順應，但人有作好作惡之私，故自蔽其本體。此後體證、證悟本體成為東廓一生精神、道德修煉的方向和人生之主宰。直至晚年還在反思自己對本體未能洗刷乾淨，於是還在不斷加緊用功，以求徹底證悟之。

所謂體證本體，就是「反觀內照，直求本體」〔註3〕，也就是脫落一切的外在追逐，直接反求、反證自己的本心、良知。他說：「天命之性，純粹至善，而無形與聲，不可睹聞，學者於此無從體認，往往以強索懸悟自增障蔽。此學不受世態點汙，不賴聞見充拓，不須億中測度，不可意氣承擔，不在枝節點檢，亦不在著述繼往開來。凡有倚著，便涉聲臭，於洗心神明處，尚隔幾層。」〔註4〕也就是說，對本體的體證不是靠外在的見聞、億測、意氣、（生活）細節、著述等來獲得的，凡是對這些東西有所倚著，即使「強索懸悟」，都不能體認到本體，反增加本體之障。體證本體是陽明龍場悟道後開啟的用功方向，東廓繼承了這一用功方向。

所謂證悟本體，即是徹底掃清本體之蔽，讓良知本體永永作主。東廓常常反思自己未能徹底證悟之，於本體未能洗刷乾淨。如曰：「病體視舊稍健，今春出館崇福寺中，與門生、兒子緝理舊學，而郡之耆艾與四方之彥時造焉。乃

〔註2〕鄒守益：《贈王孔橋》，《鄒守益集》，鳳凰出版社，2007年，第42頁。
〔註3〕鄒守益：《貢院聚講語》，《鄒守益集》，第720頁。按：本書每一章同一種引用文獻多次出現時，為避免繁複，除第一次出現外，均用簡要注釋。
〔註4〕宋儀望：《文莊鄒東廓先生行狀》，《鄒守益集》，第1373頁。

知平日病痛，尚是比擬文義，想像光景，自以為為學工夫，而不知於良知本體反增一層障蔽。」〔註5〕又曰：「昔歲見先師時，便知從良知上致，只是認得良知粗了，故包護世情，倚靠聞見，懸想精蘊，終於潔潔靜靜處未肯著實洗刷，遂蹉跎暮齒，真可愧悔！」〔註6〕這應不是東廓的自謙，而是他真誠的反思，認為自己在本體上仍有病痛、蔽障。所謂「比擬文義」「倚靠聞見」，乃是從文字、聞見去理解本體，「包護世情」，是說本體上乃有世俗的私情、私欲，「想像光景」「懸想精蘊」，乃指去從心上去捕捉一個空空的虛影。當然，不是說東廓沒有體證到本體，而是沒有徹底證悟，不免有時仍有蔽障作祟。所以他晚年欲與同門劉邦采、劉文敏等共同徹證本體，以為「不以一毛障肫肫本體，庶不孤師門一脈，以疑來學」〔註7〕。

晚年東廓一方面自省自己本體之蔽；另一方面也自述自己對本體的證悟有進步處：

> 去年初度，同志胥臨，悟得赤子之心，正是對境充養。入夏，必避暑武功山間，擺脫塵網，翛然與造物者游，覺有進步處。世之博聞見、工測度、稽儀文、尚氣概，點檢念頭，終與無極之真超然聲臭，未可同科而語。〔註8〕

> 年來取友四方，歸而避暑於武功，覺得從前浮泛，猶考在聞見思索科臼，於肫肫皥皥真體，未可承擔。日夜怨艾，反觀內省，始於全生全歸脈絡有循循進步處。〔註9〕

此二文的「無極之真」「肫肫皥皥真體」均指良知本體。所謂「擺脫塵網，翛然與造物者遊，覺有進步處」，其「進步處」是指脫落本體之蔽，而與萬物一體，得「無極之真」；「始於全生全歸脈絡有循循進步處」，其「進步處」是指對「全歸」之境，即對「肫肫皥皥真體」的證悟。

東廓晚年進一步證悟良知本體，也得王龍溪的夾持，因為龍溪尤其重本體的證悟，從悟境上看，也許龍溪比東廓還要略高一籌。嘉靖二十八年（1549）年，東廓、龍溪等在玄潭、沖玄等地舉講會，龍溪與人有一段對話：

> 龍溪子曰：「不落意見，不涉言詮，如何？」曰：「何謂意見？」

〔註5〕鄒守益：《答呂涇野宗伯》，《鄒守益集》，第515頁。
〔註6〕鄒守益：《沖玄錄》，《鄒守益集》，第741頁。
〔註7〕鄒守益：《簡羅念庵》（一），《鄒守益集》，第586頁。
〔註8〕鄒守益：《簡陳西山》，《鄒守益集》，第606頁。
〔註9〕鄒守益：《簡呂巾石館長》，《鄒守益集》，第614頁。

（龍溪）曰：「隱隱見得自家本體，而日用湊泊不得，是本體與我終
是二物。」曰：「何謂言詮？」（龍溪）曰：「凡問答時，言語有起頭
處，末梢有結束處，中間有說不得處，皆是言詮所縛。」曰：「融此
二證何如？」（龍溪）曰：「只方是肫肫皜皜實際。」〔註10〕

龍溪認為只有證悟了肫肫皜皜本體，才能不落意見，不涉言詮。當然，東廓的
認識也與此無二（如言：「居閒無事，隱隱見得先天體段，而日用應酬湊泊不
得，猶是虛浮。」〔註11〕），二人對本體證悟的認知上應是惺惺相惜，但得友
朋夾持、共證，於是進一步堅定這一用功方向。所以東廓事後說：「予近得龍
溪子意見、言詮一針，更覺儆惕。只是時時洗刷，時時潔淨，方是實學。實學
相證，何須陳言？」〔註12〕所謂「時時洗刷，時時潔淨」，就是說要時時洗刷
本體之蔽，使之潔淨，即時時在本體上用功，於本體上戒懼不息。

對於東廓是否徹底證悟良知本體而真正得道，我們不好妄加評說，因為他
不像王龍溪、羅近溪有大段的對悟境的描述，只是用簡短的語言點出本體的特
徵（見下文）。不過，即使如龍溪、近溪般言說，言說畢竟也不是道。因此，
我們只能相信東廓晚年至少大體已證悟良知本體。

二、作為本己本質的本體

瑞士學者耿寧認為，王陽明的本體概念有兩個含義：一是指一個實事的
「本己本質」或「本己實在」的東西，是已經完成了的、真實的形態。對此
的對應概念是這個實事的非本己的、有缺陷的、尚不完善的、不純粹的、被
模糊了的形態或顯現。二是指一個實事的「實體」（即「根本實在」）的東西，
實體的對應概念是這個實體的發用、作用。〔註13〕筆者認為，作為體用範疇
的「用」，不僅包括實體的發用、作用，還包括工夫，故實體（本體）對應的
概念還有工夫。東廓對良知本體的闡釋大體同於陽明，其本體概念也包含了
這些含義，此外他還將良知本體作為建立道統的依據。下文從作為本己本質
的本體、作為與用對應的本體、作為與工夫對應的本體、作為道統依據的本
體四個方面加以論述。

〔註10〕鄒守益：《沖玄錄》，《鄒守益集》第 746 頁。

〔註11〕鄒守益：《復毛介川郡侯》，《鄒守益集》，第 616 頁。

〔註12〕鄒守益：《沖玄錄》，《鄒守益集》第 746～747 頁。

〔註13〕耿寧著、倪梁康譯：《人生第一等事──王陽明及其後學論「致良知」》，商務
印書館，2014 年，第 274 頁。

　　所謂作為「本己本質」或「本己實在」的本體，是指本體的根本性特徵。這些本質特徵包括良知本體的至善、精明、皭皭等。

　　其一，至善是心之本體。這是陽明良知學的基本義，如其言「至善是心之本體」〔註14〕，「至善是良知本體」〔註15〕。東廓繼承了陽明這一思想，他說：「至善也者，心之本體也。自無聲臭而言曰不睹不聞，自體物不遺而言曰莫見莫顯。其曰止仁止敬，止孝止慈，皆至善之別名也。」〔註16〕何謂至善？東廓曰：「至善者，良知之真純而無雜也。是真純無雜之體，常寂常感，常大公、常順應。故無眾寡，無大小，無逆順，隨所遇而安之，是之謂大行不加、窮居不損之學。」〔註17〕就是說，至善是指良知本體的真純無雜（即絕對善），不因落入現象界而加損，是一個絕對無待的存在。關於至善是心之體，是陽明學的公共義，幾乎無有爭議。但是陽明又提「無善無惡心之體」，後王龍溪大力提倡，遂成為陽明學的一大公案。東廓與陽明、龍溪不同，主張「至善無惡」是心之體，他說：「心一也，純粹至善，靈靈明明，有是無非，有善無惡。」〔註18〕其《青原贈處》記錢緒山四句教，首句作「至善無惡者心」。〔註19〕當然，陽明和龍溪都認為「無善無惡」也是至善之義，這是從本體界說。他們主「無善無惡」意在破對善惡之執著，即使執著善，也於本體有障。這種說法帶有佛教色彩，容易引起誤解，如有人從現象界去理解「無善無惡」，於是反對陽明、龍溪之說。東廓守純正儒學立場，其說完全尊孟子，他說：「孟子千辛萬苦爭個性善，正是直指本體，使學者安身立命，自成自道，更無寬解躲避去處，中間重重過惡，皆是自欺自畫，原不是性中帶來。」〔註20〕故東廓的說法不會引起誤解，也無流弊，不過也因此缺少了陽明、龍溪破執的超越義。

　　其二，吾心本體，精明靈覺。這也是陽明的題中之義，陽明曰「良知原是精精明明的」〔註21〕，又曰「良知越思越精明」〔註22〕。但陽明言良知本體之

〔註14〕王陽明：《傳習錄上》，《王陽明全集》，上海古籍出版社，2018 年，第 2 頁。
〔註15〕王陽明：《陽明先生遺言錄下》，《王陽明全集》（新編本第 5 冊），浙江古籍出版社，2010 年，第 1605 頁。
〔註16〕鄒守益：《寄孫德涵德溥》，《鄒守益集》，第 661～662 頁。
〔註17〕鄒守益：《復戚司諫羞夫》，《鄒守益集》，第 499 頁。
〔註18〕鄒守益：《答吳以容》，《鄒守益集》，第 607 頁。
〔註19〕黃宗羲：《文莊鄒東廓先生守益》，《明儒學案》，第 332 頁。
〔註20〕鄒守益：《貢院聚講語》，《鄒守益集》，第 719 頁。
〔註21〕鄧艾民：《傳習錄注疏》，上海古籍出版社，2012 年，第 240 頁。
〔註22〕陳榮捷：《王陽明傳習錄詳註集評》，重慶出版社，2017 年，第 274 頁。

「精明」甚少見，而東廓則將此義發揮至極致，其文本中言良知本體「精明」處常見，所用詞有「精明」「精明靈覺」「精明真純」「靈昭不昧」等。何謂「精明」？一是覺照義。東廓曰：「吾心本體，精明靈覺，浩浩乎日月之常照，淵源乎江河之常流……古人所以造次於是，顛沛於是，正欲完此常照常明之體耳。」〔註23〕又曰：「良知之明也，譬諸鏡然，廓然精明，萬象畢照。」〔註24〕二是精察義。東廓曰：「目之本體，至精至明，妍媸皂白，卑高大小，無能遁形者也，一塵縈之，則泰山秋毫，莫之別矣。良知之精明也，奚啻於目？」〔註25〕所謂精明，就是說即良知本體能覺照、精察一切是非善惡之幾，一毫私欲雜念落於良知本體上即能知。唐君毅辨析曰：「言精明不同言虛明。虛明中可無警惕義，精明中有精察善惡之幾之義。則此中有一善惡念之先之戒懼在，亦有自作主宰之敬在……則此中自以一道德生活之嚴肅義為本。」〔註26〕也就是說，東廓的「精明」，不同於王龍溪的「虛明」。虛明「體現的是良知本體的無執不滯之『無』的作用」〔註27〕，而無警惕、嚴肅義；而「精明」則有警惕、嚴肅義，與東廓的戒懼工夫相關。所以「精明」一詞帶有東廓特色，與陽明他子不同。

其三，良知真體，與皜皜同見。東廓常用「皜皜」「皜皜肫肫」「肫肫皜皜」「愷愷皜皜」等來言良知本體（真體），幾乎可說是東廓的獨家發明，陳九川曰：「余觀東廓用工篤實精密，其語良知本體，真與皜皜同見，海內同志賴焉。」〔註28〕「皜皜」一詞，來自《孟子·滕文公上》：「他日，子夏、子張、子游以有若似聖人，欲以所事孔子事之，強曾子。曾子曰：『不可，江漢以濯之，秋陽以暴之，皜皜乎不可尚已。』」朱熹釋「皜皜」為潔白貌，並認為此處「言夫子道德明著，光輝潔白，非有若所能彷彿也」，〔註29〕即「皜皜」是用來描繪孔子的道德人格。東廓常用此典故，並將「皜皜」解釋成描繪本體之詞。他說：「曾子之稱聖人曰：『秋陽以暴之，江漢以濯之，皜皜乎不可尚已。』皜皜者，

〔註23〕鄒守益：《簡君亮伯光諸友》，《鄒守益集》，第493頁。

〔註24〕鄒守益：《復夏太僕敦夫》，《鄒守益集》，第493頁。

〔註25〕鄒守益：《九華山陽明書院記》，《鄒守益集》，第323頁。

〔註26〕唐君毅：《中國哲學原論——原教篇》，中國社會科學出版社，2006年，第239頁。

〔註27〕張衛紅：《敦於實行：鄒東廓的講學、教化與良知學思想》，上海古籍出版社，2020年，第166頁。

〔註28〕陳九川：《壽大司成東廓鄒公七十序》，《鄒守益集》，第1410頁。

〔註29〕朱熹：《四書章句集注》，中華書局，1983年，第261頁。

潔白昭融，瑩然本體而已矣。」〔註30〕東廓認為孔子證悟了本體，非有若等人所能比。他說：「渣滓消融，本體呈露，江漢以濯，秋陽以暴，皭皭而無以尚，非聰明睿智達天德（指孔子），其孰能深造之！」〔註31〕在東廓這裡，「皭皭」是潔白、昭融、瑩然之意，強調於本體上無以復加、不再染污，即對本體的徹底證悟之貌。他說：「彼可以尚、可使加者，皆不得謂之皭皭。」〔註32〕又說：「好仁而可以尚，是猶有所搖眩也；惡不仁而可以加，是猶不免於污染也。有所搖眩，有所污染，終非皭皭肫肫本體矣。」〔註33〕可以說，東廓一生的生命追求就是在證悟皭皭真體。

三、作為與用對應的本體

　　體用，是中國哲學的一對重要範疇。從概念的辨析來說，「體」與「用」的區別是指一個「事物」自己的持續特徵與它的不同的、時間上有變化的效用、表露、宣示、顯現之間的區別。〔註34〕在陽明那裡，體用表現於「知行合一」和「致良知」中，知是體，行是用，良知是體，良知之流行是用，體用是合一的。東廓承陽明之學，並融合《周易》《中庸》、周敦頤《通書》和程顥《定性書》等作了更為豐富的闡釋，他說：

> 中也者，大公之體；和也者，順應之用，皆良知之別名。〔註35〕

> 夫良知一也。有指體而言者，寂然不動者是也；有指用而言者，感而遂通天下之故是也。指其寂然處，謂之未發之中，謂之所存者神，謂之廓然而大公；指其感通處，謂之已發之和，謂之所過者化，謂之物來而順應。體用非二物也。〔註36〕

> 故以言其（指良知）精明之凝定，謂之靜虛，忿懥憂患有所滯焉，則實焉。以言其精明之流行，謂之動直，親愛賤惡有所辟焉，則曲矣。〔註37〕

〔註30〕鄒守益：《敘秋江別意》，《鄒守益集》，第48頁。
〔註31〕鄒守益：《贈董謀之》，《鄒守益集》，第101頁。
〔註32〕鄒守益：《永豐縣重修儒學記》，《鄒守益集》，第375頁。
〔註33〕鄒守益：《贈侯舜舉》，《鄒守益集》，第811頁。
〔註34〕耿寧著、倪梁康譯：《人生第一等事──王陽明及其後學論「致良知」》，第275頁。
〔註35〕鄒守益：《簡葉旗峰秋卿》，《鄒守益集》，第574頁。
〔註36〕鄒守益：《復黃致齋使君》，《鄒守益集》，第497頁。
〔註37〕鄒守益：《南京兵部車駕司題名記》，《鄒守益集》，第416～417頁。

　　東廓認為，體用都是良知，良知有體有用。其中，未發之中、寂然不動、廓然大公、虛靜是指體，已發之和、感而遂通、物來順應、動直是指用。其中，從寂然不動、感而遂通說體用，來自《周易·繫辭傳》；從中和、已發未發說體用，來自《中庸》；從虛靜、動直說體用，來自周敦頤《通書》；從廓然大公、物來順應說體用，則來自程顥《定性書》。東廓融合這些經典充分闡釋體用之內涵。

　　此外，東廓還用《周易·繫辭傳》中「道器」的概念說體用，他說：「問道器之別。曰：『聖門提出最分曉。形而上者謂之道，形而下者謂之器。盈天地皆形色也，就其不可睹、不可聞、超然聲臭處指為道，就其可睹可聞、體物不遺指為器，非二物也。今人卻以無形為道，有形為器，便是裂了宗旨。』」〔註38〕此中，道便是體，器便是用，道器、體用是合一的。當然從概念辨析來說，「無形為道，有形為器」沒錯，但從實際看，二者是一體的，不可分離。他又用周敦頤《通書》誠、神、幾的概念來說體用，他說：「良知之旨，其天命之性乎！是性也，不睹不聞，無聲無臭，而莫見莫顯，體物不遺。不睹不聞，真體常寂，命之曰誠；莫見莫顯，妙用常感，命之曰神；常寂常感，常虛常靈，有無之間，不可致詰，命之曰幾。」〔註39〕其中，誠是體，神是用，幾則介於體用之間，是呈現體用之隱微處（即獨），是即存有即活動之「開關」，在幾處、獨處，體用一體呈現。

　　但是，良知本體未必一定會流行於用，存在本體與現象隔離的狀態。體用合一是建立在終始完善的良知本體的基礎上，如果有欲障蔽之，則本體不能流行。這是陽明所認可的，他說：「良知即是天植靈根，自生生不息；但著了私累（即私欲），把此根戕賊蔽塞，不得發生耳。」〔註40〕東廓認同陽明之說，他說：「良知之明，蒸民所同，本自皜皜，本自肫肫，常寂常感，常神常化，常虛常直，常大公常順應，患在自私用智之欲所障，始有所尚，始有倚。不倚不尚，本體呈露，宣之為文章，措之為政事，犯顏敢諫為氣節，誅亂討賊為勳烈。」〔註41〕如果有欲以蔽之，則須用工夫以復以保本體之明並使之流行。東廓曰：「聖門端本澄源之學，戒慎恐懼，須臾不離，視於無形，聽於無聲，以保天命之純而不使一毫雜之，從日用常行之內，以直造先天未畫之前。故大公

〔註38〕鄒守益：《浙游聚講問答》，《鄒守益集》，第 768 頁。
〔註39〕鄒守益：《青原贈處》，《鄒守益集》，第 103 頁。
〔註40〕鄧艾民：《傳習錄注疏》，第 210 頁。
〔註41〕鄒守益：《陽明先師文錄序》，《鄒守益集》，第 40 頁。

為中，順應為和。」〔註42〕就是說，必須用戒懼之功才能使體用合一。總之，與用對應的本體，有流行與不流行之別。作為終始完善的本體是流行的，流行則體與用合；有欲以障之，則不流行，體與用離。

四、作為與工夫對應的本體

本體與工夫（工夫），也屬於體用的範疇，工夫也可視作「用」。只是此「用」，不是本體的自然流行，而是用工夫以保本體之流行，工夫乃是一種獨特的「用」，故此單獨以工夫作為對應來論本體。

良知本體，從邏輯上說是先天現成的，只有聖人是時時處處都會呈現的，但常人（包括賢人）難免有間斷而不呈現之時，故需要用後天的工夫來作保證。作為陽明學的工夫，不是外在的枝節的工夫，而是直接在本體上用工夫，所以真正的陽明學工夫都是本體工夫。王陽明曰：「合著本體的，是工夫；做得工夫的，方識本體。」〔註43〕這是陽明的本體與工夫之辨：「做得工夫的，方識本體」，是說只有通過工夫才能真正呈現本體，否則本體只是邏輯的先在；「合著本體的，是工夫」，是說只有貼著本體的工夫，才是真正的工夫。從這個角度說，本體與工夫是合一的。所以東廓說：「先師一生精力，提出『致良知』三字，本體工夫，一時俱到，而學者往往分門立戶，尋枝落節，遂日遠於宗旨而不自覺，良可慨嘆！本體而謂之良，則至明至健，無一毫障壅；工夫而謂之致，則復其至明至健，一毫因循不得。」〔註44〕就是說，陽明提出「致良知」，將本體與工夫融為一體，良知是本體，其本身是至明至健的，而「致」則是工夫，是用來復至明至健的本體的。如果從外在的枝節上用功，則必然存在本體與工夫隔離的狀態。

關於本體與工夫之合一，東廓完全認同陽明，他說：

> 良知二字，精明真純，一毫世情點污不得，一毫氣質夾雜不得，一毫聞見推測穿鑿不得，真是與天地同運，與日月同明。故至良知工夫，須合得本體。做不得工夫，不合本體；合不得本體，不是工夫。〔註45〕

〔註42〕鄒守益：《壽蓮坪甘君侯先生七十序》，《鄒守益集》，第 131 頁。
〔註43〕王陽明：《傳習錄拾遺》，《王陽明全集》（新編本第 5 冊），第 1546 頁。
〔註44〕鄒守益：《答馬生遠世瞻》，《鄒守益集》，第 557 頁。
〔註45〕鄒守益：《再答雙江》，《鄒守益集》，第 542 頁。

> 本體工夫，原非二事。《大學》之教，在明明德，下「明」字是
> 本體，上「明」字是工夫，非有所添也。做不得工夫，不合本體；合
> 不得本體，不是工夫。〔註46〕

所謂「做不得工夫，不合本體；合不得本體，不是工夫」，與陽明的說法完全
一致，並直接下斷語說「本體工夫，原非二事」。東廓解「明明德」，等同陽明
的「致良知」，並通過一「明」字將本體與工夫綰合為一體。

從本體界而言，本體是不依賴於後天的工夫而先在的，所謂「現成良知」，
不僅是王龍溪、王心齋等現成派的觀點，東廓也是認同的，他說：「若論見成
本體，則良知良能，桀紂非嗇，堯舜非豐，何以肫肫浩浩淵淵獨歸諸至聖至誠
乎？」〔註47〕對於良知本體的「見成」（即現成）意，東廓常用「本自」「原自」
這樣的詞語來表達：「良知之本體，本自廓然大公，本自物來順應，本自無揀
擇，本自無昏昧放逸。」〔註48〕「明德之本體，原自剛大，原自精瑩，原自密
察，原自凝定。」〔註49〕所以東廓反對聶豹歸寂後別求寂體。從這個角度說，
本體與工夫不存在合一、不合一的問題。不過，東廓甚至認為，先天本體中也
蘊含了工夫，他說：「良知本體，原自精明，故命之曰覺；原自真實，故命之
曰誠；原自警惕，故命之曰敬，曰戒懼。不須打併，不須攪和，而工夫本體，
通一無二，更何生熟先後之可言？」〔註50〕說「覺」（即逆覺體證）、「敬」「戒
懼」原具本體中，就是說這些工夫是先天就具備的，是真正的「本體工夫」。
所謂「工夫本體，通一無二」，一是指工夫先天就在本體中，二是指當下承體
起用，本體與工夫同時呈現，所謂「即本體即工夫」。這是東廓對本體的徹悟，
試想如果工夫不是先天即存有，何以能當下承體起用？所以東廓晚年稱本體，
有時直稱「戒懼真體」。

從現象界而言，本體不是完全現成的（即終始圓滿的呈現），因為落於現
象界，本體有受遮蔽之時。所以東廓曰：「先言戒懼，後言中和，中和自用功
中復得來，非指見成的。」〔註51〕中和是即本體即流行的，是本體、工夫合一
的圓熟之境，這不是「見成」（即現成）的，而是要通過戒懼之功來獲得的。

〔註46〕鄒守益：《復高仰之諸友》，《鄒守益集》，第549頁。

〔註47〕鄒守益：《復高仰之諸友》，《鄒守益集》，第549～550頁。

〔註48〕鄒守益：《復石廉伯郡守》，《鄒守益集》，第511～512頁。

〔註49〕鄒守益：《答周潭程克州》，《鄒守益集》，第553頁。

〔註50〕鄒守益：《達詹復卿》，《鄒守益集》，第650頁。

〔註51〕鄒守益：《復高仰之諸友》，《鄒守益集》，第549頁。

故所謂本體與工夫的合一，東廓更多是從直接在先天本體上用後天之功（即「戒懼於本體」）而言，即通過在本體上用功以復本體，從而獲得圓熟之境，使本體徹底流行於日用間。正如東廓曰：「本體戒懼，不睹不聞，帝規帝矩，常虛常靈，則沖漠無朕，未應非先，萬象森然；已應非後，念慮事為，一以貫之。」〔註52〕就是說，戒懼於本體，本體與工夫合一則本體常虛常靈，流行於一切日常念慮事為之中。但工夫「須臾有息，便非良知本體」〔註53〕，故需時時用戒懼之功，使本體與工夫時時合一，如此才能真正、徹底證悟本體，從而由潛在的先天本體變成現實的圓熟本體。

五、作為建立道統依據的本體

　　關於道統論，宋明理學主要有兩大系統，一是以朱熹為代表的理學道統論，一是以王陽明為代表的心學道統論。作為建立道統的依據，前者以思想譜系的傳承為主，後者則主要以證悟道體、心體為主。關於道統論，王陽明曰：「顏子沒而聖人之學亡。曾子唯一貫之旨傳之孟軻，終又二千餘年而周、程續。自是而後，言益詳，道益晦；析理益精，學益支離無本，而事於外者益繁以難。」〔註54〕這段話，尤其是「顏子沒而聖人之學亡」，構成了陽明心學史上的「一大謎案」，更是儒學史上的「千古大公案」。〔註55〕為什麼說是謎案、公案？因為「顏子沒而聖人之學亡」，是說聖人之學傳到顏回就斷了，但接著又說「曾子唯一貫之旨傳之孟軻，終又二千餘年而周、程續」，則聖人之學似乎又再傳到了曾子、孟子、周、程。關於此吳震先生有一長文〔註56〕論之。筆者據吳震之論且斷以己意簡言之，「顏子沒而聖人之學亡」，是從證悟道體、本體說，「聖人之學」是證道之學，孔子之後唯有顏回證道了，之後再無來者，即使之後的曾子、孟子、周、程，都未完全證道，如曾子「尚有一間之未達」；而「曾子唯一貫之旨傳之孟軻，終又二千餘年而周、程續」，則是從思想譜系說，「唯一貫之旨」是指思想譜系的傳承，從孔子繼續傳到了曾子、孟子、周、程，此仍是就著朱熹的舊道統說。不過陽明更強調前者，此後王龍溪更充分發

〔註52〕鄒守益：《錄諸友講語答兩城郡公問學》，《鄒守益集》，第734頁。
〔註53〕鄒守益：《復濮致昭冬卿》，《鄒守益集》，第537頁。
〔註54〕王陽明：《別湛甘泉序》，《王陽明全集》，第257頁。
〔註55〕吳震：《心學道統論——以「顏子沒而聖學亡」為中心》，《浙江大學學報》（人文社會科學版），2017年第3期，第60頁。
〔註56〕按：即《心學道統論——以「顏子沒而聖學亡」為中心》。

揮前說，了結此「千古大公案」。東廓也大體繼承陽明的前說，但與陽明、龍溪仍有較大的不同。

東廓認為，孔子已徹底證悟本體，他常以曾子稱讚孔子「江漢以濯之，秋陽以暴之，皜皜乎不可尚已」（《孟子‧滕文公上》）來作為孔子證悟本體的說明，並以皜皜作為本體之主要特徵，稱「皜皜真體」，孔子便是「皜皜真體」之人格體現。對於顏回，他說：「顏氏之屢空，只是查滓渾化，使終身如三月焉，便是皜皜不可尚矣。」〔註57〕認為顏回已經消融了生命之渣滓，但還未完全達到孔子「皜皜不可尚」之境界，只是「其心三月不違仁」（《論語‧雍也》），如果終身如此，便是徹底證道。不過大體上說，東廓還是認為顏回已證悟本體，他又說：「用舍無恒，行藏有定，粹然一出於正，而無一毫繫累，孔、顏自許，正是本體潔淨，非群弟子所及。」〔註58〕對於孔子其他弟子，東廓認為他們均未能證悟本體，他說：「柴（子高）愚、參（曾子）魯、由（子路）喭、師（子張）辟、賜（子貢）貨殖而億中，雖淺深不同，終是查滓未融。查滓未融，則不能廓然大公；不能廓然大公，則不能物來順應，與屢空之顏，畢竟殊科。」〔註59〕不過，這裡的曾子是指年輕時的曾子，東廓認為曾子晚年已經證悟本體，他說：「參魯，聖門之所指渣滓也……曾氏之訓曰：『仁以為己任，死而後已。』其弘毅之學，任重道遠，至於全歸而知免，此豈魯者所能乎？渣滓消融，本體呈露，江漢以濯，秋陽以暴，皜皜而無以尚。」東廓以為曾子通過長期的修養工夫，最後消融了渣滓，證悟了本體，最終「全歸而知免」，這不同於陽明、龍溪，認為孔門弟子只有顏回已證悟本體。

正如陽明、龍溪，東廓也以證悟本體作為建立道統的依據。他說：

> 禮樂之等，最為近之，然猶自聞見而求，終不若秋陽江漢，直悟本體為簡易而切實也。蓋在聖門，惟不遷怒、不貳過之顏（顏回），語之而不惰；其次則忠恕之曾（曾子），足以任重而道遠。故再傳而以祖述憲章，譬諸天地四時（指子思），三傳而以仕止久速之時，比諸大成，比諸巧力（指孟子），宛然江漢秋陽家法也。秦漢以來，專以訓詁，雜以佛老，侈以詞章，而皜皜肫肫之學，湝然偏陂，而莫或救之。逮於濂洛（指周敦頤、程顥），始克續其傳，論聖之可學，

〔註57〕鄒守益：《贈黃志學歸惠州》，《鄒守益集》，第59頁。
〔註58〕鄒守益：《再簡洪峻之》，《鄒守益集》，第521頁。
〔註59〕鄒守益：《贈黃志學歸惠州》，《鄒守益集》，第58～59頁。

　　則以一者無欲為要；答定性之功，則以大公順應學天地聖人之常……

　　至陽明先師，慨然深探其統，歷艱履險，磨瑕去垢，獨揭良知，力

　　拯群迷，犯天下之謗而不自恤也。〔註60〕

　　這裡所謂「江漢秋陽家法」「皜皜肫肫之學」，即是直悟、證悟本體之學。在儒門，唯有孔子、顏回、曾子、子思、孟子、周敦頤、程顥、王陽明，以此為學，以此作為生命的終極追求。東廓以此為依據，建立了陽明學的心學道統。顯然，這與陽明、龍溪的說法是有所不同的，陽明、龍溪是以「已經證悟」本體為依據來建立心學道統的，故認為「顏子沒而聖人之學亡」；而東廓則是以體證、證悟本體為學、為生命的終極追求（是否「已經證悟」本體除孔子、顏回、曾子外，未加一一嚴格論證）為依據來建立心學道統的，所以他排了一個較長的譜系。總之，他們都是以體證或證悟本體作為道統的依據。不過在取法上，陽明、龍溪從嚴，僅把孔、顏作為心學道統人物，有驚世駭俗之氣象；而東廓從寬，還增加了曾子、子思、孟子等作為心學道統人物。

　　總之，鄒東廓從以上四個方面建立了自己的本體論，從而豐富了陽明學本體論的內涵，並以此作為自己哲學的根基，成為其整個哲學的統帥和靈魂。

〔註60〕鄒守益：《陽明先師文錄序》，《鄒守益集》，第39頁。

第二章　劉陽哲學思想論

一、生平簡述[註1]

　　劉陽（1496～1574），字一舒，初號三峰，後號三五，安福縣南鄉福車人。明弘治九年（1496）七月十一日辰時，三五於母歸寧時出生外祖家。稍長，讀書社學，慧敏不群。一日，侍立祖側，祖曰：「薩真人十二年一念不苟而二將降。」遂驚悟曰：「一念之動，鬼神知之，而可忽耶？」年十三，放學歸，祖母令其計債券生息之數，因聞生息亦能害人之說，反詰祖母曰：「害人事可為而紀耶？」於是泣告祖母焚債券，祖母喜其善心，竟從其請。

　　後遊縣學，學舉子業，然志存高遠，淡然於舉業之習。年二十，從本縣彭簪、劉曉受學，兩先生深器之。一日，讀《性理大全》，忽有省，遂動希聖之志。正德十三年（1518）春，劉曉間示之王陽明語錄，遂益發嚮往心性之學，並思親自問學於陽明。時陽明巡撫虔（贛州），遂親赴虔。至虔時，已是年關除夕，泊舟野水，風雪霏霏，手指麻木，不得屈伸。然他不畏風寒，心津津然自喜。次年正月初一日，執雉為贄，拜陽明為師。陽明見其修幹疏眉，飄飄然世外之態，謂諸弟子曰：「此子當享清福矣。」命之習靜，每日兩參，而陽明啟迪甚殷。時與翼元亨等 27 人共學，互相稽切。越數月，告歸，陽明不忍別，又留之數日。分別之日，陽明勉其曰：「若能甘至貧至賤者，斯可為聖人矣。」後遇郡督學周玉崕，以理學課士，而與陽明持論不合，然三五申述師說，竟得首選。周氏贈其《上蔡語錄》，且署其卷曰：「自上吉州，僅見吾子一人而已。」

〔註 1〕按：此部分內容依據《劉三五集》（卷九）附錄資料而成。

繼任者邵端峰對三五優禮尤至，授以魏莊渠《體仁說》。二督學皆以斯道之任期之。

嘉靖四年（1525），舉鄉試，中舉人。二十年（1541），參加會試，不第；然此年以學優得選，拜碭山縣令。三五勤於政事，一心為民，三年間，碭山得到治理。上朝廷考績，進階文林郎。離任之日，士民遮道，哭泣若失慈母。去後，碭人創仁政祠、去思碑祀之。二十四年（1545）十二月，升任福建道監察御史。次年，世宗改萬壽宮為永禧仙宮，百官表賀，群御史推三五為代表，三五獨毅然曰：「此當諫，不當賀。」任職不久，念祖歿未葬，連疏以病乞歸；或云嚴嵩欲與其聯姻，故託病乞歸。家居數年，朝廷起用天下有才望者十人，惟三五不赴。後又以貴州道御史召，不久陪點光祿少卿，竟皆不赴。

自嘉靖二十五年（1546），三五辭官歸隱後，未再出仕，息跡林下近三十年。始結廬於里之三峰，後常會復真書院，與鄒守益、劉文敏、劉邦采等一起講學。三五好山水之遊，三十一年（1552）秋，與劉邦采、周怡等一起遊南嶽。直至次年正月上元日始返家，不久又獨往南嶽再遊。夜半坐祝融峰，披羊裘觀海日，殘冰剩雪，柱杖鏗爾。自南嶽歸後，弟子從遊者日眾。四十五年（1566），安福縣令會集群士，請三五主講於縣學明倫堂。不久，三五聯會水雲書院。晚年闢雲霞館於三峰，又坐半雲洞天，與諸同志講道。在家，建祠堂，重祭祀，立家會，敦孝悌。居鄉，聯鄉人為月會、社會、厲祭會，為鄉約，遵《聖諭》，申仁讓，說良知，風動安福南鄉一帶。又立義倉於二區，鄉里賴之。三五諳達事體，善為鄉人解紛批難，爭曲直者，多不往官府申訴，而往三五之廬化解。總之，三五為官時間甚短（僅六年），一生主要隱居鄉間，修煉身心，並以講學弘道、化民成俗為志業。

萬曆二年（1574）五月六日，弟子朱汝昌病危，三五往視，染病。十三日，朱調、鄒善、彭湘過訪，三五仍論學不倦。六月七日，早起，正襟踞床而坐，惺惺不昧，撐持至申時，仰面弟子李挺等，拱手而逝。當其病危時，族、里人禱之，猶如疾之在己躬。卒後，族、里人如失慈父母，會哭於家者百數十人；弟子披麻執心喪者月餘；郡邑縉紳大夫，奔走填門，至不能容，悲愴道路，世所罕聞。死後，弟子特建祠以祀之，四方之士仰之如泰山北斗。其友王學夔銘其墓誌，稱其「一時之望，百世之傳」〔註2〕。

〔註 2〕王學夔：《明故柱史三五劉先生墓誌銘》，《劉三五集》，臺灣花木蘭文化出版
　　　社，2016年，第149頁。

三五所著有《三五劉先生集》（15 卷本、5 卷本）、《劉三五集》（4 卷）、《三五劉先生文粹》《吉州正氣》（4 卷）、《陽明先生編年》（1 卷）、《接善編》（1 卷）、《鄉社錄》等，大多已亡佚，現存文獻有筆者整理、編校的《劉三五集》（臺灣花木蘭文化出版社，2016 年），14 餘萬字。〔註 3〕

二、主要思想

1. 對陽明後學弊端的批評

隨著陽明學的傳播和發展，在其後學中產生了一些弊端。關於此，最有代表性的批評是劉宗周之說：「今天下爭言良知矣，及其弊也，猖狂者參之以情識，而一是皆良；超潔者蕩之以玄虛，而夷良於賊，亦用知者之過矣。」〔註 4〕牟宗三認為，此二弊，前者是指泰州學派以自然、快樂、活潑為主，而不免落於情識之混雜；後者是指王畿言良知與佛老無別，流於玄虛而蕩之弊。〔註 5〕這兩種主要弊端，一是著情識（即情志、欲望、習氣等）而混之為良知，一是著空無（即空靈玄妙、虛無枯寂）而認以為良知。其實，這不僅僅是王畿及其後學或泰州學派之弊，也是陽明後學中普遍存在的問題。對此，三五早有清醒的認識，王時槐云其：「患後學談玄空而遺倫物，言有餘而行不副。每聞士人且說於窈冥而染情於世味，輒為蹙額疾首，嘆惋而不已。」〔註 6〕所謂「談玄空而遺倫物」，是指著佛老之空無而遺棄人倫；所謂「說於窈冥而染情於世味」，是指表面談玄虛而實際上染指情識而放蕩。

三五尤其警惕、批評當時學者（包括陽明後學者）中普遍存在的只言不行、言行不一之弊，他說：

> 美堯舜之孝悌，而無稱於鄉黨；小溫公之誠實，而不踐其然諾。
>
> 言獨言幽，乃無忌於可視可指；言著言察，乃未及乎行之習之。〔註 7〕
>
> 今世學者喜言不睹不聞，似密矣，然於可睹可聞者，顧疏脫而不檢，其可乎？且喜言著察，似精矣，然於行與習者，竟恣肆而踰

〔註 3〕按：關於劉陽著述的詳細情況，請參見下篇第一章。

〔註 4〕劉宗周：《證學雜解》，《劉宗周全集》（第二冊），浙江古籍出版社，2007 年，第 278 頁。

〔註 5〕牟宗三：《宋明儒學的問題與發展》，華東師範大學出版社，2004 年，第 125、143 頁。

〔註 6〕王時槐：《三五劉先生文集序》，《劉三五集》，第 177 頁。

〔註 7〕沈佳：《劉陽傳》，《劉三五集》，第 165 頁。按：此引文為沈佳所引劉陽之文。

閑，其可乎？〔註8〕

其弟子劉孟雷也深知其弊：「自紹興以此學開群蒙，天下之人類能言良知，其窮極玄妙，道說精蘊，多出於高明才哲之士。故靜而叩之，若真有得，一涉色界，便落世塵。」〔註9〕這些言論均深中當時學者之隱疾，指出他們喜言道德良知、言本體甚至言工夫者多，而實際上缺乏真正的工夫，甚至根本不修行。

三五弟子甘雨認為，其師救治了陽明後學之弊，對陽明學貢獻甚大，他說：「藉令末流學術，不得先生（指三五）障其頹波，吾懼新進少年爭騖於禪定解脫，高者豪舉，卑者恣睢，其不禍人心而賊世道也者幾希！繇斯以譚，雖謂先生為東越（指王陽明）之素臣可也，何啻高第。」〔註10〕因此，三五的學說、工夫主要就是基於糾正陽明後學之弊而建立的。

2.「良知說」

三五學說的主體是其「良知說」。三五對於陽明的良知學可謂身體精研，自謂得陽明之旨；而當時講席之盛，皆非其所深契，其嘗謂劉邦采曰：「海內講學而實踐者有人，足為人師者有人，而求得先師之學未一人見。」〔註11〕這明顯是以得陽明之旨自許的。其「良知說」一方面將陽明的良知學與《周易》思想融為一體，另一方面又將周敦頤的無欲說和良知學貫通起來，這在陽明後學中亦有其獨到、深刻之處。

（1）良知「如日中天」──良知本體即易體、乾體

為避免將良知學玄虛化、禪學化（這是陽明後學中存在的嚴重問題，所謂「躋陽明而為禪」〔註12〕），三五將陽明的良知學與《周易》之精蘊貫通起來，從而突顯良知本體的乾元之性。此其長期讀《易》、研《易》之結果。陽明思想的形成，有易學的影響，特別是龍場悟道尤得易學之力，但陽明良知學中的易學思想還未充分彰顯出來。三五發掘陽明思想中潛藏的因子，將良知學明顯易學化，從而呈現良知本體的宇宙精神、天地精神。三五曰：「良知如日中天」，「易，心之體也」〔註13〕，「剛健中正，純粹精，無一毫髮歉，而

〔註8〕王時槐：《三五劉先生文集序》，《劉三五集》，第177頁。按：此引文為王時槐所引劉陽之文。

〔註9〕劉孟雷：《劉三五先生文集序》，《劉三五集》，第179頁。

〔註10〕甘雨：《三五劉先生文集序》，《劉三五集》，第180頁。

〔註11〕黃宗羲：《御史劉三五先生陽》，《劉三五集》，第164～165頁。

〔註12〕黃宗羲：《明儒學案》，中華書局，2008年，第703頁。

〔註13〕劉邦采：《三五劉先生行狀》，《劉三五集》，第147、148頁。按：此二引文為劉邦采所引劉陽之文。

後〔無〕一毫髮非乾體。」〔註14〕綜合言之，心體即良知本體，也即易體、乾體，為道德創生之實體。總括三五的本體論，其所謂易體、乾體，主要具有如下四個方面的內涵：

其一，良知本體的先天性。易具有先天性，三五曰：「河未圖，易森然也；偶圖矣，易森然也。圖而秘焉，易固易哉！」〔註15〕因三五已體悟到良知本體即易體，故此言也可以說是在講良知本體：不管人是否發現、表現良知本體，其先天地森然、固在。

其二，良知本體的運動性。所謂運動性，即良知之生生不息。三五曰：

> 晝夜者，時；無晝夜者，易。易，不已也。〔註16〕

> 夜半蒙而睡，睡初覺，目未開。當此之時，人曰天地鬼神臨之而若影響，惟我良知昭焉，即天地，即鬼神也。昨寐時不息，今寤時不息，幾也，微也，神者也。〔註17〕

就是說，易體晝夜不息，生生不已，具有奔湧不息的生命力。

其三，良知本體的自主自發性。三五認為，良知本體具有自知之明，能自作主宰，自知幾知微，自知善知不善。他說：

> 良知如日中天，常自知幾，即是致，即是格物。顏子之有不善，未嘗不知，未嘗復行。〔註18〕

> 知者，心之神明也。知善，知不善，必為，必不為，止至善者也，天之明命也，故曰良。〔註19〕

這就是陽明所說的良知自然會知，自然會發動。三五認為，這是天所賦予的（「天之明命」），「如日中天」，毫無障礙，自主自發，這就是致良知，就是格物。這也就是牟宗三所謂的「智的直覺」。

〔註14〕劉陽：《晚程記》，《劉三五集》，第 129 頁。

〔註15〕劉邦采：《三五劉先生行狀》，《劉三五集》，第 148 頁。按：此引文為劉邦采所引劉陽之文。

〔註16〕劉邦采：《三五劉先生行狀》，《劉三五集》，第 148 頁。按：此引文為劉邦采所引劉陽之文。

〔註17〕胡直：《劉三五先生墓表》，《劉三五集》，第 151 頁。按：此引文為胡直所引劉陽之文。

〔註18〕劉邦采：《三五劉先生行狀》，《劉三五集》，第 148 頁。按：此引文為劉邦采所引劉陽之文。

〔註19〕劉邦采：《三五劉先生行狀》，《劉三五集》，第 147 頁。按：此二引文為劉邦采所引劉陽之文。

其四，良知本體的陽剛性（或曰乾健性）。前面所引「剛健中正，純粹精」，「乾體」，「良知如日中天」，均可形容其陽剛性。三五又曰：「獨知之明，大明懸象，照臨天下者似之。蓋觀於《晉》。」〔註20〕所謂「大明懸象，照臨天下」，也是形容良知之陽剛性。這是一種純陽無陰、剛健有力的宇宙本性、生命本性。

綜合言之，此四性就是指良知本體具有易、乾之特點，具有宇宙精神、天地精神，具有穿透生命、超越境遇的力量。三五對此有深刻的體會，故認為「境寂我寂，已落一層」〔註21〕。因為良知本體能從當下境遇中，自作主宰，奮力躍出，健行不息；如果境寂我寂，則良知還未作主宰而躍出。故劉兩峰評價道：「此徹骨語也。」〔註22〕此徹骨之語，正是三五融合、體證良知學和易學的結果。

雖然良知本體具有易、乾之宇宙本性，但並不意味不需要用致良知之功，因為人有後天感性、欲望之雜，本體有受蒙蔽之時，有遏其生生之幾之時。故三五又強調「致」之之功。他說：

> 致，言學也；致者力而後天者完，故曰「明明德」，曰「顧諟天之明命」。五常百行，明焉、察焉，聖學無遺蘊矣。〔註23〕

也就是說，必須用致良知之功，才能使後天的生命得以完備、充實；所謂「明明德」「顧諟天之明命」「五常百行，明焉、察焉」，均是講致良知之功。三五所謂「致」，主要是指在良知本體上「致」，即陽明所謂以良知為舵、為把柄，抓住之，不斷地用力，這就是本體工夫。三五曰：「只是在知上了落」〔註24〕，「其歸在知，知則無弗了矣」〔註25〕。如此「致」良知，則「身心意知物，一時具足；格致誠正修，一時一事」〔註26〕。又曰：「主宰是心，流行是意，主

〔註20〕鄧元錫：《心學跡》，《劉三五集》，第 153 頁。按：此引文為鄧元錫所引劉陽之文。

〔註21〕劉陽：《晚程記》，《劉三五集》，第 129 頁。

〔註22〕黃宗羲：《御史劉三五先生陽》，《劉三五集》，第 164 頁。

〔註23〕劉邦采：《三五劉先生行狀》，《劉三五集》，第 147～148 頁。按：此引文為劉邦采所引劉陽之文。

〔註24〕劉邦采：《三五劉先生行狀》，《劉三五集》，第 147 頁。按：此引文為劉邦采所引劉陽之文。

〔註25〕胡直：《劉三五先生墓表》，《劉三五集》，第 151 頁。按：此引文為胡直所引劉陽之文。

〔註26〕劉邦采：《三五劉先生行狀》，《劉三五集》，第 147 頁。按：此引文為劉邦采所引劉陽之文。

宰之精明是致知，流行之中節是格物，於此不遺，具見真體。」〔註27〕也就是說，抓住了良知本體，於此用力，一任其流行事事物物，則致知之功成。如此身心意知物，指向的都是良知本體，可謂「一時具足」；格致誠正修，指向的都是「致」，可謂「一時一事」。

　　總之，三五一方面突顯良知本體的易、乾之性，一方面又強調工夫之實，可謂本體與工夫合一。所以他說：「君子之道……其知如天，其履如地。」〔註28〕「知如天」是指本體的易、乾之性，「履如地」指工夫之實。又說：「知惟良故致，致故能滿其良之體，假令言知不必良，言良知不必致，是將使情欲為君，性靈盡蕩，夫豈先師立教之本旨乎？」〔註29〕三五認為，既需講本體之純粹精良，又需講致之之功，如此才符合陽明立教之本旨，否則良知被遮蔽，而情欲為人之主。可以說，三五對良知本體內涵的闡釋，豐富了陽明的良知學，而其「致」良知之功，亦得陽明真傳。其對良知本體之理解因融入了《周易》思想，彰顯了良知本體的乾健、陽剛、創生、不息之宇宙精神、活力，與王畿強調良知本體的虛明、空靈和聶豹、羅洪先等強調良知本體的虛寂、靜謐，有明顯的區別。故其「良知說」，既避免了王畿為代表的「超潔者蕩之以玄虛，而夷良於賊」之弊（即蹈空而玩弄光景、播弄精神之病），又無聶豹、羅洪先等歸寂派偏「靜寂」之病，從而在某種程度上糾正了陽明後學之弊。

　　（2）養知（良知）莫善於寡欲

　　良知本體雖「如日中天」、乾行不息，但落於經驗界，未必能徹底呈現，因為人有自然感性之雜。如果看不到這一點，就會陷入泰州學派之弊，即混情識為良知。故三五對於人的自然感性——欲（人欲、私欲）有相當的警惕，所謂「人心（此指人欲）惟危，險阻之謂也……君子蓋無時而不懼夫危也」〔註30〕。其釋「欲」云：

　　　　《記》曰：「人生而靜，天之性。感物而動，性之欲。」蓋諸情
　　　　先欲，諸不善之端欲為之。故食之爽也，欲之；服之華也，欲之；
　　　　宮室之美也，欲之。故曰：「不能反躬，天理滅矣。」〔註31〕

〔註27〕劉邦采：《三五劉先生行狀》，《劉三五集》，第147頁。按：此引文為劉邦采所引劉陽之文。
〔註28〕劉陽：《絜齋說》，《劉三五集》，第131頁。
〔註29〕甘雨：《三五劉先生文集序》，第180頁。按：此引文為甘雨所引劉陽之文。
〔註30〕劉陽：《三五先生洞語》，《劉三五集》，第128頁。
〔註31〕劉陽：《別周三泉序》，《劉三五集》，第105～106頁。

諸情先欲，諸不善起於欲。欲逐則侈，欲滿則驕，欲拂則怨，欲喪則戚，欲阻則摧，欲急則躁，欲爭則忮，欲深則婪，欲苟則污，欲牽則迷，欲窮則亂。欲者，不善之端也，小則過，大則輕生禍倫，滅天理而縱之。〔註32〕

三五指出諸不善之端皆起於欲，並具體分析了各種欲及其危害。他又以詩的形式嘲笑世人沉迷於欲，其《感興》云：「猩猩但能言，竟從嗜欲使。人亦哇猩猩，哇者仍未已。翩翩述聖經，操孤追良史。幾誰見樞機，反將思其恥。」〔註33〕人笑猩猩，其實自己也像猩猩一樣嗜欲不止而不知恥。

三五認為，人欲導致人遮蔽、遏制其良知本體。他說：「有達其性之生機，有遏其性之生機。遏其生機，賴之以並育，難矣。故自私自利者害仁。」〔註34〕所謂「遏其性之生機」者正是自私自利之欲，也就是說，人欲遏制性（良知本體）的生生之機，使之無法發育、流行。因此，三五提出「養知莫善於寡欲」〔註35〕，寡欲乃至無欲才能恢復、呈現良知本體。他說：「故欲消而俱消，欲淡俱淡。欲至於無，情之順也，性之靜也，天地之真也。」〔註36〕此所謂「性之靜也，天地之真也」，就是指良知本體在無欲之後所恢復的本來狀態。正因為如此，他服膺周敦頤的「無欲說」。他說：

周元公（即周敦頤）主靜，則以一言並包之……學元公，人極立矣……昔者聖人以天下之大相授受，而獨語精語一。元公以一為要，蓋聖人之相傳者，故曰學元公。〔註37〕

周敦頤「無欲說」云：

聖可學乎？曰：「可。」曰：「有要乎？」曰：「有。」「請問焉。」曰：「一為要。一者，無欲也。無欲則靜虛動直。靜虛則明，明則通；

〔註32〕鄧元錫：《心學跡》，《劉三五集》，第 153 頁。按：此引文為鄧元錫所引劉陽之文。

〔註33〕《劉三五集》，第 29 頁。

〔註34〕劉元卿：《書三五先師文集後》，《劉三五集》，第 181 頁。此引文為劉元卿所引劉陽之文。

〔註35〕劉陽：《三五先生洞語》，《劉三五集》，第 127 頁。按：這一句話最早出自程頤，他說：「致知在所養，養知莫過於寡欲二字。」（陳榮捷《近思錄詳注集評》，第 170 頁）程頤的「知」是指知識，而劉陽的「知」是指良知。

〔註36〕鄧元錫：《心學跡》，《劉三五集》，第 153 頁。按：此引文為鄧元錫所引劉陽之文。

〔註37〕劉陽：《別周三泉序》，《劉三五集》，第 105～106 頁。

動直則公，公則溥。明通公溥，庶幾乎！」〔註38〕

周氏認為，學聖的關鍵在於無欲，無欲則能達到心之靜虛、正直狀態，如此則明通公溥，於事理無礙。此已蘊含無欲則能恢復心之本體之意，三五繼承這一思想，認為無欲主靜則「人極（即良知本體）立」；又說「靜，知（即良知）之無欲者也」〔註39〕，即無欲主靜就是良知的本體狀態。於是進一步提出「養知莫善於寡欲」的主張，認為保養、保任良知的工夫在於寡欲、無欲。如果說，前一節所論的三五的「致」良知是從積極面說，強調的是本體工夫，即直接從良知本體上用功；那麼此處則從消極面說，即保養良知是從寡欲、無欲著手的，這是以寡欲、無欲之工夫來復良知本體。這樣，三五將濂溪的「無欲說」和陽明的「良知說」貫通起來，從而將前者收歸於後者。應該說，這兩種工夫在三五那裡是相資為用的：寡欲、無欲，則良知本體易呈現；而在本體上用功，則人欲也漸漸退聽，自然會寡欲，乃至無欲。而寡欲則是三五生命的底色，其生活簡樸，為官清廉，是一個典型的清心寡欲者，陽明謂其「享清福」者正得力於此。

三五提出「養知莫善於寡欲」，在於警惕欲之種種危害及其遮蔽良知本體之弊，在某種程度上是針對泰州學派「猖狂者參之以情識，而一是皆良」（即將良知混同情識、欲望，氣機鼓蕩，猖狂而肆）之弊而發的，更是針對一般陽明後學者表面上談良知，實際上染指世情、行為放蕩而發的。

3. 踐履實功和工夫論

（1）踐履實功

雖然三五的「良知說」也有自己的特色，但其學問的宗旨主要不在建立學說，而是重視實證工夫。三五乃以踐履實功著稱於世，是江右王門修證派（或實修派）之大家，是真正的修證者、修行者。在江右王門中，雖其學說可能無法與鄒守益、劉邦采、聶豹等相提並論，但其實修工夫與他們相比或有過之而無不及。所以三五在江右王門中依然享有崇高的地位，自領軍人物鄒守益歿後，其儼然已成為一代宗師。如鄧元錫曰：「自東廓公（即鄒守益）歿，學者師尊之如公。」〔註40〕黃宗羲亦曰：「自東廓沒，江右學者皆以先生為歸。」〔註41〕

〔註38〕周敦頤著、陳克明點校：《通書》，《周敦頤集》，第 31 頁。
〔註39〕劉陽：《三五先生洞語》，《劉三五集》，第 128 頁。
〔註40〕鄧元錫：《心學跡》，《劉三五集》，第 154 頁。
〔註41〕黃宗羲：《御史劉三五先生陽》，《劉三五集》，第 164 頁。

三五為學最鮮明的特色就是重踐履實功：「學本良知，而求端於躬行」〔註42〕，「為學務實踐，不尚虛寂」〔註43〕，「與人言，依於踐履」〔註44〕。其一生用功精進不息，也每每告誡學者要像孔子一樣用功：「孔子之學，率十年一進。藉令其壽加乎七十，又當有進於從心所欲不踰矩者。」其實這正是三五本人的寫照，故王時槐曰：「即是語推之，先生（指三五）所以孜孜不懈而求勉其所未臻者，蓋尚未有涯也。」〔註45〕在江右王門中，三五以踐履實功獨步一時，並得到友朋弟子的普遍稱許，下面例舉幾則評價以證之：

鄒德泳稱其：「良知宗契，密證真功。根心生色，導和履中」〔註46〕

周寀曰：「當是時，陽明之學遍海內，獨先生（指三五）篤實，訥言敏行。」〔註47〕

劉孟雷曰：「其（指三五）精悟敏修，同志咸賴以為赤幟……若先生所就，其殆善師紹興而有功於世教者歟！」〔註48〕

王時槐曰：「若三五劉先生，則真所謂躬行而有得焉者矣……是以先生力崇身範而不襲浮談，為令而惠澤旁流，立朝而奉身勇退，特召而堅臥不起，居鄉而挽俗還淳。至辭受嚴於一介，嚬笑謹於細微，言訥若不出諸口，守正而不懈於獨，使後學望之肅然生敬，就之翕然誠服，咸知學在慎修，無敢弛焉自潰其防者，則先生衛道之功甚大矣。」〔註49〕

鄧元錫曰：「繹其志嚴，察其辭懼，約其行儉，質其操廉，栗栗乎懼泥滓之污，得毫毛入其心，昭昭乎志揭日月而行之也。嚴險阻之幾，故辭危而懼；窒易從之欲，故行節而儉；秉不磷之堅，故操貞而一。」〔註50〕

〔註42〕《理學傳》，《劉三五集》，第 156 頁。
〔註43〕《劉陽傳》，《劉三五集》，第 161 頁。
〔註44〕沈佳：《劉陽傳》，《劉三五集》，第 165 頁。
〔註45〕王時槐：《理學傳》，《劉三五集》，第 155 頁。
〔註46〕鄒德泳：《三五先生道像贊》（其二），《劉三五集》，173 頁。
〔註47〕周寀：《師友小傳》，《劉三五集》，第 167 頁。
〔註48〕劉孟雷：《劉三五先生文集序》，《劉三五集》，第 179 頁。
〔註49〕王時槐：《三五劉先生文集序》，《劉三五集》，第 177 頁。
〔註50〕鄧元錫：《三五劉先生洞稿序》，《劉三五集》，第 182 頁。

這些時人的評價指出了三五踐履工夫之實、之精、之密、之謹及其人格魅力，以及對陽明學實修工夫之維持和貢獻。江右學者尊之如鄒守益，視其為精神領袖之一，在某種程度上說，正因其修持、踐履之實功以及其人格魅力之影響。

（2）工夫論

關於三五的工夫論，前文論其「致」良知之功和寡欲、無欲之功均屬於此內容，此處再專論之。其實，三五並沒有形成系統的工夫論，從某種程度上來說，這乃是理論家之事。故其工夫論主要是在具體指點學者的用功中呈現出來的，主要強調三個方面：

一是「身」體力行，實「致」其功。工夫是身上工夫，是身體的哲學，一定要將工夫進到自己的身體、生命裏（所謂工夫上身），才算真正得力。所以三五不重講說，尤重在「身」上下工夫。《晚程記》載：「潛谷鄧子（即鄧元錫）儒釋之辨數千言，諸友有求其說者，子（指三五）謂之曰：『只格物致知，日以身辨之矣。』」〔註51〕鄧元錫之論辨洋洋灑灑數千言，而三五則指出，格物致知是以「身」辨而不是以口辨，即格物致知是在「身」上用功，而不是在理論上講說。劉孟雷云三五：「雖於良知之旨透玄入微，然絕口不懸空向人譚吐。有問及者，輒曰：『先師言具在，第力行之足矣。』」在三五看來，陽明「良知學」說不在於口說，而在於「身體力行」，實際用功。三五又嘗指導學者用功云：「收斂到謇訥，不能出口，方是大進。」〔註52〕就是說，收斂不能出諸口，全憑「身」體驗之、實證之，一片神行，方是工夫大進之時。

二是瞬存息養，工夫緊密。所謂工夫，在三五看來，就是時時用功，乾乾不息。其論存養之功云：

> 先輩有言，取捨之分明，而後存養之功密；予獨謂存養之功密，
> 而後取捨之分明。蓋必終食不違，必造次不違，必於顛沛亦不違，
> 然後唯道之狗，而能不去、不處也。〔註53〕

三五認為，只有存養之功密，才能終食、造次、顛沛不違於仁。這就是孔子所說的「君子無終食之間違仁，造次必於是，顛沛必於是」（《論語‧里仁》）

〔註51〕劉陽：《晚程記》，《劉三五集》，第 129 頁。
〔註52〕王學夔：《明故柱史三五劉先生墓誌銘》，《劉三五集》，第 149 頁。此引文為
　　　　王學夔所引劉陽之文。
〔註53〕劉陽：《輔仁會錄再刻序》，《劉三五集》，第 110 頁。

的不息之功。這種不息之功正是良知乾體所發，良知乾體之用。所謂體用一如，工夫自然緊密。三五認為重視工夫之緊密，正是孔子教學的重要特色。他說：

> 蓋性（按：此指人之習性，而非本體之性）之原，剛柔善惡，其有所弗齊者，蓋當有易之之功也，人一能知，或十百而後能。是故言砥言礪，其言乎修之不已，以竭其才也哉！孔子之為教也，如仲、如緯，如莊、如求，苟不文之以禮樂，皆不足以許其成；好仁好知，好信好直，苟不成之以好學，皆可得以指其蔽。此學之不可以已。〔註54〕

所謂「十百而後能」「修之不已」「學之不可以已」正指出了工夫之緊密、精進。劉孟雷認為其師正用此功：「不以良知之醒醒不昧者為足恃，而以致知之乾乾不息者所當勉。」〔註55〕鄧元錫也稱三五工夫「瞬存息養，知乃不昧。庶幾夙夜，以無祗悔。」〔註56〕

三是悟修兼備，體用合一。三五的工夫論當然不是僅僅重工夫，而是本體與工夫、悟修並重。劉孟雷指出：「孰知先生（即三五）之於道，其修與悟者固自兼之哉！」〔註57〕三五批評二者分離之弊：「為學而不修行，恐無救於高虛而無實，非學也；修行而不研幾，恐無救於冥行而罔覺，非行也。」〔註58〕尤其批評只重本體而輕工夫者：「知如天，禮如地，合崇與卑，天地之理得矣。窮高極幽而不知其實，知之過者也，蓋異於孔子之教。」〔註59〕也就是說，如果窮高極幽，只追求本體之玄虛，而輕視踐履之實功，則非孔子之教，只有知（本體）與禮（工夫）合一，才合天地教化之理。他認為，聖人正是知（本體）與能（工夫）之合一者：「著焉、察焉，無或遺焉者，聖人之無不知；踐焉、履焉，無不勝焉者，聖人之無不能。」〔註60〕也就是說，聖人著察則見本體（知），踐履則見工夫（能）。所以三五認為，「根株（即本體）花實（即工夫），

〔註54〕劉陽：《砥德礪材說》，《劉三五集》，第34頁。
〔註55〕劉孟雷：《劉三五先生文集序》，《劉三五集》，第179頁。
〔註56〕鄧元錫：《祭劉三五先生文》，《劉三五集》，第169頁。
〔註57〕劉孟雷：《劉三五先生文集序》，《劉三五集》，第179頁。
〔註58〕劉邦采《三五劉先生行狀》，《劉三五集》，第148頁。此引文為劉邦采所引劉陽之文。
〔註59〕劉元卿：《書三五先師文集後》，《劉三五集》，第181頁。此引文為劉元卿所引劉陽之文。
〔註60〕劉陽：《三五先生洞語》，《劉三五集》，第128頁。

學脈貫通」〔註61〕，就是說，只有悟修兼備、體用合一，才能學脈貫通而流行於日用。

　　從當時學者（包括陽明學者）中普遍存在的言行不一之弊看，三五的踐履實功及其工夫論可謂此弊的大剋星。他正是通過實際的踐履工夫，真正地踐行聖賢之學，才成就了自己的精神生命、德性生命，成就了這一個「人」——聖賢人格，以至成為「學人泰山北斗之宗」〔註62〕，並以此影響、化導親友弟子及鄉間大眾，而這正是陽明學的一大特色和貢獻（按：陽明學本質上是實踐哲學、工夫哲學，陽明「知行合一」「致良知」的核心在於「行」和「致」）。可以說，沒有實際的踐履工夫以及由此而來的人格成就，就沒有真正的陽明學。從這一角度來說，三五代表了陽明學之正傳，也取得了較高的成就。這也正是江右王門（包括陽明陽明學）的最大特色和貢獻，黃宗羲謂「陽明一生精神，俱在江右」〔註63〕，也應主要指此；而其謂江右王門使「陽明之道賴以不墜」〔註64〕，在某種程度上說亦正得力於此。

　　最後，可以三五家鄉三峰山上其所作的對聯為其學作結，以見其學問、工夫、境界。聯云：「雲收霧卷開天眼；水盡山窮到地頭。」〔註65〕上聯說本體，比喻人的情識、欲望一掃而光（「雲收霧卷」），而良知本體呈現（「開天眼」）；下聯說工夫，比喻歷經艱難、精進之工夫（「水盡山窮」），從而臻於道德、生命之至境（「到地頭」）。三五可謂是本體與工夫合一的精神人格的典型，此聯可謂其寫照。總之，三五之學充分體現了陽明學的力行精神，其人是陽明學中真正的踐履派、修證派。

〔註61〕劉元卿：《書三五先師文集後》，《劉三五集》，第 181 頁。此引文為劉元卿所引劉陽之文。
〔註62〕彭惟成：《宗師劉三五先生像贊》，《劉三五集》，第 174 頁。
〔註63〕黃宗羲：《明儒學案》，中華書局，2008 年，第 331 頁。
〔註64〕黃宗羲：《明儒學案》，第 331 頁。
〔註65〕《劉三五先生列傳》，《劉三五集》，第 159 頁。

第三章 論羅汝芳哲學的神秘主義傾向

　　關於宋明心學的神秘主義研究，陳來先生的研究具有開創性貢獻，其《心學傳統的神秘主義問題》一文，最早討論了宋明心學的神秘主義。該文認為宋明心學中容納了一個神秘主義傳統；神秘體驗不但是這一派超凡入聖的基本進路或工夫之一，而且為這一派的哲學提供了一個心理經驗的基礎。此文還提出了一個重要問題，即沒有諸種神秘體驗，我們能不能建立儒家主張的道德主體性、能不能建立儒家的形而上學？陳來先生回答是肯定的，並以熊十力哲學為成功範例；但也不排斥神秘體驗是重建中國「哲學」的一個方向。[註1] 關於宋明心學的神秘主義課題的研究還剛起步，值得進一步深入研究。關於羅汝芳哲學中的神秘主義，未曾有人作過專門研究，本章擬對此問題作一集中探討。

　　關於神秘主義和神秘體驗的概念與內涵，陳來先生使用的還主要西式的。本章在討論問題之前，先釐定概念的內涵。神秘主義（mysticism）無疑首先是一個西方概念，關於它的內涵有種種說法。大致而言，作為在異象（幻視）、入神、冥思或意識的統一狀態中所體驗到的，作為在學說和實踐中表述和人類之間存在一種一元和富有情感聯繫的種種觀點，對於終極實在的資源和基礎的直接認知，以及與之的溝通交流得到確認的傳統，都可以稱為神秘

〔註1〕陳來：《有無之境：王陽明哲學的精神》附錄《心學傳統中的神秘主義問題》，北京大學出版社，2013 年。按：這一問題值得深入探討。筆者要追問的是，沒有神秘體驗確能建立中國哲學的本體論，但未必能真實受用；即使能有所受用，但未必能達到極高境界（即所謂天人合一或與道合一的神秘境界），從而真正變化氣質，成就聖賢人格。

主義。〔註2〕也就是說，凡認同人與神（上帝）或大全（終極實在）合一或溝通的種種體悟、確證、觀點、認知，都可以歸入為神秘主義的範圍。其中，神秘體驗（mystical experience）是神秘主義的核心，是指神悟或神契的宗教體驗。但是，這兩個概念經過翻譯進入中國文化語境之後，其含義有所變化。在西方文化中，神秘主義和神秘體驗主要是與神（上帝）或大全（終極實在）相關，而在中國文化中，此內容已替換為道、仙、佛、鬼神、靈魂等，凡是有關承認這些超人、超理性的本體、精神、人格的存在且能與其合一或遭遇、溝通的種種體悟、確證、觀點、認知都可以稱為神秘主義，而其中的體驗或經驗叫做神秘體驗。應該說，除了「道」與神或大全大體可中西打通外，中式概念（即東方神秘主義）包含的範圍、內涵擴大了。本章討論羅近溪的神秘主義和神秘體驗時，其概念的範圍、內涵是中式，但也運用西方神秘主義的某些理論。

羅汝芳（1515～1588），字惟德，號近溪，江西南城縣人。明代泰州學派的代表性人物（因是江西人，為廣義上的江右王門），牟宗三先生稱其為「泰州派中唯一特出者」〔註3〕。其哲學思想在總體風格上是理性的，但其哲學（生命）的終極追求是神秘主義，所以在其生命歷程（包括為學求道的過程）、工夫進路和哲學（生命）境界等方面都體現了一定神秘主義傾向。

一、生命歷程中的神秘色彩

近溪的整個生命歷程，總體上呈現一個儒者平常而理性的風格，但其一生中的某些經歷透出了一定的神秘性，顯得不同尋常。

關於近溪的出生，稍有些神秘色彩者，是弟子楊起元的記載：「安人（即羅母）夜禱北辰，夢赤日入懷，覺而有娠。」〔註4〕這種胎夢，涉及天人相通相感的神秘問題，並預示了後來近溪的不平凡。與其生比較起來，其死則更具神秘色彩。死（九月二日卒）前幾日，近溪依然講學自如，且對道的體證已近圓融、透徹、合一。八月二十八日，其曰：「我於塵事不著一毫，此心廓然矣。」八月二十九日，其手書絕筆云：「此道炳然宇宙，原不隔乎分塵。故人已相通，形神相入，不待言說，古今自直達也。後來見之不到，往往執諸言詮。善求者，

〔註2〕周燮藩等：《蘇菲之道——伊斯蘭教神秘主義研究》，中國社會科學出版社，2012年，第5頁。

〔註3〕牟宗三：《從陸象山到劉蕺山》，吉林出版集團有限公司，2010年，第183頁。

〔註4〕楊起元：《羅近溪先生墓誌銘》，《羅汝芳集》，鳳凰出版社，2007年，第919頁。

一切放下、放下，胸目中更有何物可有耶？願同志共無惑無惑焉！」〔註5〕這是他對友人萬言策問疾的回答，是言道，更是證道的實感。後來萬氏與人談起此事，感慨不已：「先生當彌留之際，持志堅凝，言動不失故常，作書字勢遒勁，行列端整。且計日反真，如歸故宅，一切放下，宗旨進於忘言矣。」〔註6〕所謂「此心廓然」「人己相通，形神相入」「進於忘言」等，即是進入與道合一的神秘主義境界。

更為神秘者，是近溪死時從容、自如，死後顯現異象。九月初一日，羅氏準備告別人世：「師（即近溪）自梳洗，端坐堂中，命諸孫次第進酒，各各微飲，仍稱謝。隨拱手別諸生曰：『我行矣，珍重珍重！』正在此時，有二門生剛到，與諸生哭留。「師愉色許曰：『為諸君，我再盤桓一日。』乃復入室。」初二日午刻，與諸孫告別曰：「扶我出堂，整冠更衣。」「坐而逝。從午至申，坐不少偏，越日乃斂。顏色紅活，手足綿軟如生。」〔註7〕其死有如得道高僧的坐化，甚至有過之者，即可微調自己的死期，延遲一日而化。

因其死之神奇，沈德符《萬曆野獲編》還記載其死乃「尸解」，靈魂猶存：「太陰煉形，異人尸解，儒者以為必無之事，而亦不盡然。……近年江右羅近溪汝芳大參，卒於家久矣，一日忽至其同鄉曾見臺同亨司空寓，連日快談，曾以語同鄉吏部郎劉直洲文卿，初訝不信，偵知果然。」〔註8〕此事，沈德符是作為史實來記載的，有根有據。當然，我們現在無法確知其真實性，只能以神秘主義態度觀之，因而更增添了近溪生命的神秘性。

近溪心體空明靈敏，母有病，即能感應到：「子（即近溪）事寧安人（即羅母），曲致承順，或周流在外，安人有疾，輒心動亟歸，果然。」〔註9〕這也有些神秘色彩。此外，關於近溪求學為道的經歷，也具有神秘主義特色（見本章第三節）。

以上關於近溪的神秘主義事件的記述，其史料來源或出自弟子、友人，或出自其孫，甚至出自羅氏本人。雖然事後回憶、記述也許有添加、粉飾、誇大的成分，但主要事件應大體是可信的。我們且不說其真實性到底占幾分，此敘述本身就說明近溪之學及其學派已沾染神秘主義色彩。此點在當時已遭到來

〔註5〕《明德夫子臨別贈言》，《羅汝芳集》，第296、299頁。
〔註6〕曹胤儒：《羅近溪師行實》，《羅汝芳集》，第851頁。
〔註7〕《明德夫子臨別贈言》，《羅汝芳集》，第299～300頁。
〔註8〕沈德符：《萬曆野獲編》，上海古籍出版社，2012年，第598頁。
〔註9〕《近溪羅先生庭訓言行遺錄》，《羅汝芳集》，第421頁。

自儒家內部的批評，如許敬庵指責其學說「伶俐」「高玄」，缺乏切實的躬行實踐，且學術涉入佛老，不免墜入「荒誕不經」。〔註10〕雖然所指未必確切，但從一個側面反映了羅氏學說的神秘主義風格。

從近溪最後大限所顯之神秘看，其人已得道，學問工夫已爐火純青，生命已臻天人合一或與道合一的境界。現在再看其為學求道的過程、工夫進路和哲學（生命）境界，可以說，均與神秘主義或神秘體驗有關。因為近溪哲學（生命）的終極追求是見體、證道，這必然要上升到神秘主義。其哲學的神秘主義傾向主要表現在三個方面：一是為學求道過程伴有神秘體驗，二是工夫進路體現神秘主義走向，三是哲學（生命）境界呈現神秘主義狀態。〔註11〕其實這三者密切相關，本章只是為了論述的方便分而論之，其中難免略有重複之處。

二、為學求道過程的神秘體驗

嘉靖十年（1531），17歲的近溪，讀薛瑄《語錄》，至「萬起萬滅之私，亂吾心久矣，今當決去，以全吾澄然湛然之體」（按：所謂「全吾澄然湛然之體」，即是復人之本體或心體，也即回復到心體純明的神秘狀態），就直覺到先儒學問的神秘主義傾向，並在工夫進路上喚起神秘主義的追求，於是「矢心力行數月」，以復「澄湛之體」而未成。〔註12〕也就是說，近溪的哲學追求或工夫取向在年少時就開始追求見體。

次年，閉關臨田寺，几上置水盂及鏡，對坐澄心，以期「心與水鏡無二」。「比至半載，雖起滅少於往昔，而澄湛不付所期，復移居密室，用功益勵。」〔註13〕這是近溪繼續用工求復神秘之本體，仍未成功，久之成病。

某年一日，「恍見一僧，問曰：『先生入山唯恐不深，豈行靜功乎？居室屢遷，豈靜猶未得乎？』祖（即近溪）曰：『靜固未能遽得，睡魔則卻去盡矣。』僧曰：『靜功出自禪門，習靜自有方便，竊視先生初未遇人，命實豈宜輕弄？願先生就枕。』祖曰：『用功一載，僅僅得此。』僧曰：『此豈足為效驗，乃□

〔註10〕吳震：《羅汝芳評傳》，南京大學出版社，2011年，第164頁。
〔註11〕按：羅近溪的與道合一或天人合一的神秘體驗與神秘境界與西方神秘體驗者與神或上帝合一之經歷和境界大體是相同或相近的。這種體驗上的神秘主義，中西是可以互釋、互通的。
〔註12〕方祖猷：《羅汝芳年譜》，《羅汝芳集》，第889頁。
〔註13〕方祖猷：《羅汝芳年譜》，《羅汝芳集》，第889頁；《近溪羅先生庭訓言行遺錄》，《羅汝芳集》，第404頁。

動也，先生不悟，死期至矣。』祖起謝不見。比夜就枕，果驚悸而難寐，身體
壯熱，成重病矣。」〔註14〕依西方神秘主義觀點看，此乃「神啟」。當然，依
理性的解釋，也許是近溪自己的心識在夢中幻化為僧，以作自我糾正。不管僧
言是「神啟」，還是自己心識所幻化，關鍵是，近溪本人是將此事當作神秘之
事來敘述，此足見其神秘傾向。後來，近溪在其父的指導下，讀《傳習錄》而
病漸愈。

　　萬曆十九年（1540），近溪在南昌應試，遇見顏山農，山農指出他所用工
夫是制欲，而非體仁，如此用功根本無法見體。近溪聞言後，「頓覺心神活潑，
渾合元和，直際乾坤，了無畔岸。」〔註15〕這是他初步體悟到天人合一的神秘
主義狀態。

　　嘉靖二十七年（1548），近溪學《易》於胡宗正，胡要求他靜坐體悟伏羲
畫卦，「如是者坐至三月，而師（即近溪）之《易》學，恍進於未畫之前，且
通之於《學》《庸》《論》《孟》諸書，沛如也。」〔註16〕所謂「恍進於未畫之
前」，即恍惚之間進入混沌的神秘狀態，這是近溪又一次體驗到某種神秘主義
的東西。

　　嘉靖三十九年（1560），近溪過山東臨清又一次遭遇「神啟」之事。近溪
自述：

　　　　余舟過臨清，忽遘重病。一日椅榻而坐，恍見老翁，自稱泰山
　　丈人，言曰：「君身病稍康，心病則復何如？」余默不應。翁曰：「君
　　自有生以來，遇觸而氣每不動，當倦而目輒不瞑，擾攘而意自不紛，
　　夢寐而境悉不忘，此皆君心痼疾，今仍昔也。可不亟圖療耶？」余
　　愕然曰：「是則余之心得，曷云是病？」翁曰：「人之心身體出天常，
　　隨物感應，原無定執。君以宿生操持，強力太甚，一念耿光，遂成
　　結習。日中固無紛擾，夢裏亦自昭然。君今謾喜無病，不悟天體漸
　　失，豈惟心病，而身亦不能久延矣！蓋人之志慮，常在目前，蕩蕩
　　平平，與天地相交，此則陽光宣朗，是為神境，令人血氣精爽，內
　　外調暢。如或志慮沉滯，胸臆隱隱約約，於水鑒相涵，此則陰靈存
　　想，是為鬼界，令人脈絡絆纏，內外交泥。君今陰陽莫辨，境界妄

〔註14〕《近溪羅先生庭訓言行遺錄》，《羅汝芳集》，第404～405頁。
〔註15〕《近溪羅先生庭訓言行遺錄》，《羅汝芳集》，第405頁。
〔註16〕曹胤儒：《羅近溪師行實》，《羅汝芳集》，第835頁。

麼，是尚得為善學者乎？吾固為君懼矣！」余驚起，叩謝，伏地汗
流，從是執念漸消，血脈循軌矣。〔註17〕

從理性的角度視之，此事件也許是近溪病中的幻覺，但他作為真實之事記之，
至少顯示了其神秘主義的立場。此事在近溪的為學求道歷程中，當屬西方神秘
主義者所說的「生命的重大事件」，是在重病之中，獲得「神啟」，從而得到身
心的拯救。雖然此前，近溪之為學求道得其父和顏山農之指點，明白不能制欲
而需體仁，但近溪偏執心體的毛病實際上沒有根本性的改變，以至漸漸演變成
重病。此次「神啟」使其用功方法發生了徹底轉變。如果說這之前主要偏重於
佛道靜態的隔離的見體之功，之後則漸回歸於儒家且以儒融合佛道，即形成在
日用流行中的當下的見體之功。

此次「神啟」之後，日讀儒書，對孔孟之言，深有體悟，並產生一次真正
意義上的神秘體驗，其自述云：「見我孔子之言心，則曰『心之精神之謂聖』，
孟子之言性，則曰『知其性則知天』。夫吾人尋常說聖，是何等神妙；說天，
是甚麼高遠。乃茲謂心則即便是聖，謂性則即便是天，其神妙高遠，原是何
物？」於是感覺以前之膚淺，從而「警惕漸惶，汗流浹背」，「忽爾一時透脫」，
進入天人合一、空靈玄妙的神秘狀態：

> 遂覺六合之中，上也不見有天，下也不見有地，中也不見有人
> 有物，而蕩然成一大海，其海亦不見滴水纖波，而茫然只是一團大
> 氣，其氣雖廣闊無涯，而活潑洋溢。覺未嘗一處或纖毫而不生化，
> 其生化雖混湧無停，而幾微精密，又未嘗一處或有纖毫而不靈妙。
> 然此生化、靈妙，默而會之，似若影響可言，乃即而求之，實是端
> 倪莫得，則此一團神氣，充運海中，且尤未嘗一處或有纖毫而不玄
> 洞虛通也。其時身家境界，果然換過一番，稍稍清安自在，不負此
> 心。〔註18〕

此時，近溪徹底見體、證道，即證悟到天地人物本是一體，人與天地萬物本自
相通。從此，其人生進入一個新的階段，所謂「身家境界，果然換過一番」，
從而生命（哲學）漸入圓熟之境，天人合一的神秘境界也已得之不難也。

〔註17〕 羅汝芳：《泰山丈人》，《羅汝芳集》，第 582～583 頁。按：此事方祖猷《羅汝
芳年譜》繫於嘉靖三十九年，見《羅汝芳集》第 898 頁。
〔註18〕 《近溪羅先生一貫編》，《羅汝芳集》，第 354～355 頁。按：此次神秘體驗的
具體時間不可考，但從內容看，可確定為第二次「神啟」之後。

三、工夫進路的神秘主義走向

　　近溪的工夫進路有理性主義的一面，但由於其哲學（生命）的最終追求是見體、證道，故其工夫進路在究竟處必然走向神秘主義，以成就神秘境界。前面論近溪的為學求道過程，已涉及其工夫進路的神秘主義問題，此節進一步論述。

　　近溪工夫進路的神秘主義走向，譚希思已經指出：「公（即近溪）之學，惟從性地入手，故從虛上用功，坦然蕩然，忘垢忘淨，更無戚戚之懷，也無憧憧之擾，安排無事，賢愚兼收，直欲心體與天地為徒，意況共鳶魚活潑。」〔註19〕所謂「從性地入手」，「從虛上用功」，都是指見體的神秘體驗工夫。具體而言，工夫有二：一是「悟」字工夫，一是「忘」字工夫。

　　所謂「悟」字工夫，即是體悟、體證心體（本體）。有學者問：「今聞本來面目之說，方認得長生是指此個東西，然未有此個東西，如何下手修煉也？」所謂「此個東西」即心體，學者問心體如何修煉。近溪曰：「此個東西，本來神妙，不以修煉而增，亦不以修煉而滅。其最先下手，只在自己能悟，悟後又在自己能好能樂，至於天下更無以尚，則打成一片，而形神俱妙，與道合真矣。若悟處不透，與好處不真，則面目雖露，而隨物有遷。驗之心思夢寐之間，倏然而水，倏然而火，倏然而妖淫，倏然而狗馬，人化物，而天真之本來者，將變滅無幾矣。」〔註20〕近溪指出，其方法首先在能悟心體，悟後又能好之、樂之（即悟後還須用功），如此則能達到「形神俱妙，與道合真」的神秘境界，否則無法把握神秘的本真之體。

　　所謂「忘」字工夫，類似莊子「坐忘」「心齋」的神秘主義工夫。有人問「見天則」（即見道體）的工夫，近溪認為「天的體段（即道體），原無一物不容，原無一物不貫」，若心有外，便不可合道體，須用「忘」字工夫，放下一切，如此才能進入心體、道體合而為一的神秘境界，他說：

　　　　此心，如要萬物皆為吾體，萬年皆為吾脈，則須將前時許多俗
　　情世念，務於奉承，耳目口體，徇物肆情，一付當污濁雜擾，會轉
　　移窒塞此心之虛靈洞達的東西，痛恨疾仇，唯恐其去之不遠，而決
　　之不淨焉。然後收拾一片真正精神，揀擇一條直截路徑，安頓寬舒

〔註19〕譚希思：《皇明理學名臣傳・羅汝芳》，《羅汝芳集》，第855頁。
〔註20〕《近溪子集》，《羅汝芳集》，第69頁。

> 地步，共好朋友涵泳優游，忘年忘世，俾吾心體段，與天地為徒，
>
> 吾心意況，共鳶魚活潑。〔註21〕

這裡所說的放下「俗情世念」「忘年忘世」等，指的就是「忘」字工夫，即放下一切執念、執著。通過這一工夫可進到「吾心體段，與天地為徒」（即心體與道體合一）的神秘主義境界。

到生命的最後時刻，近溪之孫懷智和門人聶希賢問工夫，他最後揭開鍋底的，仍是這一「忘」字的工夫。懷智問：「本體如何透徹？」近溪答曰：「難矣哉！蓋聰明穎悟，聞見測識，皆本體之障。世儒以障為悟者多矣，若欲到透徹境界，必須一切剝落淨盡，不掛絲毫始得。」〔註22〕聶希賢請教，近溪回答者仍是所謂「忘年忘世，俾吾心體段，與天地為徒，吾心意況，共鳶魚活潑」。如此，方「不負此生」。〔註23〕在工夫進路上，這可以說是羅近溪的「晚年定論」。

此外，近溪對人的工夫指點，有時讓人在當下感受神秘體驗，並從此用功。有人問：工夫難得湊泊，心胸茫無畔岸，將奈何？近溪回答：「工夫難得湊泊，即以不屑湊泊為工夫，胸次茫無畔岸，便以不依畔岸為胸次。解纜放船，順風張棹，則巨浸汪洋，縱橫任我，豈不一大塊事也耶？」大眾譁然曰：「如此，果是快活。」近溪遍呼語曰：「此時諸君汝我雖十數人，而心心相照，只蕩然一片，了無遮隔也。」眾又譁然曰：「果是渾忘各人形體矣。」此時，眾人已進入到人我一體的神秘狀態。而近溪乘此進一步開啟：「若到性命透徹之地、工夫純熟之時，則終日終年，長是簡簡淡淡、溫溫醇醇，未嘗不廣大而未嘗廣大，未嘗廣大而實未嘗不廣大也。是則無窮無盡而極其廣大，亦無方無體而極其精微也已。」〔註24〕這是進一步的工夫指點，使人在日常生活中也能保持這種神秘體驗狀態。這是典型的情景教學法，步步啟悟，漸漸讓人進入神秘體驗狀態。

四、哲學（生命）境界所呈現的神秘主義狀態

以上第二、三節，已略涉及羅近溪的哲學（生命）境界所呈現神秘主義狀態，此節專論此點。近溪對自己的哲學（生命）境界，即心體或本體的真

〔註21〕　《近溪子集》，《羅汝芳集》，第 125 頁。

〔註22〕　《近溪羅先生庭訓言行遺錄》，《羅汝芳集》，第 425 頁。

〔註23〕　《明德夫子臨行別言》，《羅汝芳集》，第 306 頁。

〔註24〕　《近溪子集》，《羅汝芳集》，第 62～63 頁。

實狀態，多有描述。從現存文獻看，《癸酉日記》二月、三月、四月所記較詳，
如：

> 二月初一日。心體漸覺顯明，事多得力。
>
> 初三日。至於此體，甚覺不費力，可喜、可喜。
>
> 十二日。舟中心體日覺融通。
>
> 廿三日。夜坐，心體甚穩契。
>
> 廿四日。因夜，持心方便，遂覺無優劣，無前後，無內外，步
> 步著實，安閒自在。
>
> 廿六日。心地安靜，工夫亦不費力。
>
> 三月廿九日。既獲見此天日（即心體），安可悠悠不思掀揭乾坤，
> 為天下萬世融成一片精金美玉，共享太平於無疆也耶！
>
> 四月初二日。舟中日長無事，心體益純。
>
> 初五日。盡日狂風，閉篷靜坐，心體渾然，更是親切。
>
> 初六日。工夫頗能當心，且外物覺不相累，勉進，當得快意矣。
>
> 廿一日。漸次虛融。
>
> 廿二日。只據些子，一切廓然，無內無外，淡泊沖融。〔註25〕

　　從日記的描述看，癸酉年（1573）59歲的近溪，已見體、證道，即已進入
心體澄明、融通、渾然的狀態，達到了天人合一或與道合一的神秘之境。這種
哲學（生命）境界不是如馮友蘭由理性分析所至的「思想」的「天地境界」，
而是由自己悟證所至的「真實」的「天地境界」。

　　關於早期道家的神秘主義，美國學者羅浩認為，存在「雙型」的神秘體
驗。第一種類型是內向的一體意識，那裡修煉者完全與道合一。第二種類型
是已經轉化的外向意識，那裡修煉者回到了現實世界中，在日常生活之中，
繼續保持先前在內向模式中體驗到的，對於統一體的深切的感受。〔註26〕其
實，這兩種類型，用來概括羅近溪心體的神秘體驗狀態也是合適的，前者往
往是短暫性的內心感受，後者則是穩定性的心理狀態。可以說，兩者在他的
生命體驗和境界中都存在，是先內後外，是工夫所至的不同階段的生命狀
態。

〔註25〕《癸酉日記》，《羅汝芳集》，第724～737頁。

〔註26〕〔美〕羅浩：《原道：〈內業〉與道家神秘主義的基礎》，學苑出版社，2009年，
　　　　第99～100頁。

　　心體這種與道合一的內向的一體意識狀態，往往是突然之間得之，是頓悟的象徵，除了第二節最後一段所引者外，《羅汝芳集》中還有一些片段的描述，試例舉如下：

　　近溪曾想像性地描述伏羲當年的得道體驗，其實是憑自己的經歷來推測之，對這種突然性的一體意識有真切的描述：

> 蓋伏羲當年亦盡將造化著力窺覷，所謂仰以觀天，俯以察地，遠求諸物，近取諸身。其初也，同吾儕之見，謂天自為天，地自為地，人自為人，物自為物，爭奈他志力精專，以致天不愛道。忽然靈光爆破，粉碎虛空，天也無天，地也無地，人也無人，物也無物，渾作個圓團團、光爍爍的東西，描不成，寫不就，不覺信手禿點一點，元也無名，也無字，後來卻只得叫他做乾畫，叫他做太極也，此便是性命之根源。〔註27〕

　　有一次，范維賢請教，近溪又描述了心體的這種突然性的神秘體驗，其曰：

> 久久反躬尋討，事事隨處觀察，冷灰星爆，火現光晶，赤子天性，恍然具在目前，而非意想遙度。〔註28〕

　　這種內向的一體意識狀態，近溪稱之為「獨」，其曰：「蓋獨是靈明之知，而此心本體也。此心，徹首徹尾，徹內徹外，更無他有，只一靈知，故謂之獨。」〔註29〕此所謂「獨」，即是心與道合一的「獨體」。

　　但是對於心體的這種狀態，近溪有相當的警惕，認為如果僅僅執著這種感受，而不能流行於日常生活中，就是「玩弄光景」，需要破除，他批評「玩弄光景」者：「因識露個光景，便謂吾心實有如是本體，本體實有如是朗照，實有如是澄湛，實有如是自在寬舒。不知此段光景原從妄起，必隨妄滅。及來應事接物，還是用著天生靈妙渾淪的心，此盡在為他作主幹事，他卻嫌其不見光景形色，回頭只去想念前段心體，甚至把捉終身，以為純亦不已，望顯發靈通，以為宇太天光，用力愈勞，違心愈遠。」〔註30〕牟宗三先生認為，近溪的主要工夫就是拆穿「光景」。〔註31〕這只說到了近溪工夫的一個方面，實際上其主

〔註27〕《近溪子集》，《羅汝芳集》，第80～81頁。

〔註28〕《近溪羅先生庭訓言行遺錄》，《羅汝芳集》，第415頁。

〔註29〕《近溪子集》，《羅汝芳集》，第85頁。

〔註30〕《近溪子續集》，《羅汝芳集》，第270頁。

〔註31〕牟宗三：《從陸象山到劉蕺山》，吉林出版集團有限責任公司，2010年，第183頁。

要工夫不在「破」，而在「立」，即見體、證道，也就是一時見「獨」之後不執
著，須進一步由內向意識轉化為外向意識。

　　所謂由內向意識轉化為外向意識，就是這種已體證到的一體意識能流行
於日常生活中，而不被打斷，使之具有長期的穩定性，從而動靜一如、內外一
體，這才是徹底的見體、證道。對心體的這種狀態或境界，近溪有更多的描述，
如：

　　　　今果會得此心渾然是一太極，充天塞地，更無一毫聲臭；徹表
　　　　徹裏，亦無一毫景象，則欲得之心泯，而外無所入；欲見之心息，
　　　　而內無所出。如此則其體自然純粹以精，其功自然潔淨而微，其人
　　　　亦自然誠神而幾，以優入聖域，莫可測識也已。〔註32〕

　　　　蓋吾人此心，統天及地，貫古迄今，渾融於此身之中，而涵育
　　　　於此身之外。其精瑩靈明而映照莫掩者，謂之精；其妙應圓通而變
　　　　化莫測者，謂之神。古之欲明明德於天下者，其心既統貫天地古今
　　　　以為心，則其精其神，亦統貫天地古今以為精為神。〔註33〕

　　　　心之聰明，果能不憚劬勞，不計歲月，到得心思即竭，神明自
　　　　來，那是許大乾坤，懼作水晶宮闕，即是說性說天，已是強為區別，
　　　　如何存之與養、知之與事又豈不一齊俱到也哉！奚止日知日事，就
　　　　是最後一著，雖云神聖之所極難，只是他年深歲久，歡欣淡洽，我
　　　　即是天，天即是我，而天人之間，別覓之了不可得。天人已是兩忘，
　　　　壽夭又更何有？〔註34〕

　　以上這些對心體狀態的描述，除了統而論之的所謂的天人合一、萬物一體
外，細而言之，還包括內外、表裏、動靜、精神、存養、知事的一體，即本體
與工夫融合為一，這是一個徹底圓融的神秘主義生命境界，也是中國哲學的最
高境界。雖言說實不可言說，非「知」之者，乃「悟」之者、「證」之者。近
溪晚年確實證到了這種神秘主義哲學（生命）境界，可以王時槐所見為證：「見
先生天真粹朗，彼己盡忘，八荒洞然，了無畛域；語笑動靜，食息寢處，神機
自運，不涉人力。」〔註35〕

〔註32〕《近溪子集》，《羅汝芳集》，第 25 頁。
〔註33〕《近溪子集》，《羅汝芳集》，第 73 頁。
〔註34〕《近溪子續集》，《羅汝芳集》，第 260 頁。
〔註35〕王時槐：《近溪羅先生傳》，《羅汝芳集》，第 857 頁。

　　綜上所述，羅近溪的哲學確實具有較為濃厚的神秘主義傾向。但他並不是一味追求神秘，他畢竟首先是一個儒者，理性主義是他生命和哲學的另一個根基。所以在其生命的最後時刻，當其孫懷智問他去後「更有何神通」？近溪回答道：「神通變化，此異端也。我只平平。」〔註36〕雖然近溪死後仍然顯現了神秘，但他顯然肯定日用平常之道。其實，羅近溪的生命和哲學具有兩面，即理性主義和神秘主義，兩者是交織在一起的。這也是大多數宋明理思想家的特點。如陸九淵、陳獻章、王陽明、羅洪先、王畿等心學家在理性主義之外都有一定的神秘主義傾向，甚至包括程朱理學，也有神秘主義之處。

　　當然，羅近溪經歷的神秘色彩，在傳播的過程中，也許有虛假或虛妄之處。但可以肯定的是，其工夫所至之神秘體驗、神秘境界是真實的，是直接從其見體、證道的生命中透顯出來的，是其精神生命的真正體現。從生命踐履的角度看，這一工夫上的神秘主義是宋明心學的一個重要面向，值得關注。可以說，沒有工夫上的神秘體驗，沒有本體上的證悟，生命難以進到明心見性、與道合一的神秘主義大境界；即使建立了所謂的「道德形上學」（牟宗三說），「境界的神秘主義」（馮友蘭說〔註37〕）等學說，於道德踐履而言，於生命本身而言，也是無濟於事的。故作為當代儒者，虛妄之神秘主義當然需要摒棄，但至少工夫上的神秘主義進路仍是我們為學求道的一條不可忽視的重要進路。

〔註36〕《明德夫子臨行別言》，《羅汝芳集》，第 299 頁。
〔註37〕按：馮友蘭的「境界的神秘主義」，不是「體驗的神秘主義」，其所謂天地境界，是理性分析所至，而非真正證悟所至，故嚴格來說，不是真正的神秘主義。

第四章　論王時槐的工夫論

　　王時槐（1522～1605），字子植，號塘南，安福縣南鄉金田人。他是江右王門第二代學人中的代表性人物和精神領袖，也是江右王門中非常具有理論創造性的思想家，從理論的創造性而言，或許已超過江右王門領袖鄒守益（但其影響力沒有鄒氏大）。張學智說：「他的學說，涵攝面廣而具體概念的分析精，在深刻與全面方面超過江右余子。他的學說對劉宗周產生了較大的影響。王時槐是王門學者中富有理論創造、能光大王學的人物。他的獨特學說，是王學發展中一個不可忽視的環節。」〔註1〕其本體論和工夫論都極具特色，茲專論其工夫論。

一、透性為宗

　　性是塘南之學中最高的本體，是一個絕對的存有，既是一切存在物的根基，又是宇宙萬有的生生者，而人（人心）則是性的開顯者、呈露者。所以，透性、盡性就是其整個為學的宗旨，亦即其工夫論的宗旨，塘南標示「學以透性為宗」〔註2〕「學以盡性為宗」〔註3〕。他說：

　　　大抵吾人為學，須以直透真性，亘萬古而無生滅者，此是千聖

　　相傳正宗，若不透此，總非究竟。故有志之士，終日終身，綿綿密

〔註1〕張學智：《明代哲學史》（修訂版），中國人民大學出版社，2012年，第211頁。
〔註2〕王時槐：《靜攝寤言》，《王時槐集》，鳳凰出版社，2007年，第550頁。
〔註3〕王時槐：《壽朱松岩長七十序》，《王時槐集》，第30頁。按：盡性就是透性，塘南曰：「直透其本然之明，是之謂盡性。」（《三益軒會語》，《王時槐集》，第480頁）

密，闇然自體，不求人知。蓋其真精神、真血脈，點點滴滴，務在
歸根覆命，不暇外求，誠恐一念向外，便是墮落，枉過一生。〔註4〕
就是說，吾人為學或做工夫，必須「直透真性」，此是千聖相傳的宗旨。如果
未透性，就未至生命的終極境界。所以有志之士終日終身都在透悟此性，整個
生命都貫注於此，無暇外求，如一念向外，就墮落於情識世界中，枉過了一生。
塘南認為透性不僅是自己為學的宗旨，而且能接通千聖相傳的學脈。透性、盡
性貫穿著一種宗教性的終極追求，因為性為宇宙本體，是一個超越時空的無所
不在的存在，所以在透性、盡性中能安頓個體的生命，從而獲得存在的意義。

何謂「透性」？性是人人之所固有的，但人生活在後天的經驗世界中，人
心固有之性往往陷落於後天的情識塵網中而被遮蔽，透性就是讓此固有之性
徹底透顯出來，從而徹悟、徹證性體。塘南曰：

> 學不透體，即往往冒認習氣為本性，然透性豈易能哉？必兢兢
> 業業，操鍊研摩，刊落渣滓，以入精實，如剝筍然，枝葉落盡，靈
> 根始見。〔註5〕

> 竊謂「透徹本體」一語，必聖人而後足以當之，豈可易言哉？
> 凡聰明穎悟，聞見測識，皆本體之障。今後學以障為悟者多矣，若
> 欲到聖人透徹境界，必一切剝落淨盡，不掛絲毫，庶幾得之。甚矣，
> 透徹之難也。〔註6〕

在塘南看來，所謂「透性」，就是剝落或刊落了人身上的一切習氣、渣滓，如
剝筍一樣，一層層都剝落了，最後「枝葉落盡」，「一絲不掛」，如此性體才徹
底透顯出來。只有到了透徹境界（即徹悟、徹證性體），習氣才算是剝落殆盡，
故塘南感歎「透徹之難」，而一般人往往「冒認習氣為本性」，或以「聰明穎
悟」「聞見測識」為悟，或者以虛見為本體，「乍有少見，便驚詫張皇，玩弄矜
伐，誇示於人，即為罔念作狂，將流入無忌憚小人之歸，此徒恃虛見之為害
也。」〔註7〕

透性後，就是心體或性體的一體流行狀態，就是無所著之境，既不著相，
也不著空，「此無倚靠處，乃是萬古穩坐之道場，大安樂之鄉也。」〔註8〕故

〔註4〕王時槐：《答王肯齋》，《王時槐集》，第381頁。
〔註5〕王時槐：《答按院吳安節公》，《王時槐集》，第436頁。
〔註6〕王時槐：《答錢啟新邑侯》（其三），《王時槐集》，第357頁。
〔註7〕王時槐：《偶書所見》，《王時槐集》，第531～532頁。
〔註8〕王時槐：《三益軒會語》，《王時槐集》，第497頁。

塘南曰：「言空則有空相，言覺則有覺相，言無邊際則有無邊際之相，蓋意識之為也。」〔註9〕反言之，就是透性後消除了一切的後天經驗意識，即使有覺知之感，如覺知空無，覺知無邊際，覺知自身，都仍有後天的經驗意識，惟是一體的自然流行，才是真正的透性，才是真正徹悟、徹證了性體。此是無執之境，但又不是佛教的性超於天地萬物之外的空無之境，而是虛乃生生、性貫於天地萬物之中的即體即用之境。塘南認為，此時「惟見此理（即性）彌漫宇宙，貫徹古今，大廓於無外，細入於無間，無一處不該，無一息不運，身心世界渾成一片，雖欲頃刻離之而不可得」〔註10〕。此時，心即性，心與性徹一無二，身心與世界融為一體，生命成為超越時空的永恆存在。

　　如此，證性、透性，就是了悟、超越了生死，達到了生命的終極境界，上升到了宗教的層面，實現了為學或做工夫的根本宗旨。塘南曰：

> 　　夫本性真覺，原無靈明一點之相，此性遍滿十方，貫徹古今。
> 蓋覺本無覺，是謂無生，既云無生，安得有生死？……若有一點靈
> 明不化，即是識神。識神既不用事，則渾然先天境界，非思議所及
> 也。果能悟此，則形骸本非有無，沉痾自脫然矣。即今果能大休歇，
> 一絲不掛，復歸混沌之初，亦無天地萬物，亦無世界，亦無形骸，
> 亦無古今，其庶幾乎！〔註11〕

> 　　知生知死者，非謂硬作主張，固守靈識，以俟去路不迷之謂也。
> 蓋直透真性，本非生死，乃為真解脫耳。不然，則我相未忘，便落
> 陰界，非通晝夜之知也。〔註12〕

在塘南看來，超越生死，並不是靈魂（即識神或靈識，相當於佛教第七識末那識）的輪迴，使其在輪迴時不迷失自我，而是放下識神，不讓其作主用事，從而透悟真性，回歸先天境界。因為性體是超越時空的存在，本無生死可言，如果證悟、透悟了性體，就得到了真正的解脫。這種解脫的境界，就是「亦無天地萬物，亦無世界，亦無形骸，亦無古今」，即超越時空的永恆存在。所以，塘南的「透性」之教頗具宗教色彩，從其臨終的表現看，他也確實證悟了生死，達到了宗教的超越生死的境界。

〔註 9〕王時槐：《潛思箚記》，《王時槐集》，第 523 頁。
〔註 10〕王時槐：《偶書所見》，《王時槐集》，第 531 頁。
〔註 11〕王時槐：《答鄒子予》，《王時槐集》，第 438 頁。
〔註 12〕王時槐：《答王養卿五條》，《王時槐集》，第 402 頁。

透性也就是復性。塘南曰：

> 大率學者之通病，在心思擾擾，適足以蔽其本心之明，若當下
> 澄然，即本性自在。至於七情之發，皆從太虛中流出，其不中節者
> 亦鮮矣。則當其未應事時，渾然沖漠，固未發也，及其應事時，過
> 化不留，亦未發也，是之謂復性。〔註13〕

就是說，當心思擾擾時，性被遮蔽而未透顯，一旦當下澄然，習氣頓消，因本
性自在，馬上就自己透顯出來，所以透性也就是復性，復歸人心固有之性；復
性後，不管無事，還是有事時，都是未發，即都是本體狀態，都是一體流行狀
態。復性並不能對性體本身增加一毫。塘南曰：

> 心體本來潔淨，無可洗者，只為染著世情，故所洗者只洗世情
> 而已，豈能於心體上加得一毫潔淨乎？譬如白衣，原來潔淨，只為
> 染著垢污，故所洗者只洗垢污而已，豈能於白衣上加得一毫潔淨乎？
>
> 〔註14〕

就是說，心體（即性體）本來就是潔淨的，只是被世情（習氣）染污，所以需
要清洗的只是世情，清洗後就復歸到其本體狀態，故復性並沒有在性體上增加
一毫潔淨。這裡所說的染污，是指性體被習氣所遮蔽，遮蔽了，則只見習氣，
好像蒙上一層污垢一般。其實，性體在本質上是不可能被染污的，只能被遮蔽，
刊落習氣即見真性，這就是復性，這就是透性。

那麼，如何透性呢？塘南有一個總綱性論述：

> 未悟之先，非冥行而漫作也。第所見未徹，姑就其所見之所及，
> 操持而力詣之。蓋始也，見一路可入，遵而行之，既久自覺隔礙，
> 則不得已更尋方便，密參顯證，於無路處覓路，質問師友，復自己
> 切實鑽研，一以透性為宗，尤未能頓徹，則不得不屢離住場，一切
> 刊落，以求實際。此正古人擇善之功，必如是堅志苦修，決不退轉，
> 出萬死之力，必期自得其本性而後已。硬著脊樑，謹著步趨，到得
> 智窮力竭之日，必有悟矣。〔註15〕

塘南認為，悟（即透性）前有一個修證、探索的過程，在未悟之前，必須對修
養理論和工夫有所認識，但所見未透徹，姑就其所見之及而用力，不然就是

〔註13〕王時槐：《再答憲使修默龔公》，《王時槐集》，第 427 頁。

〔註14〕王時槐：《答錢啟新邑侯》（其六），《王時槐集》，第 359 頁。

〔註15〕王時槐：《靜攝寱言》，《王時槐集》，第 549 頁。

「冥行而漫作」。剛開始從某一路入而遵行之，久之自覺有障礙，不得已再尋
找方便之門，密參顯證，於無路處尋路，質師問友，復又自己鑽研、實證，一
定要達到透性為止。如果到此還未能「頓徹」（即頓悟），就不得不常用靜坐、
靜修之功（所謂「屢離住場」就是常離家去靜坐、靜修），「到得智窮力竭之
日，必有悟」。當然，剛開始之悟，只能是頓悟、甚至只是解悟，解悟、頓悟
後，還要繼續用漸修之功，到最後「決不退轉」時，才是徹悟、透悟，即透性。
這段話是塘南一生修養過程的夫子自道，不過這只是其大概，至於具體的修養
工夫，下面詳論之。

二、靜坐收斂

　　靜坐是許多宋明儒者（尤其是陸王學者）的日用工夫，如程顥、朱熹、陸
九淵、陳獻章、王陽明、王畿、聶豹、羅洪先等都用這種工夫，塘南更是如此。
據《王塘南先生自考錄》記載，塘南在 38 歲開始丁母憂時，就常習靜（主要
是靜坐）於金牛寺，直到 41 歲丁憂結束再赴任時；53 歲時已歸田在家的塘南
又開始每年常習靜於金牛寺；63 歲時改為每年常習靜於三益軒。這是塘南每
年專門抽出一定時間去靜坐或靜修的兩處道場。有時他還到其他地方習靜，如
吉水仰慈山、盧陵瑞華山等，又在病中亦常靜坐。可見，靜坐是塘南日用之常
課；也是他透性、證性的基本工夫。如其自述曰：「及退休，大懼齒衰，惕然
漸悚，則悉屏絕外紛，反躬密體，瞬息自勵。如是者三年，若有見於空寂之體。」
〔註16〕所謂「悉屏絕外紛，反躬密體」，就是通過靜坐以證悟性體，剛開始證
到了「空寂之體」。又自述曰：「辛卯（1591 年）夏，掩關仰慈山中，晝夜默
坐，密體自心，凡再閱月（即過兩個月），外慮都絕。久之，若有迫於中而不
能自己者。」〔註17〕這是通過靜坐，密體自心，久之覺「生生之體」的不自覺
地從心中呈露出來，即證悟到「生生之體」。可以說，塘南透性剛開始主要是
由靜坐而得的。
　　塘南認為，靜坐是學者的初下手工夫。他說：

　　　夫學無分於動靜者也，特以初學之士紛擾日久，本心真機盡泪
　　沒蒙蔽於塵埃中，是以先覺立教，欲人於初下手時，暫省外事，稍
　　息塵緣，於靜坐中默識自心真面目。久之，邪障徹而靈光露，靜固

〔註16〕王時槐：《塘南居士自撰墓誌銘》，《王時槐集》，第 157 頁。
〔註17〕王時槐：《仰慈膚見》，《王時槐集》，第 546 頁。

如是，動亦如是。到此時，終日應事接物，周旋於人情事變中而不捨，隨處盡倫，隨處盡分，總與蒲團上工夫一體無二。此定靜之所以先於能慮，而逢原之所以後於居安也。豈謂終身滅倫絕物，塊然枯坐，徒守頑空冷靜以為究竟哉？〔註18〕

在塘南看來，為學本來無分動靜，但是初學者心中紛擾，心體（性體）長期被遮蔽於形氣中，所以先由靜坐下手，於靜坐中體認（默識）自心本來面目，久之良知（靈光）就會呈露。到得良知容易呈露後，則動靜自如，在人情事變中也可用功。在塘南看來，要真正地透性，剛開始必須由靜坐而入，此前種種工夫都不是本質的工夫，即使偶有靈光閃現，但隨閃隨滅，並不能真正、持續作主，故他說「大率此道……惟靜退者可入」〔註19〕，即必藉由靜坐才能使良知容易呈露，才能真正體證到本體，靜坐才是本質的入門工夫，亦即透性的初下手工夫。

塘南還認為，靜坐不僅是初下手之功，而且也是進一步「入微」之功。他說：

> 夫學當無間於動靜，然始焉立基，終焉入微，必由靜得。雖有志為學，不久靜，恐以意氣承當，以影響為究竟，於真體親切處未能徹底，故貴靜也。〔註20〕

> （蘊卿）所云「大成者，未有不以靜專為主」，誠然誠然。蓋此理雖不分動靜，然不專一則不能直遂，不翕聚則不能發散，天地且不能違，而況人乎？〔註21〕

所謂「始焉立基」是指初下手之功，而「終焉入微」，則是指只有通過長期的專一、翕聚的靜坐之功，才能體證到心體之幾微，即所謂體用之間、有無之間的「幾」（此下節再論），體認、體證到此「幾」，才能最後真正證悟到性體（即所謂「大成」）。雖動時之功也可證性，但往往無法「入微」，更多的是保持、保任靜時所證的性體狀態。這也是為什麼塘南每年都要抽出一定的時間（有時達兩月之久）專門來靜坐。

那麼到底如何靜坐以透性？靜坐有各種法門，其中之一就是由調息而入，

〔註18〕王時槐：《答周守甫》，《王時槐集》，第 345 頁。
〔註19〕王時槐：《答友人》，《王時槐集》，第 429 頁。
〔註20〕王時槐：《仰慈膚見》，《王時槐集》，第 545～546 頁。
〔註21〕王時槐：《答族任蘊卿》，《王時槐集》，第 418 頁。

但作為呼吸之「息」是後天之氣，由之如何能證先天之性呢？塘南由此提出「真息」之說。他說：

> 「靜坐從調息入」，此是王龍溪先生語也。但龍溪先生所指「息」字亦甚微，若只以呼吸出入為息，則恐未盡。蓋真息原無呼吸出入之相，故曰真息本無息。所謂無息者，非頑空斷滅之謂也，乃息之至微至細不可以象求而可以神會者也。若呼吸出入之息，乃是真息之末流耳。龍溪先生所謂調者，亦欲人由粗而入細耳。真息即是真心，得此機括入手，則萬事萬化之原時時在吾掌握，動亦定，靜亦定，即此是本體，即此是工夫，時時入微而非把捉也，時時默運而非怠弛也，即此便是戒慎恐懼，即此便是不睹不聞，所謂得一而萬事畢。〔註22〕

王畿（龍溪）曾提出靜坐從調息入，塘南認為王畿之「息」有微意，不僅僅指後天的呼吸之「息」，應該還有「真息」之意。何謂「真息」呢？就是「息之至微至細不可以象求而可以神會者」，就是真心（即先天之性），此真息「蓋天地一元默運不容已之機，不可以呼吸言，而實為呼吸之根也」〔註23〕。這樣所謂「調息」，就是「由粗而入細」，即由呼吸之「息」進至「真息」，即由息之「末流」進至息之「根」（性），「到得大透，息即性，性即息，亦無二也」〔註24〕，即息與真息（性）合一，最後徹悟、徹證性體。當證到息與真息合一時，則動靜一如，即本體即工夫。

　　學者在開始靜坐時，往往雜念紛飛而難以靜，有人對塘南說「動中覺無紛紜，而靜中往來不勝」〔註25〕，又有人「以識為性，宜其靜坐而念愈多，又以識去念，則愈去而愈煩難矣」〔註26〕，即把後天的識（即意識）當作性，以識來去掉念，而越去越多。塘南認為，「下手工夫，貴收斂退藏於密，到得靜久，漸入自然，了無安排，而身心盡忘，宇宙混成一片，庶幾可以言復性矣。」〔註27〕就是說，靜坐的下手工夫又在於收斂，收斂就可以入靜，靜久則漸入自然，身心盡忘，而後可復性。

〔註22〕王時槐：《答曾德卿》，《王時槐集》，第390頁。
〔註23〕王時槐：《答周時卿》，《王時槐集》，第405頁。
〔註24〕王時槐：《答王養卿》，《王時槐集》，第410頁。
〔註25〕王時槐：《答蕭敬之》，《王時槐集》，第353頁。
〔註26〕王時槐：《答王球石》，《王時槐集》，第407頁。
〔註27〕王時槐：王時槐：《答謝居敬》，《王時槐集》，第405頁。

那麼，如何收斂呢？塘南曰：

> 此性充塞宇宙，然測之愈離，惟一切放下，當體自在，故收斂
> 者，乃絕馳求，息萬緣，潛神於淵，以凝道之功也。〔註28〕

> 以病臥三年，自分不起，覺往年見解多係扭捏，全靠不著，乃
> 一味休歇，不但世緣盡棄，即道理、思索一切放下，久之似覺神氣
> 歸根，身心漸忘，病亦隨愈。〔註29〕

> 收斂歸根親切處，難以口授，惟潛心至極，大休大歇，久自得
> 之，乃天然真止，非造作也。若著意扭捏，執方安頓，則遠之遠矣。
> 〔註30〕

綜合上三引文言之，所謂「收斂」，並不是著意去把捉、臆測性體，而是一切放下，盡棄世緣（或息滅萬緣），即道理、思索一切放下，大休大歇，久之神氣歸根，身心漸忘，性體自然呈露。

接著，收斂什麼呢？塘南曰：

> 未發之中，性也，有謂必收斂凝聚以歸未發之體者，恐未然。
> 夫未發之性，不容擬議，不容湊泊，可以默會，而不可以強執者也。
> 在情識則可以收斂，可凝聚，若本性無可措手，何以施收斂凝聚之
> 功？收斂凝聚以為未發，恐未免執見為障，其去未發也益遠。〔註31〕

> 性無為者也，性之用為神，神密密常生謂之意。意一也，以其
> 靈謂之識，以其動謂之念。靈識意念，名三而實一，總謂之神也。
> 神貴凝，收斂歸根以凝神也。神凝之極，於穆不已，而一於性，則
> 潛見躍飛，無方無跡，是謂聖不可知之神，非思議所及也。〔註32〕

塘南認為，性先天的未發者，只可默會（即體悟），無法施以收斂凝聚之功，因為收斂是後天的工夫，如果去收斂性體，「恐未免執見為障，其去未發也益遠」。在情識上，可以言收斂；也可以言收斂神（即精神，包括意、靈識〔即良知〕、念）。情識、念屬於後天，而意、知是介於體用之間的「先天之子、後天之母」，都可以著後天的工夫。塘南將意、靈識（良知）、念都視為一，即都是神（精神）；這裡的「念」不是善惡混雜之「念」，而是意之所發而無染污者

〔註28〕 王時槐：《支筇漫語》，《王時槐集》，第 548 頁。
〔註29〕 王時槐：《答陳蒙山年丈》，《王時槐集》，第 423～424 頁。
〔註30〕 王時槐：《支筇漫語》，《王時槐集》，第 548 頁。
〔註31〕 王時槐：《三益軒會語》，《王時槐集》，第 510～511 頁。
〔註32〕 王時槐：《潛思劄記》，《王時槐集》，第 524 頁。

（即純善之念），故與意、良知在內容或本質上是一。塘南所說的「收斂」，是指收斂精神（即意、知、念）；而在情識上的收斂，並不是指收斂情識本身，而是指在情識狀態下收斂精神。

　　因為意、知，兼具先後天性，那麼作為工夫的收斂，就不僅僅涉及後天，也涉及先天。塘南曰：

　　　　夫性不可以斂散言，而其用不得不斂散者也。散之則天地日月、山河大地，庶物露生；斂之則藏於無朕，泯於無跡。此屈伸闔闢之常理也。然不屈則不能伸，不闔則不能闢，故斂者常為造化之根矣。夫斂常為造化之根者，何也？以性本未發也。性惟未發，故性之發用，申者必屈，闢者必闔。蓋萬化必歸其根，亦不得不然矣。〔註33〕

塘南認為，性本身不可用斂散來說明，其用才可用斂散來說明，散（發散）是天地萬物的一切呈現（屬後天），斂（收斂）則是天地萬物呈現後的無朕無跡、無形無相（進入先天）。收斂最初用功涉及的是後天的經驗界，最後則抵達超越的先天界（所謂「藏於無朕，泯於無跡」），這樣「其指涉對象已從經驗性對象，轉化為超越性的本體」〔註34〕，故塘南曰「斂者常為造化之根」（即抵達本體界）。他又說「獨即意之入微」，「收斂即為慎獨」〔註35〕，又說「知止即慎獨」〔註36〕。那麼，收斂就是知止，「斂」即「止」，而「止」作為工夫，也涉及先後天性。塘南曰：

　　　　夫止之云者，真機之凝然隱於無朕，而非空也；躍然妙乎萬有，而非作也。止之云者，非把捉束縛以為止也，亦非冥頑絕物以為止也。真機妙應而常止，吾惟還其本然之止也。〔註37〕

就是說，「止」作為工夫，既是「躍然妙乎萬有」，這涉及後天的經驗界；又是「真機之凝然隱於無朕」，這涉及超越的先天界。所謂「妙應而常止」，則是既後天又先天的。這在工夫論上顯示了相當的辯證性。

　　收斂精神主要是一種靜功，但是當其至圓熟之時，靜可收斂，動亦可收斂。塘南曰：「若到矜持渾化之日，則應酬與打坐無二矣。收斂到渾化之日，

〔註33〕 王時槐：《湯生君斂字說》，《王時槐集》，第253頁。
〔註34〕 陳儀：《王塘南思想研究》，政大出版社，2017年，第152頁。
〔註35〕 王時槐：《與賀汝定》，《王時槐集》第371頁。
〔註36〕 王時槐：《答謝居敬》，《王時槐集》，第389頁。
〔註37〕 王時槐：《答謝居敬》，《王時槐集》，第389頁。

則此理凝然在宇宙間，獨立而不改。」〔註38〕即收斂到渾化（即圓熟）之時，動（應酬）靜（打坐）一如，惟見性體（此理）流行於宇宙間。

三、研幾為要

「研幾」是塘南工夫論中最重要的概念，也是其最根本的工夫。塘南曰：「聖學以研幾為宗。」〔註39〕又曰：「希聖者終日乾乾，惟研幾為要矣。」〔註40〕黃宗羲則指出塘南之學「以透性為宗，研幾為要」〔註41〕，即透性是塘南為學的根本宗旨，而研幾則是透性的重要工夫。

「研幾」一詞，出自《周易・繫辭》：「夫易，聖人之所以極深而研幾也。」《繫辭》又曰：「幾者動之微，吉之先見者也」，「君子見幾而作，不俟終日。」在《繫辭》中，「幾」為事物（包括思慮、意念）最初的極細微狀態，「研幾」就是深入地體察事物，研究事物的細微的苗頭和徵兆。〔註42〕周敦頤對「幾」又作了新的闡釋，他說：「誠，無為，幾，善惡」，「動而未形、有無之間者，幾也。」〔註43〕他將「幾」完全納入道德領域，「幾」是人心之微，介於動而未形、有無之間，是善惡之間臨界點，善惡由此而分。塘南在此基礎上，形成了自己對「幾」和「研幾」的獨特理解，並將「研幾」發展為一種獨具特色的工夫論。

何謂「幾」？塘南曰：

夫所謂幾者，蓋此體空寂之中脈脈呈露處，乃無中生有，自然不容已，無一刻間斷，非謂念頭發動時，亦非謂泯然未發也。〔註44〕

周子謂「動而未形，有無之間為幾」。蓋本心常生常寂，不可以有無言，強名之曰幾。幾者，微也，言其無聲臭而非斷滅也。今人以念頭初起為幾，即未免落第二義，非聖門之所謂幾矣。〔註45〕

惟生幾者，天地萬物之所從出，不屬有無，不分體用。此幾以前，更無未發；此幾以後，更無已發。若謂生幾以前更有無生之本

〔註38〕王時槐：《答族任蘊卿》，《王時槐集》，第 418 頁。
〔註39〕王時槐：《瑞華剩語》，《王時槐集》，第 514 頁。
〔註40〕王時槐：《書卷贈王林二生還瓊州三條》，《王時槐集》，第 586 頁。
〔註41〕黃宗羲：《太常王塘南先生時槐》，《明儒學案》，第 467 頁。
〔註42〕張學智：《明代哲學史》（修訂版），第 208 頁。
〔註43〕周敦頤：《周敦頤集》，第 16、17 頁。
〔註44〕王時槐：《答周時卿》，《王時槐集》，第 422 頁。
〔註45〕王時槐：《三益軒會語》，《王時槐集》，第 511 頁。

體，便落二見……知者意之體，非意之外有知也；物者意之用，非
意之外有物也。但舉「意」之一字，則寂感體用悉具矣。意非念慮
起滅之謂也，是生幾之動而未形，有無之間也。獨即意之入微，非
有二也，以其無對謂之獨。〔註46〕

塘南認為，幾是性體的呈現者、發用者，性體「由無生有」，就是性體呈現、發
用為幾，所以是「先天之子」；而幾又是「天地萬物之所從出」者，天地萬物（包
括人）都是幾所生者，這個「生」既是宇宙論之生，又是道德論之生（即道德
行為的發出者），所以又是「後天之母」。幾不是後天經驗意識的已發念頭，如
果「以念頭初起為幾」，就「落第二義」，但亦非「泯然未發」者，因為它是性
體所發者。如此，幾就介於體用、有無、寂感之間，兼具先後天性。「幾」字其
實是一個描狀詞，其具體之狀為：「微」，即無聲無臭、了無朕跡而又非斷滅之
狀（即先天之狀）；「生幾」（即「生生之幾」）、「不容已」，即不斷生生發用、呈
露之狀（即後天之狀）；「動而未形，有無之間」，即性體已發用、呈現，但又未
形成念、落入形氣中而介於有無、體用間之狀（即先後天之狀）。用另一個描狀
詞來表達就是「獨」，「獨」字強調幾的無對，是指真幾獨立於形氣之上，而無
有相對者，而「獨是先天之子，後天之母」〔註47〕，故獨就是幾。至於幾的具
體內涵，就是心、知、意，即性之所呈現、發用者，具體而言，心是指體用之
間的心，而此心的具體發用、呈現即知或意。心（體用之間的心）、知、意都具
有先後天性，而其狀態都是「幾」，上引文也表達了這一意思，茲不再贅述。

　　這樣，心（體用之間的心）、知、意、幾、獨，雖概念不同，但其所指的
是心的同一種狀態。但是，塘南為什麼還要特別發明「幾」字義以及提出研幾
之功？因為心學中常用的「心」「知」「意」「獨」字都無法表達「幾」的獨特
含義，即「動而未形，有無之間」之意，這個時候（其實是瞬間）如「一陽初
動，萬物未生時」〔註48〕，是在亥子、坤復、晦朔、動靜之間，這個「之間」
正是「真幾」所在。〔註49〕這個「之間」的幾是性與心的通孔，性發用、呈現
為心是通過這一通孔，心復歸為性亦是通過這一通孔。可以說，幾突顯了心

〔註46〕王時槐：《與賀汝定》，《王時槐集》，第 371 頁。
〔註47〕王時槐：《答郭存甫》，《王時槐集》，第 449 頁。
〔註48〕王時槐：《潛思箚記》，《王時槐集》，第 519 頁。
〔註49〕王時槐《答曾德卿》曰：「手翰所聞『亥子之間』，即所謂坤復之間、晦朔之間、
　　　　一動一靜之間之說也。舉要言之，正所謂動而未形、有無之間，吾心之真機，
　　　　聖門所謂獨也。」（《王時槐集》，第 408 頁）

（體用之間的心）、知、意的特點，可貫通性、心、知、意、念。塘南認為，在几上著力或下手（即研幾）才能得真。他說：「白沙先生所謂『亥子中間得最真』，殆謂是歟！」〔註50〕所以，塘南標特別舉「聖學以研幾為宗」。在塘南的話語體系中，致知（致良知）、誠意、慎獨，其實際內涵都是指研幾，只是隨語境的不同表達而已。

何謂「研幾」？塘南曰：

> 研幾者，非於念頭萌動辨別邪正之謂也。此幾生而無生，至微知密，非有非無，惟綿綿若存，退藏於密，庶其近之矣。白沙先生云：「至無，有至動，至近至神焉，發用茲不窮，緘藏極淵泉。」旨哉言乎！〔註51〕

> 夫此心常生者也，默默運行，生而無生，此所謂思之睿也。此思不著於有，不落於無，是生生之本然也。日間默默體認乎此，即是聖人研機（幾）之學。〔註52〕

> 性廓然無際，生幾者，性之呈露處也；性無可致力，善學者惟研幾入於極深，其庶矣乎！〔註53〕

塘南認為，研幾不是在念頭發動時辨別善惡（然後為善去惡），因為念是後天的經驗意識，不能在純粹的後天上用功；也無法直接在性體上著力，因為性體是純粹的先天的，無有可著力處；故只能在體用之間的「幾」上用功，因為幾是性體之呈現，呈現了而又未成為念而落於後天的形氣中。研幾就是收斂歸根（即「退藏於密」），讓幾（知或意）呈現出來，然後「默默體認」此幾，所謂「體認」，就是體證、肯認。這裡有兩步功法，即先收斂，後體認，即研幾包括了上節所講的收斂。所以塘南對於收斂歸根（即「退藏於密」），用「庶其近之」說明，即已經接近研幾。

關於收斂與研幾的關係，塘南曰：

> 此性充塞宇宙，然測之愈離，惟一切放下，當體自在。故收斂者，乃絕馳求，息萬緣，潛神於淵，以凝道之功也。……收斂歸根，是握幾凝道之方也。〔註54〕

〔註50〕王時槐：《潛思箚記》，《王時槐集》，第 519 頁。
〔註51〕王時槐：《靜攝窹言》，《王時槐集》，第 553 頁。
〔註52〕王時槐：《答曾德卿》，《王時槐集》，第 392 頁。
〔註53〕王時槐：《靜攝窹言》，《王時槐集》，第 553 頁。
〔註54〕王時槐：《支筇漫語》，《王時槐集》，第 548 頁。

《大學》貴知止，而《易象》之言止曰：「君子思不出其位。」
惟思不出位，則入微而得其本然之止，非強為也。思不出位，其極
深以研幾之指訣乎！〔註55〕

塘南認為，「收斂歸根，是握幾（研幾）凝道之方」，又說「思不出位」是「研
幾之指訣」，其中「思不出位」即知止，而知止，上節已述即是收斂。收斂，
則一切放下，萬緣皆息，性體自然呈現出來而成為幾，幾現，則體認、體證
之。所謂收斂是研幾之方，嚴格意義上是說收斂只是呈現幾之方，並不完全
等同研幾的全部方法，只是其前期的工夫，故塘南曰：「惟是收斂沉潛，退
藏於密，則研幾底於極深，所謂淵淵其淵，立天下之大本也。」〔註56〕就是
說，惟有先收斂歸根，然後才能「研幾底於極深」。於是又回到前文所說，
收斂是研幾的第一步（即先收斂後體認），包含在研幾過程中。當然，當收
斂至於圓熟之時，幾現之後，不再落入形氣之中，而是立刻回歸性體，與性
體融而為一，如此是用即體，即體即用。此時，研幾不再有工夫，收斂就是
研幾。

幾本是生生不容已，無一刻間斷，時時會呈現；既然會時時呈現，當下即
可研幾，當下即可致良知，何必待收斂後才研幾？塘南曰：

獨幾一萌，便屬後天，後天不能無習氣之隱伏。〔註57〕

性雖本善，而靈竅一開，漸涉形氣，則外染得以乘之，將習氣
浸漬潛伏於意識之根而不自覺。〔註58〕

就是說，幾畢竟帶有後天性，「獨幾一萌，便屬後天」，既屬後天，就有可能落
入後天的形氣或習氣中，受到後者的染污、遮蔽，或者後天的形氣潛伏於意根
之中而不自覺。在這種善惡混雜的狀態，呈現的所謂「幾」，有可能是情識，
是假良知，於是有人以情識為良知，至於放蕩而不自知。這就是泰州學派和王
畿後學之弊，為了避免這種弊端，故塘南認為研幾必先收斂，收斂後刊落一切
習氣，呈現的就是「真幾」，於此研幾才是真工夫。所以塘南認為，「研幾者，
非於念頭萌動辨別邪正之謂也」〔註59〕，即不在善惡混雜的完全後天的狀態下
「研幾」。塘南曰：「若於此用覺照及拔去人為之私，即涉於造作，反害其自然

〔註55〕王時槐：《瑞華剩語》，《王時槐集》，514 頁。
〔註56〕王時槐：《答周時卿》，《王時槐集》，第 422 頁。
〔註57〕王時槐：《石經大學略義》，《王時槐集》，第 573 頁。
〔註58〕王時槐：《書卷贈王林二生還瓊州三條》，《王時槐集》，第 586 頁。
〔註59〕王時槐：《靜攝寤言》，《王時槐集》，第 553 頁。

呈露之幾矣。惟是收斂沉潛，退藏於密，則研幾底於極深。」〔註60〕就是說，此時如果良知反照，並用它去拔除私欲，那麼因為它此時未能完全作主，會淹沒在種種私欲中，反而有害其自然的呈現。所以此時惟有用收斂之功，待幾自然呈現而後「研」（即體認）之。

　　作為研幾工夫，在收斂之後，幾（意或知）圓圓呈現，「凝然在無邊空寂之中，獨立而無侶」，〔註61〕那麼此時如何「默默體認」，並研幾以「底於極深」？塘南曰：

> 辱手翰（按：來自王夢峰）云：「識得生幾，自火然泉達，自穩當，自顯著，安用人為？」誠至言也。但鄙意謂真識生幾者，則必兢兢業業。故孔子所謂「不足，不敢不勉。有餘，不敢盡」，方是實學。蓋聖人真識生幾，則常有不敢之心。今後學亦有自謂能識生幾者，往往玩弄光景，以為了悟，蕩無檢束，則涉於無忌憚之中庸矣。故穩當顯著，雖非人為，正聖門所謂為之不厭也。〔註62〕

> 惟鄙人近來自覺此心之生理本無聲臭，而非枯槁，實為天地萬物所從出之原，所謂性也。生理之呈露，脈脈不息，亦本無聲臭，所謂意也。凡有聲臭可睹聞，即形氣也。形氣云者，非血肉粗質之謂。凡一切光景閃爍，變換不常，滯礙不化者，皆可睹聞，即形氣也。形氣無時無之，不可著，亦不可厭也。不著不厭，亦無能不著不厭之體。若外不著不厭，內更有不著不厭之體，則此體亦屬聲臭，亦為形氣矣。於此有契，則終日無分動靜，皆真性用事，不隨境轉，而習氣自銷。〔註63〕

王夢峰認為，既然識得（即體認到）幾（即意或知），幾自然會火然泉達般流行，不必再用工夫。塘南則認為，即使幾已自然呈現，並體認到幾，但後天的形氣〔註64〕不可能消失，幾仍有可能落入後天的形氣中被染污、遮蔽，於是需要時時保持、保任此幾，兢兢業業，常有不敢不勉之心。如果幾處於保任狀態

〔註60〕王時槐：《答周時卿》，《王時槐集》，第 422 頁。
〔註61〕王時槐：《潛思箚記》，《王時槐集》，519 頁。
〔註62〕王時槐：《答王夢峰》，《王時槐集》，第 372 頁。
〔註63〕王時槐：《又（答賀汝定）》，《王時槐集》，第 376 頁。
〔註64〕按：形氣與習氣略有別：形氣是指後天的經驗世界（包括天地萬物以及人的念頭），習氣則是指私欲、情識、情緒、意見、雜念等人之習性，習氣屬形氣的一部分。形氣（除習氣之外的形氣外）可以轉化為性體之用，而習氣則必須清除。關於習氣，下節再論。

而不被染污、遮蔽，這樣發為念，才是真念、善念，發為事，才是「真性用事」。在對幾的體認、保任中，對於形氣，要既不著，也不厭，不隨境轉，而是一任幾之流行，這樣自己的習氣會慢慢地消失。在研幾中容易出現的一個毛病是，就是「玩弄光景」，就是把幾（知或意）當作一個「實體」去把捉、執持，從而在心中形成一個虛幻的光景（即光影），以為性體在此，以為自己已了悟，故平時行為蕩無檢束。所以塘南認為，不僅對於形氣要不著不厭，對這個「不著不厭之體」亦不可執，因為一執著這個「幾體」，就成為「滯礙不化」而可睹聞者（即心中之光影），此亦是「形氣」——心中之物，如此就成為後天，喪失了其先天性、超越性。研幾不僅僅在靜功中進行，更要到事上磨練（即用動功），在事上研幾，即讓它去用事，但又不被事（亦是形氣）所干擾而保持其超越性。如此，靜時體認、保任，動時亦體認、保任，時時在體認、保任之中，時時兢兢業業、不敢不勉，最後才會「研幾底於極深」，從而徹證性體（即透性）。因此，日本學者岡田武彥將塘南視為歸寂派〔註65〕，並不是很準確。其實，塘南並不是絕對的歸寂派，他雖重靜坐收斂之功，但根本工夫——研幾實際上是貫通動靜的。

四、克治習氣

習氣是道德修養之敵，每個宋明理學家都會面臨克治習氣的問題，這是他們共同的問題意識。梁啟超認為，古人修身大體有兩種學問，即存養和克治，「存養者，積極的學問也；克治者，消極的學問也。」〔註66〕存養，是存養本體；克治，是克治習氣。不過，兩者仍有內在的聯繫，一般而言，存養比克治在時間上和邏輯上具有優先性，即須先存養本體而後才能克治習氣。但各家所論，各有偏重，如孟子重存養，荀子重克治，宋明理學家主要繼承孟子，多以存養為主，但也兼及克治（以此為輔）。塘南也大抵如此，前面所論靜坐、收斂、研幾均可大體歸入存養本體的範圍，茲再論克治習氣。

何謂習氣？習氣是如何形成的？塘南曰：

> 性本至善，自受形之後，情為物引，漸與性違，習久內薰，脈脈潛注，如種投地，難以遽拔，是謂習氣。夫習氣云者，謂由積習

〔註65〕岡田武彥著、吳光等譯：《王陽明與明末儒學》，重慶出版社，2016年，第217頁。

〔註66〕梁啟超編著、彭樹欣整理：《德育鑒》，《梁啟超修身三書》，上海古籍出版社，2016年，第84頁。

而得，非性本有也。此在大賢以下皆不能無，但纖翳之與重障，則有辨矣。如大賢學已深造，粗垢俱脫，惟善微有跡，見未頓融，即其德猶可名，亦為習未盡化；下此則學力各有淺深，習垢不無厚薄，未易具論；其又下焉者，則學力既疏，宿染濃厚，種種忿慾，積成內痼，雖沸浪暫已停歇，而潛症終未滌除，此則隱慝在中特甚者矣。夫隱慝在中，觸境始露，而當其未露，寂焉若無，自非洞察致精，往往冒認無過。〔註67〕

蓋理原於性，是有根者也；欲生於染，是無根者也。惟理有根，故雖戕賊之久，而竟不可泯；惟欲無根，故雖習染之深，而竟不能滅性也。使欲果有根，則是欲亦原於天性，人力豈能克去之哉？此是學問大關鍵處，不可不明辨也。〔註68〕

塘南認為，性本至善，性體中無習氣（無惡），習氣是形生神發之後才產生的，由於情為外物所引，漸與本性相違，積習內薰，「浸漬潛伏於意識之根而不自覺」〔註69〕，「如種投地，難以遽拔」，所以謂之習氣。至於習氣由哪些東西構成，塘南沒有明言，大體包括人的私欲、情識、情緒、意見、雜念等，幾乎是純惡或負面的。但是，塘南將大賢的「善微有跡」，也視為習氣，認為是「習未盡化」，其實這是形氣。他曾說：「凡有聲臭可睹聞，即形氣也。」〔註70〕此「善微有跡」，是有所著相之意，著相就有所睹聞（內心的自睹自聞），有所睹聞即形氣。這只能算是廣義上的習氣，塘南此處是隨語境而發，故未將二者作嚴格區分，因為這也是必須要「盡化」的（見下文）。由於習氣是由後天的雜染積習而成，所以是無根的（即沒有本體）。因為無根，即使是習染之深，也不能滅性，反而可以被克治。習氣，除了聖人，都有不同程度的沾染，只是習氣厚薄不同而已，尤其是「其又下焉者，則學力既疏，宿染濃厚，種種忿慾，積成內痼」。習氣未發時，可能潛藏很深，只有在觸境才發，故有人往往冒認無過，這是塘南特別提出要警惕的。

所以，塘南認為，「性本至善，聖凡同具者也。惟形生神發，不能無習氣之染污，故必加省察克治之功，而後吾性可完矣。」〔註71〕又說：「今人動稱

〔註67〕 王時槐：《仰慈膚見》，《王時槐集》，第544～545頁。
〔註68〕 王時槐：《又（答錢啟新邑侯）》，《王時槐集》，第355～356頁。
〔註69〕 王時槐：《書卷贈王林二生還瓊州三條》，《王時槐集》，第586頁。
〔註70〕 王時槐：《又（答賀汝定）》，《王時槐集》，第376頁。
〔註71〕 王時槐：《警學說》，《王時槐集》，第553～554頁。

本性自然，不加修習，殊不知性雖本善，而習氣潛伏，不能無蔽，故必剝而後復。且習氣不惟難克，亦且難知。」〔註72〕就是說，他批評當時流行的以為本性自然而無需修證之說（即「無修無證」之說〔註73〕），尤其指出習氣不僅難克，而且難知，所以必須加以省察克治之功，才能消除習氣而復性、完性。那麼，如何克治習氣呢？塘南曰：

> 學貴銷慝於未萌，故必內省於潛伏，若一涉浮漫，則習氣乘之，猶不自覺，竟至認妄為真，可不謹歟！惟既云習氣，本由外染，實無根株，而自性貞明，原未壞滅，有志者深信真性之可恃，即此貞明徹照，便如烈日銷冰，所貴果確無難，未可自生退屈矣。蓋銷磨習氣，正盡性之實功，陰盡陽純，乃臻聖境。〔註74〕

> 吾輩無一刻無習氣，但以覺性為主，時時照察之，則習氣之面目亦無一刻不自見得，既能時時刻刻見得習氣，則必不為習氣所奪。〔註75〕

塘南認為，要消除習氣，重在其未發作時用功，在未發作時照察隱微的習氣。如何照察？必須「深信真性之可恃」，以良知（貞明、覺性）作主，時時照察之，使其無法隱藏，時時刻刻能見得習氣，不為之所奪，如此才能「如烈日銷冰」，從而消除習氣。而銷磨習氣，正是透性（盡性）之實功。這裡銷磨習氣，有一個前提條件，即以良知作主。如何能以良知作主，這就需要回到前面所論的收斂、研幾之功，必須通過收斂、研幾使良知（幾）呈現、得到保任，而不落入形氣中，才能真正作主。故必須先有收斂、研幾的積極之功，才有對治習氣的消極之功。同時，在收斂、研幾中就蘊含著習氣自然退聽的過程。

塘南認為，只有銷盡習氣，才能最後徹悟、徹證性體。他說：「至於習氣銷盡，而後為悟之實際，故真修乃所以成其悟。」〔註76〕所以銷磨習氣，需要「時時戒慎恐懼，徹底入微，直到水窮山盡之處」，才有「廓清之期也」〔註77〕。只有到「優入聖域，習氣乃盡，如孔子之江漢濯，秋陽暴，而皜皜

〔註72〕王時槐：《與劉文光》，《王時槐集》，第 395 頁。

〔註73〕王時槐《答王儆所》云：「今世剽竊告子之緒餘，參入禪宗之影響者，往往以無修無證為言，視聖門規矩準繩一切以為未悟而排斥之，遂至於恣情敗行，大壞名教，蕩然無所底止，此真以學術殺天下者。」（《王時槐集》，第 417 頁）

〔註74〕王時槐：《仰慈膚見》，《王時槐集》，第 545 頁。

〔註75〕王時槐：《答錢啟新邑侯》（其四），《王時槐集》，第 358 頁。

〔註76〕王時槐：《石經大學略義》，《王時槐集》，第 573 頁。

〔註77〕王時槐：《與劉文光》，《王時槐集》，第 395 頁。

莫尚是已」〔註78〕，才算是徹悟、徹證性體。其實，銷盡習氣與徹證性體是一體兩面：即銷盡習氣，就徹證了性體（前面論透性已涉及這一內容）；而徹證性體，自然銷盡了一切習氣。

最後，以塘南的一首詩作結：

> 真性本澄圓，起心成大錯。所嗟無始來，習氣障寥廓。習氣甚細微，積陰疑沖漠。誤認以為心，遂受群魔縛。云何名習氣，纖翳在隱約。驅除轉煩悶，覺即無染著。亦無能覺者，陰魔自銷落。心境頓忘情，儵然本無作。此理慚晚聞，遲暮將安託？鞭策矢餘年，前修視淇澳。〔註79〕

此詩大體總結了塘南的克治習氣之功，可視為其要訣。在此還需說明的是，即銷磨習氣，雖需以良知作主、照察（因為「覺即無染著」），但不必又執持此良知而著相，從而成為廣義上的習氣（即形氣），即要「亦無能覺者」「儵然本無作」，即心與性徹底合一，自然流行，這才是徹悟、徹證之境。

五、悟修互融

悟、修是塘南工夫論中一對重要的關係，前面所論，透性屬於悟，而靜坐、收斂、研幾、克治則屬於修，塘南認為悟與修雖有區別，但也不是截然分開，而是互相關聯的。對於當時學界存在的悟、修分離的現象及其弊端，塘南首先進行了批評。他說：

> 談性者云：「一悟便了，何必修為？」然或憑虛見，蕩然恣放，而以習氣為天機，則於道也斯悖矣。談修者云：「念念隄防，事事檢束。」然或執名相，局焉拘跡，而昧天真之本然，則於道也未徹矣。〔註80〕

> 儒者之學，有造其理者，有踐其事者。夫理之造也期於悟，事之踐也篤於修。是二者要皆足以入道。至其弊也，期悟者墮空寂，探幽眇以為最極，而斥修者之有為；篤修者滯名相，循度數以為典實，而疑悟者之無據。〔註81〕

〔註78〕王時槐：《仰慈膚見》，《王時槐集》，第545頁。
〔註79〕王時槐：《仰慈山中二首》（其二），《王時槐集》，第619～620頁。
〔註80〕王時槐：《書卷贈王林二生還瓊州三條》，《王時槐集》，第587頁。
〔註81〕王時槐：《壽郭一崖丈七十序》，《王時槐集》，第24頁。

就是說，談性（或期悟）者，以為一悟便了，不必修證，往往以虛見為悟，而墮入空寂、幽眇的虛境之中，又以習氣的發作當成性體的自然流行；談修（或篤修）者，往往在念頭的善惡上用功，提防惡念的產生，並且注意、檢點日常行事，但往往過重具體的繁文縟節。前者指責修者為刻意造作，後者懷疑悟者缺乏真修實行。其實，前者已背離了實踐之道，而後者則對本體沒有了悟。總之，二者割裂了悟、修，在工夫上都存在偏差，不是真正的悟或修。

那麼，悟、修各自的對象是什麼？何謂真悟？何謂真修？其關係如何？

關於悟、修各自的對象，塘南曰：

> 性，先天也，無可狀，無可名，存乎悟而已。性之生生為氣，後天也。氣運而物形，則有無狀之狀、無名之名，故可得而修焉。〔註82〕

> 「性」之一字，本不容言，無可致力。知覺意念，總是性之呈露，皆命也，似不可以知為性而意為命也。若強而言之，只云悟性修命可也。蓋性不假修，只可云悟而已。命則性之呈露，不無習氣隱伏其中，此則有可修矣。〔註83〕

塘南認為，悟和修是分別針對性和命（氣）而言：性是先天的，無有可著力處，只可悟；而命（氣）則是性的呈現者，是後天的，故可以修。所以，只可言「悟性修命」。這顯然是受到了劉邦采的影響，但兩人仍有區別：劉邦采是主張性命兼修，性和命上都可分別著力（修）；而塘南則認為只可在命（即幾、知、意）上著力（修）。

關於真修，塘南曰：

> 所謂修者，非念念而提防之，事事而安排之之謂也。蓋性本寂然，充塞宇宙，渾然至善者也。性之用為神，神動而不知返，於是乎有惡矣。善學者，息息歸寂，以還吾至善之本性，是之謂真修。〔註84〕

就是說，所謂修或真修，不是念頭、事為上提防或安排，而是在性之呈露處——神（即知或意）上用功，即收斂、研幾，最後復歸於性（即透性）。這種修是「稱性而修」，即在性之呈露處用功，最後又復歸於性，所以是真修。

關於真悟，塘南曰：

〔註82〕王時槐：《病筆》，《王時槐集》，第532頁。
〔註83〕王時槐：《答蕭勿庵》，《王時槐集》，第393頁。
〔註84〕王時槐：《病筆》，《王時槐集》，第533頁。

> 未發之性，先天也。此理本自圓成，非假人力。一涉擬議湊泊，
> 即與性隔矣，其惟貴悟乎！真悟者，則靈識意念自融，習氣盡銷，
> 渾然一先天矣。〔註85〕

就是說，所謂真悟是靈識意念都已融化而與性合一，且習氣盡銷，純是一片先天境界，真悟即透性。所以，真修所至（復歸於性）就是真悟，或者說「實修（即真修）之極，乃為真悟」〔註86〕。如此，悟與修是密不可分的。

上文言真修所至就是真悟，那麼，修前是否有悟呢？塘南曰：

> 太極者性也，先天也；動而生陽以下即屬氣，後天也。性能生
> 氣，而性非在氣外，然不悟性，則無以融化形氣之渣滓，故必悟先
> 天以修後天，是之謂聖學。〔註87〕

就是說，修前仍有所悟，即必先悟先天的性體，然後才能修治、融化後天的形氣。此「悟」，顯然不是「真悟」，而是「解悟」。解悟，於塘南而言，簡言之，就是領悟性是先天的，但性會呈露於心，於是在此心之「幾」上用功（即研幾）。雖然塘南說「由真修而悟者，實際也；由見解而悟者，影響也」〔註88〕，但是如果沒有解悟，就會茫無所主，不知從何處著手。塘南一生講學、為文亦無非讓人先解悟，然後就此著手用功，因為「真悟難與人言，所謂啞子吃苦瓜是已。凡可與後學言者，惟指其入悟之方，非能直吐其所悟也」〔註89〕，故其所指示的「入悟之方」，其實也只是解悟。故解悟是必不可少的，只是不能停留於解悟，否則就是「影響」，而是要進一步真修。

所謂真修所至就是真悟，換句話說，就是真悟是建立在真修的基礎，「悟由修得」。塘南曰：

> 學者率喜談悟，予竊謂自古未有不修而能悟者。修之云者，切
> 己砥策，操持精研，以求透性之功也。修之之極，究到水窮山盡處，
> 智所不能入，力所不能加，無可湊泊，恍然自信，始有悟焉。悟後
> 更無他為，只一味默默稱性而修而已。故修之一字，自始學至入聖，
> 徹始徹終，無有止息之期，故曰學而不厭也。〔註90〕

〔註85〕王時槐：《潛思箚記》，《王時槐集》，第518頁。
〔註86〕王時槐：《吳心淮問學手書四條酬之》，《王時槐集》，第599頁。
〔註87〕王時槐：《三益軒會語》，《王時槐集》，第489頁。
〔註88〕王時槐：《靜攝寱言》，《王時槐集》，第550頁。
〔註89〕王時槐：《靜攝寱言》，《王時槐集》，第551頁。
〔註90〕王時槐：《靜攝寱言》，《王時槐集》，第548頁。

學明本心，必密密體認，研精入微，久之而後有得。夫體認入
微，即謂真修，是悟由修得也。既云有悟，豈遂廢修哉？必就業保
任，造次顛沛不違，以至於子臣弟友，惓惓相顧，是修之無盡，即
謂悟之無盡也。彼以影響之間為有悟，且以切己之修為下乘，遂未
免襲奇僻而越準繩，將導人於侈焉無忌憚之歸，其流弊可勝言哉！
〔註91〕

塘南認為，自古未有不修能悟者，悟必由修得，「修者，入悟之方也」〔註92〕。
修者，密密體認，研精入微，修之之極，窮究至水盡山窮之處，有一天會豁然
貫通，恍然而悟。此時之「悟」，是頓悟，雖不是解悟，但此後如果不繼續用
功，只是一時的光彩，算不得「真悟」，因為頓悟後，並沒有完全銷盡人之習
氣，只有習氣盡銷，純是一片先天境界，心與性完全合一，即心即性、即性即
心時，才是真悟、徹悟。所以，悟後需要「就業保任」，「一味默默稱性而修」。
這個過程，在某種程度上說，是無窮盡的，因為除非是聖人〔註93〕，沒有誰敢
說自己習氣已完全銷盡，故塘南認為「修之無盡」，這個「修之無盡」，亦即「悟
之無盡」。當然，從理論上說，最後會達到真悟、徹悟，即銷盡習氣，成為聖
人（在佛教來說就是成佛）。

綜上所述，塘南的悟分為解悟、頓悟、真悟（徹悟），悟修的過程和關係
可概括為：先悟（解悟）後修，修後頓悟，悟後再修，修之無盡，悟之無盡，
最終徹悟（真悟）。從實際用功而言，解悟是修的理論的指導，修或真修是工
夫過程，頓悟、真悟是修的結果，其實只是一事，故可謂悟修互融（或曰「悟
修雙融」〔註94〕）。

總之，透性為宗是塘南整個工夫論的宗旨，而靜坐收斂、研幾為要、克治
習氣則是其具體的工夫。從悟修之關係而言，透性為宗是悟，靜坐收斂等是修，
但悟修不可分，悟修互融。

〔註91〕王時槐：《吳安節先生日省編序》，《王時槐集》，第 461 頁。
〔註92〕王時槐：《答按院吳安節公》，《王時槐集》，第 436 頁。
〔註93〕按：聖人其實是理想人格，沒有現實的聖人，如孔子，也只是後天推尊為聖
　　　　人，孔子從不敢自居為聖人，只稱自己學而不厭、誨人不倦。
〔註94〕《明朝理學王時槐傳》曰：「（塘南）悟性於修，修悟雙融。」（《王時槐集》，
　　　　第 826 頁）

第五章　鄒德涵哲學思想論

　　鄒德涵，江右王學後期重要人物之一，《明史》有傳（附《鄒守益傳》中），《明儒學案》有其學案（附「鄒守益學案」中）。現存文獻有《鄒聚所先生文集》（六卷）、《鄒聚所先生語錄》（三卷）、《易教》（一卷）、《鄒聚所先生外集》（一卷）等。但是，理學史大著侯外廬等主編《宋明理學史》未論及其人，甚至專論江右王學之書，如以人物為線索的蔡仁厚《王學流衍》也未涉及其人，而以主題為線索的徐儒宗《江右王學通論》也只有三段文字略及之。呂妙芬《陽明學士人社群：歷史、思想與實踐》雖有幾段文字敘述其講會活動，但未論述其理學思想。唯張學智《明代哲學史》對其理學思想用 500 餘字作了一簡要的論述。此外，也未見論文對其作專門研究。那麼，是否其人在哲學史或理學史上無關緊要，而不入當代學人之法眼呢？然而，近代學人章太炎卻獨具慧眼，其《王文成全書題辭》云：「余論文成之徒，以羅達夫、王子植、萬思默、鄒汝海為過其師。」〔註1〕可見，鄒氏的理學還是值得挖掘的，有探討、研究之必要。

一、生平略傳〔註2〕

　　鄒德涵（1538～1581），字汝海，號聚所，安福縣北鄉澈源人。祖守益為江右王門的領軍人物，父善、弟德溥、從弟德泳也係重要王學傳人。明嘉靖十七年（1538）五月二日生。生而俊爽，為祖守益所鍾愛。十五歲，補邑博士弟子。十九歲，銳然以負天負祖自奮，為錢緒山所器重。後隨父善入京，善與羅

〔註1〕章太炎：《章太炎全集》（五），上海，上海人民出版社，1985 年，第 116 頁。
〔註2〕按：此部分內容主要據鄒德溥《伯兄汝海行狀》和劉元卿《鄒聚所先生言行錄》
　　　　（載《鄒聚所先生外集》）而成，個別語句直接襲用其文。

近溪、胡直、耿天台相與講學，德涵亦參與其中，脈脈嗜學，並受學於耿天台。三十七年（1558），從京歸，以春秋舉江西鄉試；其祖心喜賦詩，嘉其行，勉以謙抑仁厚，尚友千古。次年，赴會試不第，卒業於太學。時才名漸起，士人多從其結社、修博士業，德涵對之涵煦誘掖，且以藝文結友。四十一年（1562），還家侍祖疾。四十五年（1566），耿天台督學南畿，貽書召之，遂攜家往南畿依耿氏。於時，又從耿氏學，且與耿定理、楊希淳、焦竑等遊，學問大成於是年。會父善督學山東，召其至歷下，遂與弟德溥朝夕相參，用力向學，並請父擇文行優者聚會肄文事。於是與諸生談文論道，學道之士一時蜂起。隆慶三年（1569），鄒善晉參楚藩，德涵與弟遂歸家。在家鄉日與友人商學，若求亡子，而動稱堯舜可為，被人目為狂生。然士人亦稍稍來附，如劉元卿輩始耽心向道。又入吉安青原山主持講會，並買田供會事。自是吉安戲謔之風為之一變，第聞絃歌之聲。五年（1571），再赴會試，其策問豪宕多名言，得內翰王錫爵激賞，薦為高等。是年廷試，二甲賜進士出身。奉差歸，適年友李思亭來令安福，竭力襄助之。不久覆命，時言官建白從祀王陽明，遂上疏極言王氏功德，宜祀。其《疏》詞氣正直，一時士人爭相傳寫。萬曆元年（1573），以進士分校順天府試事。次年，授刑部山西司主事。日夜精心治獄，務歸於平允；體貼囚犯，禁獄吏害苦囚。刑部尚書嘉其才，使在本科治刑事，諸所平反者甚眾。時耿天台在京，常侍左右，並招引四方豪傑納於師門。耿氏離京後，則與周思敬、耿定力倡率為會。新榜諸君有來附者，則竭力啟迪鼓舞，人人各自以為有得。時張居正秉政，禁講學，士人多隱跡潛修，而德涵挺立不避，於是外遷為員外郎。越數日，遷河南按察司僉事。至河南，孜孜治官，於屯田、驛傳、鹽法，具悉心籌度，務使百姓受益。士民稱頌其德。然直指使張某受張居正指使，彈劾之，遂飄然而歸，不以為意。去官在家，時時遊山谷中，布衣蔬食自適。九年（1581）九月二十九日病卒於家，年僅 44 歲。〔註 3〕

鄒德涵一生學問有成，人格俊偉。時人多所推崇。張元忭曰：「吾兄其擔荷之勇，將上接姚江之緒，而造詣之深，蓋近承三世之傳。其氣溫然如玉之潤，而韻宇出塵，又如沖霄之鶴，凌千仞而翩翩。」〔註 4〕詹思謙曰：「君資

〔註 3〕黃宗羲《明儒學案》「鄒德涵傳」言其五十六歲（中華書局，1985 年，第 333 頁），誤。據劉元卿《鄒聚所先生言行錄》、耿定向《明故奉議大夫河南按察司僉事鄒伯子墓誌銘》等，均可知其年齡為四十四歲。

〔註 4〕張元忭：《同年張陽和先生祭文》，載《鄒聚所先生外集》，《四庫全書存目叢書·集部》第 157 冊，濟南，齊魯書社，1997 年，第 429 頁。

穎異發，以肫誠溯淵源於祖武，稟詩禮於趨庭。其居也，敦敘典常，庶幾稱一家之唐虞，而無忝於實踐；其出也，表章正學，謂宜續百代之彝鼎，而匪意乎徇名。」〔註5〕

二、學思歷程

鄒德涵理學思想的形成，首先是受家學的薰染、影響。焦竑說他「早聞家學，挺持有大志」。〔註6〕祖守益，有明一代大儒，為王陽明之親炙嫡傳。德涵自幼受其學。中舉後，守益更是賦詩相勗勵。入京後，又貽書深辨「知止」之說。其書曰：「所言『知止』之說，須識得『止』字本體即工夫，始有歸宿。至善也者，心之本體也，自無聲無臭而言，曰不睹不聞；自體物不遺而言，曰莫見莫顯。其曰止仁、止敬、止孝、止慈，皆至善之別名也。戒懼勿離，時時操存，時時呈露，若須臾不存，便失所止。故《大學》《中庸》論有詳略，而慎獨一脈，炯然無異。」〔註7〕此受鄒守益主敬、戒懼之學也。鄒善，恪守父說，傳家學。德涵早年曾與父善共學，其弟德溥云：「時家大人猶在諸生中，挾之下帷治經史，家大人悟所至，伯兄亦輒悟。……閩中有丘生者，來稟學先大父，其人博士業，解上乘，持論甚高。獨家大人津津味其說，眾莫之省也，惟伯兄亦雅嗜之。」〔註8〕

除承家學外，德涵又受師友之啟發、點撥、錘鍊。其自云：「吾時未知學，賴近溪公逼之，天台師薰之，焦從吾氏點之，故幸有聞。」〔註9〕此三人皆為泰州學派人物，其中，羅近溪、耿天台為師輩，焦從吾（即焦竑）為友輩，尤以耿天台的影響為最大。

不過，德涵學有所成，根本乃在得力於悟。黃宗羲曰「先生以悟為宗」。〔註10〕章太炎亦曰：「汝海本由自悟，不盡依文成師法。」〔註11〕其實，其學是在家學的薰陶下，師友的夾持下，最終以自己的體悟而成。其過程有似禪宗漸修—頓悟之經歷。劉元卿、鄒德溥、耿天台對此均有記載。

〔註5〕詹思謙：《同會詹洞源先生祭文》，載《鄒聚所先生外集》，第430頁。
〔註6〕焦竑：《明故奉議大夫河南按察司僉事聚所鄒君墓表》，載《鄒聚所先生外集》，第449頁。
〔註7〕鄒守益：《文莊府君書》，載《鄒聚所先生外集》，第396頁。
〔註8〕鄒德溥：《伯兄汝海行狀》，載《鄒聚所先生外集》，第442頁。
〔註9〕劉元卿：《鄒聚所先生言行錄》，載《鄒聚所先生外集》，第436頁。
〔註10〕黃宗羲：《明儒學案》，北京，中華書局，2008年，第332頁。
〔註11〕章太炎：《章太炎全集》（五），第116頁。

劉元卿《鄒聚所先生言行錄》載：

> 及先生（按：即耿天台）督南畿學政，以道督倡士子，則乃招
> 君（按：即德涵）處於南畿。君時於學未有悟入，因近溪公法語斥
> 君，用是晝夜鑽研，大肆力於學問。天台先生以識仁為宗，遂閉門
> 靜坐一月，猶不得，則與諸友人究析辨難。一夕夢文莊公試以萬物
> 一體論，醒而若有悟。自是稍稍契會天台先生之旨。……君之從楚
> 侗氏（按：指耿定理）遊也，尚未有領入，則時時質證楚侗氏，嘗
> 五問而五不答，乃始憤曰：「循循善誘者，固當如是耶？」因閉門靜
> 坐求之，既而悔其非是，則又折節與友人辨析，務求了悟。其事焦
> 從吾氏，若童蒙之侍其師，蚤夕執經，句問而章詢之。〔註12〕

鄒德溥《伯兄汝海行狀》載：

> 丙寅，先生（按：即耿天台）方督學南畿，貽書招伯兄，伯兄
> 遂攜家之南畿依先生。時伯兄猶緣名理自攝，先生微激動之，於是
> 慨然思參徹性源矣。間問之耿仲子定理，仲子默然不答，則愈自奮
> 曰：「吾獨不能心參，而向人求乎？」歸而杜門靜坐者踰月。久之，
> 未有解，愈自刻厲，至忘寢餐。忽一日，見先生，先生睹其貌臞甚，
> 顧反寬，譬之則屬楊子希淳、焦子竑與之微語，語大抵令自信本心，
> 不假轇泊，不煩矯揉，即顯即微，即夷即玄。伯兄始而咈，繼而疑，
> 既而豁然自徹。時於眾座中發一言半辭，則二子大賞曰：「吾子可謂
> 一夕覺矣。」晉而質之於先生，先生謂：「既有所悟入，政須學耳。」
> 而伯兄則心以自得，愉快甚。〔註13〕

耿天台《明故奉議大夫河南按察司僉事鄒伯子墓誌銘》載：

> 越丙寅，余典學南畿，寓書招之至，適余仲理亦來省余。伯子
> （按：即德涵）時學猶緣名理自攝，余時提激之，慨然思參徹性源。
> 間以疑質余仲，仲不答，則大奮曰：「吾獨不能心參，而向人求乎？」
> 歸邸，鍵一室靜求者，踰時未有解，愈自刻厲，至忘寢餐。一日來
> 見余，余視其貌臞甚，知為學憤也，漸啟之。復屬楊生希淳、焦生
> 竑與居，昕夕商訂。一夕，雪然忽若天牖洞徹，本真自信，不假轇
> 泊，不煩矯揉，即顯即微，即夷即玄。自是其氣沨然，其文蔚然，

〔註12〕劉元卿：《鄒聚所先生言行錄》，載《鄒聚所先生外集》，第 436、439 頁。
〔註13〕鄒德溥：《伯兄汝海行狀》，載《鄒聚所先生外集》，第 442～443 頁。

其與人為善之機益勃勃然：蓋所謂此理已顯矣。〔註14〕

三人記載，雖略有異，但基本史實和主要內容是一樣的。綜合三人記載可知，鄒德涵之學成於丙寅年（即1566年，29歲時），由原來的「緣名理自攝」，進而「思參徹性源」，最後豁然自悟，契會了耿天台識仁之旨，證悟了本體（即心體或良知）：「不假轄泊，不煩矯揉，即顯即微，即夷即玄。」其知「以悟為宗」，實來自耿天台之教。〔註15〕

鄒德涵自證悟本體之後，學問大進，其後則是進一步體悟、實證、完善並傳播其學，即如焦竑所云：「君獨得其本心，自是志意勃發，壹以立人達人為己任。」〔註16〕這主要體現在隨父鄒善入山東時期。其時與弟德溥進一步商學，並傳道。劉元卿曰：「方伯公（按：即鄒善）督學山東，召君（按：即德涵）至署中。睹其學念方濃，又於道有解也，則大喜，督率益勤。固早夕與仲氏汝光講明辨析，疑而信，信而復疑，蓋及期年，乃始相契。於是一出入，一食飲，必證諸學，嘐嘐而尚友千古，務臻聖境，自大賢以下，弗願當也。」〔註17〕耿天台曰：「會穎泉公（按：即鄒善）督學齊魯，伯子（按：即德涵）往省，值仲溥在宦邸，相與密參顯證，仲亦大省。於時嘐嘐然，直當孔氏正脈，宋儒以下弗顧已。穎泉公乃簡齊魯髦士與盍簪，伯子因以孔氏求仁之旨肫肫誘掖，諸髦士由是彬彬興起。」〔註18〕

三、主要思想

關於鄒德涵的思想走向，黃宗羲《明儒學案》曰：「穎泉（按：即鄒善）論學，於文莊公之教，無所走作，入妙通玄，都成幻障。而先生（按：指德涵）

〔註14〕耿天台：《明故奉議大夫河南按察司僉事鄒伯子墓誌銘》，載《鄒聚所先生外集》，第447頁。

〔註15〕按：「以悟為宗」應是耿天台的重要教學方法，焦竑說：「自先生（即耿天台）開示學之津筏，士始知以悟為宗，日用之間，懸解朝微，如靜中震霆，冥外朗日，無不洗然，自以為得也。而君（即鄒德涵）尤師門所屬望，藉令君不死，必能更相抽繹，以益推明先生之道於無窮。」（見焦竑《明故奉議大夫河南按察司僉事聚所鄒君墓表》，載《鄒聚所先生外集》，第449頁）

〔註16〕焦竑：《明故奉議大夫河南按察司僉事聚所鄒君墓表》，載《鄒聚所先生外集》，第449頁。

〔註17〕劉元卿：《鄒聚所先生言行錄》，《鄒聚所先生外集》，載《鄒聚所先生外集》，第436頁。

〔註18〕耿天台：《明故奉議大夫河南按察司僉事鄒伯子墓誌銘》，載《鄒聚所先生外集》，第447頁。

以悟為入門，於家學又一轉手矣。」〔註19〕《明史》亦言：「而德涵從耿定理遊，定理不答。發憤湛思，自覺有得，由是專以悟為宗，於祖父所傳，始一變矣。」〔註20〕這就是說，鄒德涵已改變鄒氏家風，而以悟（即悟證本體）為宗。然此說只是一個大體的論斷，具體情形則語焉不詳，即鄒德涵是如何改變家風的，又是否完全拋棄了家風，並不清楚。故需進一步探討，以便釐清其思想的主要脈絡，並予其思想以定位。

鄒守益之學直承陽明之良知學，在義理上於師門無所走作，但其為學重點則落在工夫上（即如何「致」良知），豐富了陽明的「致」字工夫。所謂其學「得力於敬」〔註21〕，「以『戒懼』為宗旨」〔註22〕，主要是指以主敬、戒懼作為「致」良知的工夫。從積極面說，是通過主敬、戒懼工夫使良知時時保持精明之狀態：「聖門要旨，祇在修己以敬。敬也者，良知之精明而不雜於塵俗也。戒慎恐懼，常精常明，則出門如賓，承事如祭。……故道千乘之國，直以敬事為綱領。」〔註23〕從消極面說，是通過主敬、戒懼工夫恢復良知本體之明（即復性）：「吾心本體，精明靈覺，浩浩乎日月之常照，淵淵乎江河之常流。其有所障蔽，有所滯礙，掃而決之，復見本體。古人所謂造次於是、顛沛於是，正欲完此常照常明之體耳。」〔註24〕所謂「掃而決之」、「造次於是、顛沛於是」，即是指用主敬、戒懼工夫。鄒守益屬於陽明後學的修證派，強調的是由工夫去證本體，「但令無往非戒懼之流行，即是性體之流行矣。離卻戒慎恐懼，無從覓性。」〔註25〕

而德涵之學的重點則落在了本體上，所謂「以悟為宗」，是悟得本體良知現成，不容思想，不假安排。所謂良知現成，是指良知的先天性和當下性。這是陽明良知學的題中之義，故德涵曰：「天理天然自有之理（按：即良知），容一毫思想不得。所以陽明先生說『良知是不慮而知的。』」〔註26〕德涵又認為

〔註19〕黃宗羲：《明儒學案》，第 333 頁。

〔註20〕張廷玉等：《明史》卷二百八十三，北京，中華書局，1974 年，第 23 冊，第 7271 頁。

〔註21〕黃宗羲：《明儒學案》，第 332 頁。

〔註22〕張學智：《明代哲學史》，北京，中國人民大學出版社，2012 年，第 156 頁。

〔註23〕鄒守益：《簡胡鹿崖巨卿》，《鄒守益集》，南京，鳳凰出版社，2007 年，第 507 頁。

〔註24〕鄒守益：《簡君亮伯光諸友》，《鄒守益集》，第 493 頁。

〔註25〕黃宗羲：《明儒學案》，第 332 頁。

〔註26〕黃宗羲：《明儒學案》，第 349 頁。

陽明講的「大公順應」，是指良知現成。他說：陽明與門人見耕者之妻送飯，
其夫受之食，食畢與之持去：陽明說「這便是大公順應。」又認為，王心齋講
「無思而無不同」亦是此意。他說：先生（心齋）呼其僕，即應；命之取茶，
即奉茶至：心齋說「這便是無思而無不通」。其實，王心齋還認為良知人人具
足，分分明明，亭亭當當，不用安排思索。因此，德涵得出結論說：「所以大
人者，不失其赤子之心。赤子是個真聖人，真正大公順應，與天地合德，日月
合明，四時合序，鬼神合吉凶的。」〔註27〕所謂「赤子之心」，即是良知本體，
先天具備，當下呈現。在王學中，羅近溪尤其強調「赤子之心」。〔註28〕耿天
台的「真機不容已」，也是指真機（即良知本體）現成，不容思慮，不容考索，
自然顯發。以上王、羅、耿均屬泰州學派，因此強調良知現成幾乎成了泰州學
派的一個重要特點。

　　德涵悟到的良知本體「不假轅泊，不煩矯揉，即顯即微，即夷即玄」，自
然是繼承了泰州學派的思想。詳言之，如其曰：

　　　　《易》曰：「何思何慮。」顏淵曰：「如有所立卓爾。」說「如
　　有」，非真有一物在前。本無方體，如何可以方體求得？……你只靜
　　坐，把念頭一齊放下，如青天一般，絕無一點雲霧作障，方有會悟
　　處。……你今想個天理，反添了個人心，自家常是不安的。若是道
　　心，無聲無臭，容意想測度不得，容意想測度又不微了。〔註29〕

這裡是說，良知本體無方所，無法具體把握到，不容測度（可謂「微」、「玄」），
但良知又是先天存在的，只要你靜坐，把雜念放下，良知當下即呈現（可謂
「顯」、「夷」）。與羅近溪、耿天台相比，雖「良知現成」說的基本義理相同，
但羅氏「赤子之心」更注重良知本體的純粹無雜、渾然無為，耿氏「天機不容
已」更強調內在的道德力量不容自己的衝動，而德涵則更重良知本體的空靈，
無法用知見去求得，然又時時處處存在。他如此說仁（即良知本體）：

　　　　不假想像而自見者仁也，必俟想像而後見者非仁矣；不待安排
　　布置而自定者仁也，必俟安排布置而後定者非仁矣；無所為而為者
　　仁也，有所為而為者非仁矣；不知為不知者仁也，強不知以為知者
　　非仁矣；與吾身不能離者仁也，可合可離非仁矣；不妨職業而可為

〔註27〕黃宗羲：《明儒學案》，第 352 頁。
〔註28〕吳震：《泰州學派研究》，北京，中國人民大學出版社，2009 年，第 341 頁。
〔註29〕黃宗羲：《明儒學案》，第 350 頁。

者仁也，必棄職業而後可為者非仁矣；時時不可息者仁也，有一刻
可息非仁矣；處處皆可體者仁也，有一處不可體者非仁矣；人皆可
能者仁也，有一人不可能者非仁矣。……識仁者，毋求其有相之物，
惟反求其無相者而識之，斯可矣。〔註30〕

德涵又認為，此良知本體如鏡然，「本體光明，妍來妍照，媸來媸照，鏡
裏原是空的，沒有妍媸。你今如此，就謂之作好。」其弟子艾爾康懷疑如此可
能會陷入空，德涵認為「不要怕空，果能空得，自然有會悟處。」但此空不是
「一等閑人的空」，也不是「異教家的空」，而是「吾儒之空」，其特點是空中
有實，虛實相即：「如太虛一般，日月、風雷、山川、民物，凡有行色象貌，
俱在太虛中發用流行，千變萬化，主宰常定，都礙他不得的，即無即有，即虛
即實，不與二者（按：即前二『空』）相似。」〔註31〕

德涵如此說本體，於乃祖「有所走作」：鄒守益強調的是本體之精明靈覺，
而德涵重在良知本體現成；況且前者學問的著力點也不在本體，而在工夫。因
此，德涵之學由家學即江右的修證派走向了泰州的現成派，所謂「於家學又一
轉手矣」。張學智說：「鄒德涵之學，確有泰州家風。」〔註32〕這是很有見地之
言。德涵的泰州學風，從其夫子自道來看也可得到證明：「賴近溪公逼之，天
台師薰之，焦從吾氏點之。」也就是說，他曾受泰州學派的影響。

鄒德涵的泰州學風，也從其工夫進路上體現出來。鄒守益之進路，是由戒
慎工夫見良知本體，所謂「由工夫以悟本體」；而泰州學派則在現成良知中見
工夫，所謂「悟本體即工夫」。從學術理路看，德涵工夫論的重點仍落在本體
上（即在直接在本體上用功），總體上接近泰州學派，不過具體的某些工夫，
仍保持了家風。

德涵工夫的總體進路，是承「良知現成」說，而講「見在工夫」：因良知
現成，故工夫即在此當下直接呈現之，直接把握之，而不需要外在的工夫。有
人問：「如何是本心？」德涵答曰：「即此便是。」又問：「如何存養？」曰：
「常能如此便是。」有人懷疑「當下便是」之說，舉孟子之擴充為問。德涵答
曰：「千年萬年只是一個當下。信得此個當下，便信得千萬個。常如此際，有
何不仁不義、無禮無智之失？孟子所謂擴充，即子思致中和之致，乃是無時不

〔註30〕鄒德涵：《鄒聚所先生語錄》（卷中），《四庫全書存目叢書·集部》第157冊，
濟南，齊魯書社，1997年，第507頁。
〔註31〕鄒德涵：《鄒聚所先生語錄》（卷中），第498頁。
〔註32〕張學智：《明代哲學史》，第165頁。

然、不可須臾離意思，非是從本心外要加添些子。加些子便非本心，恐不免有
畫蛇添足之病。」〔註33〕這種當下呈現良知的工夫，使德涵把「良知」當作「致
良知」。他認為：「這點良知，徹頭徹尾，無始無終，更無有惡念發而不自知者。」
即良知自然會知，良知即是致良知，而「今人錯解良知作善念，不知知此念善
是良知，知此念惡亦是良知，知此無善念無惡念也是良知。常知，便是必有事
焉。」〔註34〕如此，致良知，就是守此良知而已，即使其時時處於自明之狀態
中。

　　但是，德涵並不主張一意順適當下，與王心齋、羅近溪有異，而保留了家
風。心齋和近溪之工夫屬於王學的圓熟之境：當一切私欲退聽，只有先天的道
德良知時，當然就是「無極而太極」（王心齋），當然只要「順適當下」（羅近
溪），其他一切工夫都不需要了。但如果未達此境，所謂「順適當下」，有可能
出現錯把情識當作良知，從而情識蕩肆，良知泯滅。這是泰州學派後期出現的
嚴重弊端。鄒守益對此深有警惕，故主張用主敬、戒懼工夫以保持良知之精明。
德涵對此亦有警惕，認識到良知畢竟有蒙蔽之時，這是由於志氣昏惰之故。雖
然此時良知會知，但必須提撕、警覺，而不是一意順適、直認當下，否則情識
蕩肆而不知，成為「狂禪」。因此，德涵主張立志以克服此弊病。志一立，私
欲自然會消失：「你只去責志，如一毫私欲之萌，只責此志不立，則私欲便退
聽。所以陽明先生責志之說最妙。」其實，所謂立志，就是挺立道德良知，就
是孟子所謂「先立乎其大者，則其小者弗能奪矣」（《孟子·告子上》）。德涵常
勸人立志：「我只勸人立志向學，若勸得他向學之志重了，則聲色上便自輕，
不待我勸。孟子於齊王好貨好色，只是導之以進於太王、公劉。」〔註35〕因為
良知有私欲蒙蔽之時，故德涵也用復性工夫，此工夫既有鄒氏家風的影響，又
有泰州學派之風格。鄒守益重複性工夫，認為「需用主敬、戒懼工夫，以復本
體之明」。德涵也認為需用此工夫，以復本體之空靈（即「吾儒之空」），如曰：
「這等工夫，原急不得，今日減得些，明日又減得些，漸漸減得去，自有私意
淨盡，心如太虛。」又曰：「識仁者，毋求其有相之物，惟反求其無相者而識
之，斯可矣。」〔註36〕但兩人仍有區別：守益是積極法，近程朱；德涵是消極
法，近莊禪（乃泰州學風，因泰州學派已染莊禪風格）。

〔註33〕鄒德涵：《鄒聚所先生語錄》（卷下），第516頁。
〔註34〕黃宗羲：《明儒學案》，第351頁。
〔註35〕劉元卿：《鄒聚所先生言行錄》，載《鄒聚所先生外集》，第441頁。
〔註36〕黃宗羲：《明儒學案》，第350、353頁。

　　然而，德涵反對空守本體（此乃「玩弄光景」），仍重主敬之功。他認為：
「言思忠，事思敬，只此便是學。」一友認為「還要本體」。他便反問道：「又
有甚麼本體？忠敬便是本體，若無忠敬，本體在何處見得？吾輩學問，只要緊
切，空空說個本體，有何用？」〔註37〕德涵強調工夫之緊切，曰：「吾輩工夫，
只要緊切，不要泛了。且如孔子到得七十歲，才從心所欲不踰矩。你看他十五
而志於學的時節，是甚麼工夫。用過十五年，才到得立。又用過十年，才到得
不惑。又用過十年、二十年，才到知命、耳順。我輩視孔子為如何，初做學問，
如何便說要從心所欲不踰矩。陽明先生說如貓捕鼠，如雞覆卵，此是何等工
夫！近來有二三講學的，皆倡為此說（按：指誤解現成良知，以情識為良知），
最是誤人。吾輩自治教人，切勿蹈此弊病。」〔註38〕德涵之重忠敬、重工夫之
緊切，顯然是秉承了乃祖「戒懼勿離，時時操存，時時呈露」〔註39〕的主敬之
功。

　　概而言之，德涵之學，總體上由鄒氏家學走向了泰州學派，反映了江右王
學在晚明受泰州學風的影響，如其弟鄒德溥、其友劉元卿也均染有此風。但在
具體的工夫上，仍保留了不少家風。因此他融合了二者，形成了自家獨特的風
格：一方面強調良知現成說，一方面又重視工夫之緊切，從而克服了泰州學派
後期出現的輕工夫、情識而蕩之弊。故章太炎對其甚為推崇。

〔註37〕鄒德涵：《鄒聚所先生語錄》（卷下），第508頁。
〔註38〕劉元卿：《鄒聚所先生言行錄》，載《鄒聚所先生外集》，第440～441頁。
〔註39〕鄒守益：《文莊府君書》，載《鄒聚所先生外集》，第396頁。

第六章　劉元卿哲學思想論

劉元卿（1544～1609），字調父（又寫作「調甫」），號瀘瀟，因朝廷徵召為官，又被稱為「徵君」或「聘君」，安福縣西鄉南溪（今屬江西蓮花縣）人。與吳與弼、鄧元錫、章潢並稱為明代「江右四君子」，是江右王學重鎮吉安郡一帶（乃至整個江右）的王門精神領袖之一，乃一代王門純儒。鄒元標云：「安成（即安福）自文莊公（即鄒守益）以學鳴海宇，數十年所稱心行雙清、起紹述者，吾友徵君瀘瀟是已。」〔註1〕羅大紘稱：吉安郡「自王太常（即王時槐）沒，郡人士顒然以斯文屬望先生（即劉元卿），先生登壇揮塵，以先王之道詔來學，蓋翕然宗先生矣」；其學「粹然一出於正，而為當代之君子儒」。〔註2〕劉元卿卒後，鄒德泳評價曰：「精一之學，昉於堯舜，大明於孔子，而孟子為正傳；致良知之學，昉於文成，大明於文莊，而先生為正傳。以先生配孟子，竊謂非阿所好者。」故請私諡曰「正學先生」。〔註3〕

　　關於劉元卿的哲學思想，只有吳宣德《江右王學與明中後期江西教育發展》和徐儒宗《江右王學通論》二書的相關章節有所論述。吳、徐二人均認為，劉元卿乃明後期江右王門之大家。吳書第四章一小節對劉元卿的誠意、格致說略加闡述，並指出其與王陽明的不同之處。〔註4〕徐書在相關章節對劉元卿的人性

〔註1〕鄒元標：《明詔徵承德郎禮部主客司主事瀘瀟劉公墓誌銘》，《劉元卿集·附錄》，上海古籍出版社，2014年，第1540頁。

〔註2〕羅大紘：《祭劉徵君調甫先生》，《紫原文集》（卷十二），《四庫禁燬書叢刊》（第140冊），第141頁。

〔註3〕鄒德泳：《劉正學先生私諡議》，《劉元卿集·附錄》，第1564頁。

〔註4〕吳宣德：《江右王學與明中後期江西教育發展》，江西教育出版社，1996年，第149～151頁。

論、格致論、修養論三個方面略有論述，並指出其「論格致工夫頗能自具特色」，其修養論「在江右王門中可謂獨樹一幟」。〔註5〕二書對劉氏哲學思想研究具有開創之功，但論述篇幅甚少（吳書不到一千字，徐書也不過兩三千字），所論及的面向不多，且所論者也往往點到為止。此外，尚未有專門研究論文。筆者已整理出版近100萬字的《劉元卿集》，在此基礎上，對其哲學思想作一總體論述。

一、學思歷程

劉元卿初習舉業，嘉靖四十一年（1562），得奇疾欲死，病中自省生平多過，祈天延日月，得遷改，死無憾。後竟病癒，書壁自誓：敦倫、躬行。隆慶三年（1569），肄業吉安郡，好友鄒德涵、德溥時時誘其講學，遂讀宋儒語錄，並與鄒氏兄弟商證參求，有所悟入，始知用力於聖賢之學。五年（1571），拜王陽明弟子劉陽為師，劉陽授以陽明「立志說」和「拔本塞源論」。

萬曆二年（1574）春，在京城參加會試，時從事守心之說，久乃覺胸常炯炯，自謂有得，然證諸孔孟無當，心疑之。時會京師細瓦廠，泰州學派耿天台告學「存虛」者曰：「余用力於茲有年，反覺現前人皆疏放，是礙虛體矣。乃知舜之好問好察，顏之問寡問不能，是真虛體云。」劉元卿聆聽後，「大有省」。〔註6〕所謂「大有省」，是指受耿氏啟發後，他從空守心體中走出，體會到真虛體者並非空無之體，而是儒家的仁體。

三年（1575）春，往浙江蘭溪，受學於浙中王門錢德洪弟子徐魯源。徐氏採用啟發式教學，以學書法為例點撥之，劉元卿領悟到「學書須法二王，學道須法孔子」〔註7〕，於是始捨棄世儒窠臼，以聖人之道為己任。劉元卿在徐氏處還關鍵在於領悟了「不已之學」。徐氏語諸生曰：「顏子亦足以發；發，生發也。故門人日親。」劉元卿豁然醒悟曰：「生發者，不已之性也。學求盡性而先窒之，吾幾枉一生矣。」後來他認為，「先生之功，在明不已之學……不已之學明，則人皆知吾心本自生生，人人自堯舜、自孔子，而其所以願學堯、舜、孔子者，亦吾心之自不能已也。」〔註8〕所謂「不已之學」，即「不容已之學」，

〔註5〕徐儒宗：《江右王學通論》，中國人民大學出版社，2009年，第55～56、230～233、267～268頁。

〔註6〕洪雲蒸、顏欲章：《劉徵君年譜》，《劉元卿集·附錄》，第1524頁。

〔註7〕洪雲蒸、顏欲章：《劉徵君年譜》，《劉元卿集·附錄》，第1525頁。

〔註8〕劉元卿：《天命篇奉壽魯原徐老師榮躋七表序》，《劉元卿集》，上海古籍出版社，2014年，第182頁。

是指人的本心中有一種「不容自已」的道德力量，具有道德創生能力，只要不遏止之，讓其自然生發，就會產生道德行為。

四年（1576），劉元卿至湖北黃安，訪耿天台。耿氏授以「三關四證」之學：「三關者，即心即道，即事即心，又須辨大人之事、小人之事。四證者，行一不義，殺一不辜，得天下不為，此聖人根本；為法天下，可傳後世，此聖人願欲；發憤忘食，樂以忘憂，此聖人工夫；欲立立人，欲達達人，此聖人作用。」〔註9〕所謂「三關四證」，「三關」主要講本體；「四證」則主要講工夫，是前者的發用和效驗。其重點是「三關」，此為天台哲學的核心內容，它包括三個階段：「即心即道」確立心學的基本原則——心上求道，「即事即心」表明泰州學派的宗旨——「百姓日用即道」，「辨大人之事、小人之事」強調學者選擇正確的人生方向——「慎擇心術」（即擇仁術）。〔註10〕

十九年（1591），劉元卿正式拜耿天台為師。耿氏此時以「不容已」「尚友」深化「三關」之學，並以此授劉元卿曰：「余往語子『三關』，其曰『即心即道』者，即此不容已之心是已，非彼執空寂，為無上妙道也；其曰『即事即心』者，即此尚友之心是已，非彼惟了生死，為一大事也；所謂『擇術』者，擇此耳。」〔註11〕此前劉元卿通過徐魯源，對「不容已」之學已有相當的領悟，此時由耿氏進一步領悟之，並由此契入孟子「四端充達」之旨。黃宗羲說：「（劉元卿）聞天台『生生不容已』之旨，欣然自信曰：『孟子不云乎？四端充之，足保四海。吾方幸泉不流也而故遏之，火不然也而故滅之。彼滅與遏者，二氏之流，吾所不忍。』」〔註12〕即直信孟子「四端充之」「火然泉達」之旨，並以此判佛道之非。同時，在耿氏之啟發下，悟入孔子「精一求仁」之學，「其宗旨全在身上發揮，真所謂心行處滅，命根斷絕也。」〔註13〕

其後，劉元卿又在突然之間升起疑情，由疑王時槐、耿天台，至疑整個宋明儒學。其夫子自道：「予之疑問者凡三，疑王塘南公《朝聞臆說》，疑耿師《大事譯》。總之，辨儒佛也；至鷺院之疑，並後儒學之學疑之矣。嗟夫！辨

〔註9〕洪雲蒸、顏欲章：《劉徵君年譜》，《劉元卿集·附錄》，第1525頁。
〔註10〕張思瑤：《耿定向思想研究》，南開大學博士論文，2014年，第123頁。
〔註11〕耿定向：《別劉調甫》，《耿天台先生文集》卷十九，明萬曆二十六年刊本，第23～24頁。
〔註12〕黃宗羲：《徵君劉瀘瀟先生元卿》，《明儒學案》，中華書局，2008年，第497頁。
〔註13〕劉元卿：《與鄒汝光內翰》，《劉元卿集》，第45頁。

儒佛易，辨孔孟與後儒難。亦姑為海內開此端，終當有繼予志而解予之疑者。」〔註14〕對王時槐的《朝聞臆說》之疑，主要是對王氏之生死觀偏向對玄虛、神秘的本體之追求的不滿；對耿天台的《大事譯》之疑，是全面的儒佛之辨，主要是對耿氏援佛入儒之不滿。總之，對二者之疑，關鍵是嚴辨儒佛，疑他們偏重本體，存在形上與形下割裂之弊。「鷺院之疑」是萬曆三十三年（1605）之事，有《與王太常先生鷺院答問十條》（此文已佚〔註15〕），主要內容可推測為孔孟與後儒之辨，即進一步對整個宋明儒者援佛入儒、混佛為儒而偏於本體一面的不滿。可以說，致力於形上與形下、本體與工夫的合一（即體用合一）是劉元卿晚年致思的根本方向。

儒佛之辨、孔孟與後儒之辨的結果是，劉元卿最後徹底回歸先秦儒家，歸依孔孟之學，尤其是在工夫論上回到孟子，其標誌是，萬曆三十四年（1606）編纂《七九同符》，發明孟子學，進一步豐富、深化孟子的工夫論「四端充達說」。其作於生命最後一年（1609）元旦的一首詩，可以說是對其晚年思想傾向的一個總結：「曾憶兒時己酉年，束書垂首塾師邊。平生最喜親『三益』，到老方知讀《七篇》（指《孟子》七篇）。無欲恐非覺後語，識仁疑見夢中天。人人自有中和在，不必深求未發前。」〔註16〕這首詩表明劉元卿既不滿宋儒「無欲」「識仁」諸說，也不滿明儒（主要是陽明後學）的求未發之性，而認同孔孟儒學。

總之，劉元卿主要接受了江右王學、浙中王學、泰州學派三種思想資源的影響，其中受泰州學派耿天台的影響最大，最後回歸孔孟之學，從而形成了自己獨特的思想體系，且以其純正儒學的立場，在當時獨樹一幟，並對佛教、陽明後學之弊有嚴厲的批評。其主要哲學思想包括如下幾個方面，而以體用合一論為總綱。

二、主要哲學思想

1. 一氣說

劉元卿「一氣說」的提出，是為了建立萬物一體思想的本體論根基。萬物一體思想是儒家的通義，宋明儒者對此多有發揮，如張載的「民吾同胞，物吾與也」（《西銘》），程顥的「仁者渾然與物同體」（《識仁篇》），而王陽明《傳習錄》中的「拔本塞源論」、《大學問》的相關內容關於聖人（大人）與

〔註14〕劉元卿：《思問錄後序》，《劉元卿集》，第 94 頁。
〔註15〕按：鄒德泳《劉正學先生私諡議》提到此文，然此文已佚。
〔註16〕洪雲蒸、顏敛章：《劉徵君年譜》，《劉元卿集·附錄》，第 1539 頁。

天地萬物為一體的論述尤為詳細。那麼，萬物一體的本體論根基何在？張載、程顥、王陽明主要從人心之感應處說。劉元卿則轉變方向，將氣作為其最終之根基，認為萬物一體在於萬物一氣。如此，完成了萬物一體的本體宇宙論的論證。其曰：

> 宇宙之內，一氣而已。氣凝而為天地，氣凝而為草木鳥獸，氣凝而為人。人之一身，皆氣也。目非氣弗視，耳非氣弗聽，口非氣弗言，四肢非氣弗動，而其所以視聽言動者，一氣也。故時視，則氣注於視，即夫聽與言動之氣也；時聽，則氣注於聽，又即夫視與言動之氣也；時言動，則氣注於言動，又即夫視與聽之氣也。非夫視有視之氣，聽有聽之氣，言動有言動之氣，而町然不相通也。但自夫此氣之流行而於穆不已者，名之曰天命。由是而析焉，曰心、曰性、曰意、曰知，名雖不同，總之不外乎一氣也。豈唯吾身，即群百十人於此，當聽焉，無不傾耳也。是百十人之耳，一氣也。當視焉，無不正目也。是百十人之目，一氣也。當言動焉，無不嘆息、舞蹈也。是百十人之口之體，一氣也。豈惟人哉？夫物則亦有然者：雉見共而作，鷗鑒慮而去，燕呢喃而語，鳶戾天而飛，其視聽言動之氣，無弗同也。豈惟物哉？天地則亦有然者：視以日月，聽以虛谷，言以雷霆，動以轉斗，其視聽言動之氣，亦無弗同也。古之聖人仰觀俯察，有以得其故而審其同。是以一物失所，悵然含悽；風雨不調，惻然改顏。譬諸同體而分百骸，一指蒙刺，遍體為之不寧；譬諸一水而散眾泡，一泡受擊眾泡為之驚搖。然則由饑由溺，若撻若溝，非作意為之，識大則任大，任大則憂大，其心蓋有所不能自已也。〔註17〕

在此，氣是本原性物質，是萬物起源和生存的基礎；氣能流行、感通、貫通，故人一身之氣通貫為一體，百十人之氣通貫為一體，甚至宇宙萬物之氣也通貫為一體，「天下萬世，皆一氣之所貫」〔註18〕。不僅物質性的東西其本體是氣，而且精神的根源、本質也是氣，故「曰心、曰性、曰意、曰知，名雖不同，總之不外乎一氣也」。如此，物質和精神都是一氣所貫通，其本體皆為氣，故萬物一體的存在論依據，就是萬物一氣。

〔註17〕劉元卿：《一氣說》，《劉元卿集》，第384～385頁。
〔註18〕劉元卿：《鄒氏學脈引》，《劉元卿集》，第375頁。

當然，劉元卿「一氣說」也有所本。《莊子·知北遊》云：「人之生，氣之聚也。聚則為生，散則為死。若死生為徒，吾又何患！故萬物一也。是其所美者為神奇，其所惡者為臭腐；臭腐復為神奇，神奇復化為臭腐，故曰通天下一氣耳。」這是中國哲學最早提出的「一氣說」：人之生死、事物的變化不過是氣的聚散而已，天下萬物同此一氣。莊子（或其後學）在此不是要建立氣本論，而是要說明事物的相對性。張載是重要的氣論者，提出氣聚為萬物，萬物散而為太虛。但他並非氣本論者，因為他認為太虛是氣之本體，故其本體是太虛而非氣，氣只是太虛的變化、表現。王廷相亦是重要的氣論者，他認為氣為造化之本，萬物從元氣而化，但也不是真正的氣本論者，因為他在氣（元氣）之上還安放了一個道體，道體中包涵元氣實體和氣化流行兩個方面。

真正氣本論的建立者是吳廷翰，其曰：「天地之初，一氣而已矣，非有所謂道者別為一物，以並出乎其間也。氣之渾淪為天地萬物之祖，至尊而無上，至極而無以加，則謂之太極。」又曰：「蓋人之有生，一氣而已。朕兆之初，天地靈秀之氣孕於無形，乃性之本；其後以漸而凝，則形色、像貌、精神、魂魄莫非性生，而心為大。」〔註19〕吳廷翰認為，氣為萬物的本源、本體（所謂「天地萬物之祖」「太極」）；人為一氣所生，具體而言，氣始孕育於無形（此為性之根本），漸變而生形色、像貌、精神、魂魄、心等。從思想史的邏輯發展來看，劉元卿好像受到了吳氏的影響。然而，兩人雖生活同一時代，但沒有任何交集，〔註20〕吳氏也非陽明學者，故劉元卿幾乎不可能直接受到吳氏之影響。比較吳、劉的氣本論，同中有異，吳氏注重氣的本原性和生成性，以建立其心性論的本體論依據，而劉氏則注重氣的運動性（即流行、感通、貫通的特點），從而建立萬物一體的本體論根據。從思想的邏輯發展而言，劉元卿「一氣說」實際上是萬物一體論和氣論兩者融合的結果。可以說，其「一氣說」完成了萬物一體的氣本論建構，從而建立了其哲學的本體宇宙論，這是劉元卿整個哲學思想的根基。

2. 求仁之學

劉元卿認為，儒家與佛教的根本不同在於是否經世求仁，而陽明後學之弊

〔註19〕吳廷翰：《吳廷翰集》，中華書局，1984年，第5、28頁。

〔註20〕按：吳為南直隸無為州（今屬安徽）人，大劉54歲（吳死時劉才16歲），未在江西作過官，致仕後家居三十餘年。劉元卿現有文獻沒有一處提到吳廷翰。

也是於經世一脈有所忽視。於是他回歸先秦儒家，特揭孔子仁學並豐富之，以為此乃儒家的根本宗旨。有人認為：「其學以求仁擇術為要，……而二氏之說，闢而絕之，不遺餘力。」〔註21〕這大體指出了劉元卿思想的主旨。認為孔門宗旨在於求仁，乃宋明儒之通義，其區別在於具體內涵的不同。劉元卿求仁之學，主要受耿天台的影響，同時又有自己的獨創，主要表現在三個方面：

一是仁之體用問題。仁是孔子思想的核心概念，但他不探討仁的體用問題，總是在具體語境中呈現仁的意義。至北宋儒者才開始探討仁的體用問題，但偏重言仁體，特別是仁的存有論、境界論。劉元卿不滿宋明儒離用求體之弊，如對程顥《識仁篇》就頗有微詞，認為其偏在「識」仁體，未離於「見」（即認知）。故重劉元卿在闡釋、發揮仁的體用一貫。與宋儒一樣，他也首先將仁上升為本體，認為仁是「天地人之生生者」；依其氣本論而言，所謂「天地人之生生者」，其實就是氣，仁體即氣；同時又認為仁是用，「自生生而無所不生」，即仁（氣）無不流貫。然後從不同方面詳細展開仁之體用合一的論述，包括：（1）有無相生、有無一體：「夫仁也，自無生而之生生，蓋無之為橐籥也；自生生而之無所不生，蓋有之為真宰也。」〔註22〕「無生」是指無所造作、自然流行之氣（仁）本體，「生生」是指宇宙天地的創造或道德的創生，「無所不生」則是指整個宇宙的生成或整個道德、人文世界的創建、活動。（2）天人（或人己）一體、古今一息：「其大道之權輿，人心之發竅乎！」大道指天，人心即人。又說：「天也，人也，仁也，一也」；〔註23〕「說個『仁』字，真是天地此仁，萬物此仁，吾身此仁，原無自他可分，亦無今古可間。」〔註24〕（3）道器一體、形性一體：「分而言之，則道器為偶；合而言之，則形性不二。」此二句為互文，分言道（性）、器（形）為二，合言則為一體。（4）費隱一體：「夫仁不離人，則即隱即費；仁不離道，則即費即隱。」如此，劉元卿建構了一個體與用、內與外、形上與形下、本體與工夫一體的仁本論體系。如此詳細的仁學體用一體論的分疏，在宋明儒者中是少見的。

二是仁之「不容已」。劉元卿認為，「仁根於心」，即仁之發竅在人心；而人心自不容已，「根於心，故其見親也，其色怡然，其容盎然，其手舞足蹈不

〔註21〕《劉元卿傳》，《劉元卿集·附錄》，第1557頁。
〔註22〕劉元卿：《擬試策一道》，《劉元卿集》，第18～19頁。按：此段其他未標明之引用皆出此文。
〔註23〕劉元卿：《識仁書院記》，《劉元卿集》，第239頁。
〔註24〕劉元卿：《復趙德父》，《劉元卿集》，第66頁。

自知其然。」〔註25〕又說：「人心之必惻隱、必羞惡、必辭讓、必是非，父子之必親，君臣之必敬，夫婦、長幼、朋友之必別、必序、必信，譬諸日之必照，火之必然，水之必達也。」〔註26〕不容已之心，即不容已之性，即不容已之仁。劉元卿這一思想來自耿天台；「真機不容已」是耿氏的重要思想。但是，兩人仍有所不同，耿氏重仁根之「虛體」，他說：「此不容已的仁根，原自虛無中來。」〔註27〕此「虛」，不是存有之虛，而是人生境界之虛，強調的是用功過程中本心的無思無為、無所造作的精神狀態。劉元卿雖有時也言仁之虛體，但更側重仁（人心）之「生生」之性，他說：「道不已，故天地之化育不已，人心之生生亦不已」〔註28〕；「天行自健，故常運旋而不已；人心自強，故通晝夜而不息。君子者，獨能默識吾心之不容已，即天命之不已耳。」〔註29〕這一思想也有朱熹的影響，朱熹認為仁體是萬物生生的本性〔註30〕。其實，劉元卿將《易經》乾道之生生不息精神融進其仁學中，強調仁體（心體）的道德創生性，即它自有一種不斷去化成道德、人文世界的沖創力量。

三是孔子仁術之巧。劉元卿認為，孔子仁術可謂巧妙，故孔子賢於堯舜。因為堯舜行仁是借助行政手段，需要各種條件，如權位、賢臣等，且只能仁澤一世；而孔子不需要這些條件，只靠師友之教化行之，而可仁流萬世。二者的本質區別在於，為仁之方的不同：堯舜是博施濟眾，而孔子則是己立立人、己達達人。結果則是，「以一人施天下，則用力甚勞，而其施不得不竭，此堯舜所以病；以天下立達天下，則操術甚逸，而其濟不得不博，此孔子所以不病。……孔子之所以獨賢，誠得其同仁之術之巧者耳。」所謂立達，就是「欲立則思立人，欲達則思達人，此人之本心也，吾如是，人亦如是。」〔註31〕也就是說，不僅自己盡不容已之心、生生之心，而且通過教化推之天下萬世，使「人各得其真心，則天下平，斯至易至簡之術也，斯孔子操之以開萬世太平者也」〔註32〕。所以劉元卿認為，「古之得續命真丹者，獨有孔子。」〔註33〕即

〔註25〕劉元卿：《君子所性》，《劉元卿集》，第502頁。
〔註26〕劉元卿：《行滿禪者墓記》，《劉元卿集》，第247頁。
〔註27〕耿天台：《與焦弱侯》之八，《耿天台先生文集》卷三，明萬曆刊本，第32頁。
〔註28〕劉元卿：《川上》，《劉元卿集》，第498頁。
〔註29〕劉元卿：《大象觀》，《劉元卿集》，第691頁。
〔註30〕陳來：《仁學本體論》，生活·讀書·新知出版社，2014年，第183頁。
〔註31〕劉元卿：《同仁書院記》，《劉元卿集》，第230頁。
〔註32〕劉元卿：《擬試策一道》，《劉元卿集》，第19頁。
〔註33〕劉元卿：《贈少原余父母內召序》，《劉元卿集》，第142頁。

孔子真正開啟了人之本心，並以此覺人、化人，人心生生，萬世無盡。這一思想，是劉元卿在耿天台「擇術說」的基礎上，對《論語》中弟子認為「孔子賢於堯舜」觀點的詳細闡述，使孔子仁術之巧的內涵、價值得以彰顯。

3. 四端充達說

劉元卿在萬曆三十四年（1606），在工夫論上回歸、發揮孟子學說，提出「四端充達說」，是其求仁之學在工夫論上的體現。他說自己「到老方知讀《七篇》（即《孟子》七篇）」，故此說可謂其工夫論的「晚年定論」。

孟子四端之心，是指「惻隱之心，仁之端也；羞惡之心，義之端也；辭讓之心，禮之端也；是非之心，智之端也」；而四端之心可擴充，「凡有四端於我者，知皆擴而充之矣，若火之始然，泉之始達。苟能充之，足以保四海；苟不充之，不足以事父母。」（《孟子・公孫丑上》）孟子又另云「達」：「人皆有所不忍，達之於其所忍，仁也；人皆有所不為，達之於其所為，義也。」（《孟子・盡心章（下）》）孟子已初步提出了依四端之心而擴充、充達之工夫論。劉元卿在此基礎上，融合王陽明的致良知、耿天台的「三關說」，從而建立了自己獨到的工夫論，即「四端充達說」。他說：

> 若吾孟氏之學，則指惻隱羞惡，以為性之端；指充之四海，達之天下，以為性之盡；推老老幼幼之恩，明井田、學校之政，嚴出處去就、辭受取予之節，以為充之達之之事。夫知惻隱羞惡為性之端，則知求性於仁義之外者之為蕩；知充之四海、達之天下為性之盡，則知虛無寂滅、寄命於空者之為非；知本仁行政、躬義樹防為盡性之事，則知離仁外義、任放自恣者之為邪。斯吾以為必明孟子之學，而後乃可以闢佛也。孟子之言曰「經正則庶民興」，蓋其言庸，其事實，微之庶民，斯足以興矣。……是道也，孔子傳之孟軻，軻之死，不得其傳。
>
> ……吾以為自漢以下，孟子之學不傳，而所傳者皆禪釋之緒也。夫矯後儒之非，要以明孟子之學；明孟子之學，要以見吾儒之學本足以經世，而後儒自失之，非儒學固然也。儒學明，而後天下見吾道之大中至正。〔註34〕

所謂「惻隱羞惡」，即惻隱、羞惡、辭讓、是非四端之心的省稱。以此為性之發端，就是工夫的開始。此心，即性，也即道（本體），將此心性擴充下去，「充之四海，達之天下」，就是盡性、盡心，也就是充達的工夫。「推老老

〔註34〕劉元卿：《七九同符序》，《劉元卿集》，第 86、87 頁。

幼幼之恩，明井田、學校之政，嚴出處去就、辭受取予之節，以為充之達之之事」，就是充達的具體指向，即儒家所從事的仁政，以及在此過程中嚴於自處、自律。此中已包括耿天台的「三關說」（即心即道、即事即心、擇術）的內容，但沒有乃師的明顯的階段性（即三關即三個階段）之分，而是以此四端之心不斷充達下去即可，可謂心、性、道、事一體而化。在工夫上可謂簡易，這近於王陽明的致良知，幾乎是致良知於事事物物的另一種表達。但與致良知仍有細微的區別，有劉元卿的良苦用心。首先，陽明後學中已產生有將良知混同於情識的弊端，也就是說在具體用功中情識有可能被當做良知，故劉元卿將良知圈定為四端之心，四端之心清晰可辨，不可能混為情識。其次，陽明後學已出現耽空守寂之病，即將「致」良知理解為「守」良知。而四端充達工夫，只有不斷向外沖創、擴充，而無守內之弊。故劉元卿認為，發明孟子此學既可以闢佛，也可以矯後儒（含陽明後學）之弊，因為二者同為守內之病。劉元卿自認為其遙接孟子血脈而發明之，實則其工夫論仍有王陽明、耿天台的影響，其中對天台有超越，對陽明後學有救弊。

　　同時，劉元卿又將「四端充達說」與「不容已之學」融合起來，認為充達四端之心即心之不容已。其曰：「父母在而不遠遊，充其不忍離之心以事其生；為廬其墓以永其思，充其不忍離之心以事其死：皆天也，不容已者也，非所以要譽於鄉黨朋友也。」〔註35〕這裡劉元卿乃就不忍離之心（即孝心）而言，其實就是四端之心的具體表現，充達此心，乃心之不容已，乃先天必具有者（此已上升到本體論的高度而言）。惜乎「四端充達」說發之劉氏晚年，對此融合之路，論述甚少。

　　此外，劉元卿將「四端充達說」與《中庸》「致中和說」相貫通，認為「致中和」也可以在這一工夫論中得到理解。有友人問《中庸》致中和與孟子擴充之說是否相同，劉元卿曰：「人乍見孺子，皆有怵惕惻隱之心，是發而皆中節，謂之和也。其寂然不動者，便是未發之中。方見孺子時，人人中和，即如齊宣王見牛而以羊易之，亦正是中和之妙用。及到興甲兵，危士臣，構怨於諸侯，卻是不能致中和。故擴而充之，足以保四海，便是致中和而天地位、萬物育。」〔註36〕就是說，致中和起初是以四端之心為性之發端，即充達工夫的開始，是人人皆能的。但往往「興甲兵，危士臣，構怨於諸侯」，乃不能繼

〔註35〕劉元卿：《書羅以良廬墓冊》，《劉元卿集》，第 472 頁。
〔註36〕劉元卿：《丙午識仁答記》，《劉元卿集》，第 407～408 頁。

續致中和之故。如能繼續致之，就是將四端之心充達天下，最終能保四海、達到天地位育的境界。如此，致中和就是四端充達，二者在工夫進路上其實是一致的。這反映劉元卿晚年試圖用「四端充達說」來涵括「致中和說」，使兩者相貫通，從而豐富前者的內涵。

4. 理欲之辨新論

宋明理學的核心話題之一是「理欲之辨」（即天理、人欲之辨），自從二程提出存天理而滅人欲，理欲的二元對立就成為宋明理學的主流觀點；但也有反其道而行之者，即主張理欲合一，如李贄、陳確就公開提出人欲即天理。劉元卿獨闢蹊徑，提出了自己特有的理欲論。他是在「性即理」的宋明儒之共識下討論這一問題，理欲問題亦即性欲問題，其內容主要包括三個方面：

一是性（理）與欲關係的探討。對於二者的關係，劉元卿有相當辯證的認識。他說：謂欲聲欲色非性，不可。因為「欲聲欲色者，無生之真機也」。〔註37〕也就是說，從欲之本然、自然看，欲乃真機之不容已，欲即性、即理，故天下無離欲之性（理）。故他認為欲不可斷，不可強行遏制。這是對「存天理而滅人欲」觀的否定。同時又認為，謂欲聲欲色即性也，亦不可。因為欲會失其度，過度之欲則非性、非理。故不可混欲為性，以為一切情識欲望皆是性。他說：「近論性者，多執見以論性，而漫謂一切皆是，譬則據所見皆水，謂無非水者，任其漂蕩橫流，泛濫中國，即犯害民物而不為之所，是古聖人所大不忍也。」〔註38〕這是對陽明後學混情識為良知之弊的批判，鋒芒指向李贄等人。

二是對不同之欲的辨析。對於欲之種類，劉元卿從不同角度分辨。首先他認為，欲有小欲和大欲之分。小欲是指欲聲欲色的肉體之欲；大欲是指「欲明明德」的道德之欲，如「公劉欲四境之有積倉裏糧也」，「太王欲四境之無怨女曠夫也」，「孔子則又有大焉，己欲立而立人，己欲達而達人，終其身不厭不倦，發憤無已時」。〔註39〕劉元卿認為，大欲立，則小欲自然消除。接著，他進一步辨析，認為欲有「不容不然」之欲和「心所沉溺」之欲之分。他說：「自不容不然之欲而言，無論欲明明德之欲不可去，即聲色臭味之欲何可一日無？何也？皆天也。自心所沉溺而言，無論聲色臭味之欲不可不去，即行仁義之欲亦

〔註37〕劉元卿：《復禮會語》，《劉元卿集》，第 545 頁。
〔註38〕劉元卿：《賢奕編》，《劉元卿集》，第 1412 頁。
〔註39〕劉元卿：《汝防字說》，《劉元卿集》，第 389 頁。

不可一日有。何也？皆障天者也。先儒曰：『有所向，便是欲；涉人為，便是偽。向也，偽也，皆是足以牿天也。』」〔註40〕就是說，前一種欲乃天然、天理，不可去，而後一種欲乃人為（偽），違背天然、天理，須去。

三是性（理）欲矛盾的消解。這是劉元卿著重要解決的問題。在此問題上他融進了「不容已」思想和「萬物一體」觀，於是矛盾迎然而解。首先從「不容已」思想看，「欲聲欲色者，無生之真機也。欲之失其度而其中若有不自安者，亦無生之真機也」，「慮夫欲之失其度而學以求吾之所大欲者，亦無生之真性（機）也。」〔註41〕所謂「無生之真機」，即心之不容已，即性（理）。劉元卿認為，人的自然欲望是心之不容已；欲之失度而心不安亦是心之不容已，心不自安，必然要拔其所不安者而去之；而求大欲（道德之欲）亦心之不容已，因為欲求心之大安，則必滿其心量而發，如此欲色欲聲之欲，皆轉而趨心之大欲，故求大欲更是心之不容已者。這樣，就消除、化解了性（理）欲的矛盾、對立、緊張：不僅肯定人的自然欲望的合理性，而且指出人克制自然欲望而認同道德行為，不是由於外在天理的約束、控制，而是心之不容已，故欲自然發生轉化，即由自然之欲化為道德之欲（此欲即理），如此理欲之矛盾消於無形。其次，從萬物一體看，「但將好色等欲直窮到根蒂處，原是人我一原。故充之以與民同好，即欲即理，於王天下乎何有？此便是明明德於天下，便是盡其性以盡人之性。」〔註42〕在體用論上，性（理）為欲之體，欲為性（理）之用，只是在生活現象界，欲之表現未必盡性（理）之用，欲有表現失度之一面。如果將欲窮到根蒂處（即上升到本體論），原是天人一體、人我一體，己之性即人之性，性（理）之用為欲，實現自己的欲，同時也推廣也實現他人的欲，所謂充之與民同好。如此，欲即性（理），不可去，只要充之與民同好即可。這樣就從萬物一體論上完成了從小欲到大欲（即理）的過渡，從而消除了理欲的緊張。依此思路，理欲之對立一體而化：「由斯而談性，安有先天，安有後天，安有有無，安有微顯，安有體用，安有理欲。彼以為有先天後天，有有無、隱顯、體用、理欲者，諸子之陋也。」〔註43〕

可以說，劉元卿將理學史上「理欲之辨」這一核心話題進行了較為圓融的闡述，使其得到較為圓滿的解決，既化解了天理、人欲的嚴重對立，也使二者

〔註40〕劉元卿：《復禮會語》，《劉元卿集》，第542～543頁。

〔註41〕劉元卿：《復禮會語》，《劉元卿集》，第545、546頁。

〔註42〕劉元卿：《復禮會語》，《劉元卿集》，第544頁。

〔註43〕劉元卿：《復禮會語》，《劉元卿集》，第546頁。

的混同得以釐清，從而超越了各種主流和非主流觀點，在宋明理學史上具有較
為重要的價值。

5. 格物說新論

「格物」一詞，是《大學》的術語，宋明儒者借對此詞的闡釋，形成了種
種關於工夫論的「格物說」，可謂眾說紛紜。尤其是明代儒者，更是「紛如聚
訟」，至明末，據劉宗周統計，格物之說古今聚訟便有七十二家之多。〔註44〕
其中以朱熹、王陽明、王艮之說影響最大。劉元卿主要受王艮「淮南格物說」
的影響，而又有自己獨有的思想內涵。

何為格物？朱熹作「即物而窮其理」，陽明作「正念頭」及念頭所及之事，
王艮作「知修身為本」。〔註45〕劉元卿認同王艮，從《大學》本文的語境「物
有本末，事有終始」出發來解釋：「格物者，格究夫物之本而立之」，「知修身
為天下國家之本，謂之格物，謂之知之至。」〔註46〕他與王艮都認為，身為本，
天下國家為末，格物就是知修身為本。不過，其特點是通過《大學》和《中庸》
互釋、並以後者來豐富前者，從而建立「格物說」的本體論，因而其內涵與王
艮之說仍有較大的不同，主要表現在兩個方面：

一是「本」之具體內涵不同。王艮引入「安身」概念，修身是為了安身，
故「知修身」為本實為「知安身」為本，安身才能實現齊家治國平天下的最終
目標。故「安身」才是王艮「淮南格物」之「真本」。而劉元卿則認為「知修
身」為本即誠意，並通過對誠意的闡釋來追溯格物最終之「真本」。他說「修
身，誠意而已」，這是《大學》的工夫進路；並用《中庸》「誠」義釋《大學》
「誠意」：「誠者天道，善之至者也。動以天，則意誠。以言乎心，謂之正；以
言乎身，謂之修；以言乎家國天下，謂之齊治均平。」如此，「誠」就成為格
物之本：「故誠也者，一以貫乎天下國家之善物也。格此者，為格物；知此者，
為知至。」〔註47〕「誠」在《中庸》中已有本體的意味，所謂「誠者，天之道
也」，劉元卿順此進一步確立其本體地位：「《中庸》言至誠，一也。誠，天載
也，無聲無臭，至也」，「誠者，天之道也，人之真心也。……吾人之心本自虛

〔註44〕林月惠：《良知學的轉折：聶雙江與羅念庵思想之研究》，臺灣大學出版中心，
　　　　2005 年，第 549 頁。
〔註45〕張學智：《明代哲學史》（修訂版），第 242 頁。
〔註46〕劉元卿：《大學新編》，《劉元卿集》，第 583、573 頁。
〔註47〕劉元卿：《大學新編》，《劉元卿集》，第 573 頁。

明，無有作好，無有作惡。所謂明德也，即誠也。」〔註48〕這裡，「誠」是天道、真心、明德，也即誠體。

同時，劉元卿又依《大學》語境釋「誠意」，而將格物之本落在「慎獨」之「獨」上：「觀傳（按：即《大學》傳文）誠意者，但言『慎獨』，則知『獨』即物之本也，『慎獨』即務本也。格物之本而務之，則知至。此外別無格致之功。」〔註49〕而對「慎獨」的解釋，則將《中庸》「慎獨」與「致中和」貫通：「讀《中庸》者，又皆言『慎獨』與『致中和』工夫有粗細。然觀末章，但言君子之所不可及者，其惟人之所不可見乎？則知『獨』即無聲無臭，『慎獨』即不大聲色、篤恭而天下平。此外別無『致中和』之功。」〔註50〕「君子率其性之本中、本和者，以位天地、育萬物。夫是之謂慎獨。獨即性也，性無對，故謂之獨。」〔註51〕如此，「獨」為「無聲無臭」者，為「無對」者，即獨體。

經過以上兩條脈絡的闡釋，劉元卿建立了「格物說」的本體論，即確立了格物之「本」為誠體或獨體，兩者即性體，即心體，實為一體。於是格物為誠意或慎獨，簡言之，不過是依本性、本心行之家國天下而已。如此其「格物說」雖與陽明的理解不同，但根本思路仍是陽明「致良知於事事物物」的思路。

二是對「格」字的理解不同。王艮曰：「『格』如『格式』之格，即後『絜矩』之謂。吾身是個『矩』，天下國家是個『方』。絜矩則知方之不正，由矩之不正也，是以只去正矩，卻不在方上求。」〔註52〕王艮之「格」是要正自之「矩」（身），而不在「方」（天下國家）上求，強調的是工夫的方向或次序。劉元卿則曰：「格之云，徹也；徹，本末而一以貫之之謂也。」〔註53〕強調的是身與天下國家的本末一貫：「立其本（即身），則天下國家無不理，齊治均平無不貫。」〔註54〕

在此問題上，劉元卿乃通過闡釋《中庸》之「誠」來打通《大學》的「物有本末」，使本末一貫：「誠，天道也，索之了無一物可得，而用之則萬物咸備。在《大學》，謂之『物有本末』；在《中庸》，謂之『不睹不聞而莫見莫顯』，

〔註48〕劉元卿：《大學新編》，《劉元卿集》，第 573、584 頁。
〔註49〕劉元卿：《紀夢》，《劉元卿集》，第 517 頁。
〔註50〕劉元卿：《紀夢》，《劉元卿集》，第 517 頁。
〔註51〕劉元卿：《復禮測言》，《劉元卿集》，第 556 頁。
〔註52〕王艮：《王心齋全集》，江蘇教育出版社，2001 年，第 34 頁。
〔註53〕劉元卿：《大學新編》，《劉元卿集》，第 573 頁。
〔註54〕劉元卿：《大學新編》，《劉元卿集》，第 583 頁。

斯即察乎天地之費而隱也，斯即質諸鬼神之微而顯也，斯即考諸三王之不見而章也。本諸身，征諸庶民，始於人之所不可見，而終於家齊國治，篤恭而天下平。」〔註55〕在此，誠體成為本與末的一以貫之者，即本而末，即形上而形下，即本體而工夫，可謂一體而化。於是，「格物說」的本體論建構又得以進一步完善。

6. 體用合一論：哲學思想的總綱

所謂體用問題，在不同的語境中有不同的表達，如體與用、形上與形下、本體與工夫、天與人、道與器、性與形、本與末、內與外等。劉元卿整個哲學思想追求體用的合一，可以說，「體用合一論」是其哲學思想的總綱，弟子周一濂稱其學為「心事徹一之宗、下學上達無兩之旨」〔註56〕，又有人言：「夫密參之，由顯遡微，因粗窮精；顯證之，即用即禮（體），即費即隱。斯亦先生一貫之譜乎！」〔註57〕其實，這正是劉元卿哲學思想的成熟標誌和理論特色。

劉元卿這一思想的形成、建構，其背後有強烈的現實指向，即佛教和後儒存在嚴重的體用分離現象。本章第一部分已提到劉元卿的儒佛之辨、孔孟與後儒之辨，他批評佛教和後儒偏重本體，存在體用割裂的弊病，此處再申論之。其實，劉元卿對當時學者體用分離的現象有大量的批評，指出他們或者離用求體，或者離體求用，如曰：

> 方今譚學者滿家，薄飭勵者要於求心。求心之說，豈不甚美？顧所為求者，有辨也。歸寂者以空空言心，持覺者以惺惺言心，尋樂者以潑潑言心，主敬者以兢兢言心。此以見為心也，非心之本真也。懲玄虛者要於踐履。踐履之說，又豈不甚美？顧所為踐履者，有辨也。硜硜者不亦信果？悻悻者不亦節概？冥冥者不亦高蹈？磊磊者不亦功業？然以意為行也，非踐履之極則也。〔註58〕

> 蓋世之重踐履者，人人譚修身矣，然拘形滯氣以為修，命曰無本之末，為剪綵已爾。世之重性宗者，亦人人譚止善矣，然耽無溺虛以為善，命曰無末之本，為枯荄已爾。」〔註59〕

〔註55〕劉元卿：《大學新編》，《劉元卿集》，第 614 頁。

〔註56〕周一濂：《復禮會語跋》，《劉元卿集》，第 1567 頁。

〔註57〕劉元卿：《路溪劉氏族譜序》，《劉元卿集》，第 172 頁。

〔註58〕劉元卿：《復王儆所丈》，《劉元卿集》，第 41 頁。

〔註59〕劉元卿：《見羅先生書要序》，《劉元卿集》，第 113 頁。

就是說，求心體者或重性宗者是離用（生活現象界）而求體，故體非真體，或以「見」（虛見）為體，或以「虛無」為體，均非真正的本體，乃是無末之本；重踐履者是離體求用（工夫），故用非真用（真正的工夫），或「以意為行」，或「拘形滯氣以為修」，乃無本之末。

　　針對這種體用、本末、內外的分離現象或弊病，劉元卿回歸孔子「一以貫之」之道：「理一而已。學者，學所以一之也。……孟子曰：『孔子之謂集大成。』非贊之也，言孔子之學，固如此爾。三月治魯，何其功也！浮雲富貴，又何其清修退素也！勿欺而犯，何氣節也！刪《詩》《書》，定《禮》贊《易》，作《春秋》，抑何繪藻也！故曰：『吾道一以貫之。』」〔註60〕並宣稱「道無上下，一以貫之」，〔註61〕這顯然是對孔子的歸依。所謂「一以貫之」，劉元卿曰「聖人之所謂一貫者，正合顯微、通精粗、徹內外而一貫之」，〔註62〕換言之，即體用合一。其實，體用合一論，也是王陽明的重要思想，他主要強調良知本體與工夫的合一。〔註63〕

　　可以說，孔子「一以貫之」之道中已蘊含「體用合一論」之雛形，而王陽明更具體從良知上說體用合一，劉元卿則進一步豐富、完善這一思想，從而形成了自己的哲學思想體系，具體表現於其思想的方方面面，如前文所述的「一氣說」「求仁之學」「四端充達說」「理欲論」「格物說」均滲透、貫穿著「體用合一（或一體）論」。如「一氣說」認為，氣為萬物之本體，不僅天地萬物之運動，而且人之視聽言動、心性意知都是氣之用。故氣與天地人物為一體；同時心性亦為氣，精神與物質為一體。「求仁之學」認為，仁既是體（天地人之生生者），又是用（自生生而無所不生），是體用一體，詳言之如天人一體、有無一體、道器一體、形性一體、費隱一體等皆是仁之體用論的表現。「四端充達說」認為，四端之心即性即體，將此充達之工夫即用，心性（體）與工夫（用）一體。「理欲論」認為，性（理）為欲之體，欲為性（理）之用，然欲有偏離性（理）之一面，如果將小欲轉化為大欲，欲即性（理），如此欲與性（理）一體。「格物說」認為，格物之「本」為誠體或獨體，格物即格此，也即誠意或慎獨（即用），此為體用一體；自《大學》修齊治平而言，格物即修

〔註60〕劉元卿：《名賢編後敘》，《劉元卿集》，第 1279～1280 頁。

〔註61〕劉元卿：《瀧江講義序》，《劉元卿集》，第 105 頁。

〔註62〕劉元卿：《勿亭姚翁七裘序》，《劉元卿集》，第 188 頁。

〔註63〕按：關於王陽明的體用合一論（即本體工夫論）見〔日〕岡田武彥《王陽明與明末儒學》（重慶出版社，2016 年，第 55～59 頁）。

身，此是本（體），而齊家治國平天下是末（用），此又為體用一體。此外，劉元卿從其他多個方面都論述了這一宗旨，如：（1）宗源與力踐合一；（2）見與事合一；（3）明德、親民、至善合一；（4）德性與學問合一；（5）身、心、性、天合一。

　　總之，出於對佛教和後儒體用分離之弊的不滿，劉元卿回歸孔子，以其「一以貫之」之道為基礎，並吸收陽明的良知本體工夫合一說，建構了全面而系統的體用合一論，並成為其哲學思想的核心和靈魂，從而使其哲學體系呈現出中道、圓融的風格。事實上，劉元卿越到晚年，思想越趨於中道、圓融，體用合一論隨處流貫，體現了其純正儒學的立場、特色。在陽明後學中，劉元卿是以純儒面目（「正學先生」）出現的，在儒家四面受敵的生存環境中挺身而出，捍衛儒學的純正性。正是其思想的圓融性、純正性以及衛道立場的堅定，使其成為江右王門後期之大家，成為江右繼鄒守益之後又一位王門純儒。其在儒學史或陽明學史上最主要的貢獻，是在孔子、陽明思想的基礎上進一步發展、豐富、完善了「體用合一論」。

第七章　論劉元卿的教育實踐與思想

　　劉元卿是明代江右王門中後期代表性人物之一，既是心學（陽明學）大家，又是教育家。其一生主要從事教育事業，辦學、講學幾乎貫穿其成年後的整個人生，並形成了自己的教育思想。其教育實踐、理論受其心學思想的影響，特別是仁學思想是貫穿其整個教育的核心和靈魂。目前尚未見對其教育進行全面研究的論文，故值得深入探討。

一、教育實踐〔註1〕

　　劉元卿的教育屬於廣義上的教育，包括學校（書院）教育、社會教育和家庭教育，但不包括科舉教育。他從二十幾歲開始從事教育，一以貫之，直至生命的最後一年，幾乎從未未間斷過。他首先是活躍的教育實踐家，實踐活動非常豐富，包括創辦書院、舉辦講會、受邀到各地主盟講會、禮請同道來講學等。

1. 創辦書院（會館）

　　劉元卿是地方性教育活動家，其教育活動的據點主要在家鄉安福西鄉〔註2〕一帶。西鄉歷來是安福教育、文化最為落後之區，在劉元卿以前，從未出現過書院。他與同道一起創辦了復禮、識仁、一德、近聖、中道五大書院，其中四座書院是他直接主持創建的。隆慶六年（1572）年，29 歲的新科舉人劉元卿聯合西里二十四姓，於書林村創辦復禮書院，並作《復禮書院記》闡釋其「復禮」以復性歸仁的思想。從此西鄉有了第一座書院，該書院後來成為當

〔註1〕按：此內容主要依據筆者編纂的《劉元卿年譜》而成，其中內容多未加直接引證。

〔註2〕按：安福縣歷來被分為東南西北四鄉（即四片），其中西鄉又習稱「西里」。

地的文化地標和教育重鎮。這一書院是劉元卿從事教育最為重要的場所和據點，其教學的主要活動大多在此展開。萬曆十九年（1591），與劉孔當、周惟中聯合西鄉58姓士民於九都東江村創建識仁書院（又稱講院），並作《識仁書院記》申述其仁學思想。萬曆二十六年（1598），王、嚴、張、謝四姓於西鄉嶺背村建一德會館（相當於書院），劉元卿作《一德會規引》。這一會館是在其影響下創建的，一般也視為其所辦。萬曆二十八年（1600）冬，於城西建近聖會館（相當於書院）。該會館在安福縣城西，乃屬於西鄉的範圍，劉元卿卒後改為瀘瀟公祠，成為祭祀兼講學之所。萬曆三十一年（1603），與趙思庵、郁達甫等於西鄉楊宅建中道會館（相當於書院）。此會館規模宏偉，為西里諸書院之最。甚至卒前，還約弟子洪雲蒸、江爾海議建吳楚書院於攸縣東鳳山，惜未成而卒。近聖、識仁、中道、復禮、一德五座書院呈從東到西的分布狀態，大約每相隔三四十里有一座書院，從而方便西鄉各地村落的士民就近學習。這些書院都是講會式書院，其創辦使講學、講會有了固定的場所，從而奠定了西鄉教育的基礎和格局，大大提升了整個西鄉的教育水平，改變了當地文化生態、民風民俗。西鄉書院在明中後期劉元卿時達到了輝煌，從此以後直到民國，西鄉書院大體保持了這一規模和格局。其中復禮書院的辦學最為成功，成為與復古、復真齊名的書院，乃至明清時期吉安府的著名書院之一。

2. 舉辦講會

劉元卿的講學主要以講會的形式開展（但不限於講會）。他開始講學是從家會開始，25歲時，即在家族中倡家會，並著《家規》18條。27歲在省城參加鄉試，「時與克所劉公、泗山鄒公、毅所彭公及仲弟上卿謀舉大會，並聯小會，朝夕商證不倦，歌聲徹於館。」〔註3〕此年以全省第五名中舉後，聲名遠播，次年就有臨縣湖廣茶陵州的譚希思、譚子習、尹介卿、彭惟馥等前來納贄拜師。遂講學於里中頂泉寺，從此開啟其獨立授徒、講學之歷程。隨後聯合茶陵學者劉應峰舉辦兩地葵丘之會，又與西里好友趙師孔、賀宗孔、甘則禹、馮夢熊等至里中各姓講學，甚至在洞溪村的書林洞中講學。自復禮書院創辦後，講學步入正軌，從而常規化。復禮書院的講會有大會、同門會、月會。大會面向整個西鄉士民，每年十月舉辦一次；同門會在五月，面向所有同門師友、弟子；月會除了十月、五月外，每月一次，面向參與書院創辦的24姓士民。此

〔註3〕洪雲蒸、顏欲章：《劉徵君年譜》，《劉元卿集》（彭樹欣編校），上海古籍出版社，2014年，第1523頁。

外，還有少量同門參與的不定期的小會。後來創辦的識仁書院等也大體採用這
幾種講會形式，其中各書院大會主要由劉元卿主盟。書院定有會規，現可知者
有《復禮書院會規》《識仁講院會規》《一德會規》。在書院講會的帶動下，書
院外還出現了不少家族（祠堂）、家庭式講會，甚至幾姓聯合的講會。這些講
會或者劉元卿親自主持或參加，或者由其弟子主持。如路溪劉氏祠堂在其弟子
的主持下，先有月會，後改為小會（即每月兩次）；又如他在自家舉辦眾子弟
參與的家會，又曾參與洞溪馮氏家會，並作《懶人會說》以開示；再如他聯合
甘、劉二姓作里仁會，王、嚴、張、謝四姓有一德會。可以說，劉元卿帶動、
推進了整個西鄉的講會，使這一文化、教育落後之區的講會、講學風生水起、
盛況空前，甚至有蓋過安福其他三鄉之勢。萬曆二十二年（1594）劉元卿到京
城任職後，或參與陽明學者舉辦的大會（如萬曆二十五年的靈濟宮大會），或
由弟子發起而由他主盟的同門會、同道會（如萬曆二十四年的京城射所會），
或參與少數同道論學的小會（如萬曆二十五年李文正公祠小會）等。這樣，在
某種程度上又與友人、弟子一起推進了京城的講會。

3. 受邀到各地主盟或主動參與講會

隨著劉元卿學術、思想、教育的聲名的日益擴大，安福縣其他鄉、臨近州
縣的學者不僅慕名而來向其問學請益或互相切磋，而且邀請其外出主盟講會
或講學。當然，他有時也主動外出參與各地講會。隆慶六年（1572）冬，鄒德
涵聯會永新西鄉，劉元卿赴會，並拜訪永新著名學者尹臺，之後又與鄒德涵、
甘雨參與茶陵州茶鄉首次舉辦的講會，與茶陵學者論學。萬曆四年（1576），
湖廣攸縣令徐希明請劉元卿主盟講會，執贄問學者達數十人。萬曆十四年
（1586），又到茶鄉參與會講，並作《茶鄉月會序》，闡發其「不容已」思想。
萬曆十七年（1589），應邀至茶陵輔仁書院、水口廟講學。萬曆二十三年（1595）
八月，受茶陵州守馮諼禮請，會講於輔仁書院，並作《一氣說》，闡發其重要
哲學思想「一氣說」。萬曆二十七年（1599）春，受鄒德溥禮請，會講於北鄉
宗孔書院。萬曆三十年（1602）秋，參與復古書院大會。萬曆三十二年（1604）
正月，受永新縣令莊祖誥之邀，會講於明新書院志學堂，並作《明新紀會》。
萬曆三十三年（1605）九月，王時槐在盧陵西原會館舉辦同門會，特邀其與會。
萬曆三十四年（1606），受門人攸縣洪雲蒸洪之請會講於金仙洞。萬曆三十五
年（1607）九月，赴吉安青原講會。這些外出的講學，加強了與同道的交流，
傳播了他的思想，推動了講會的深入，影響了周邊地區的學風、民風。

4. 禮請同道來書院講學

為促進學術的交流，讓學子接受更多思想的薰染，劉元卿常邀請同道好友前來西里講學傳道，因劉元卿講學的據點主要在復禮書院，故多邀學者在此講學。在該書院創辦之前，他曾禮請安福北鄉黃旦主盟西里楊宅大會，並藉此講會之機倡建復禮書院。萬曆六年（1578）春，延請吉水羅大紘來復禮授業，「集鄉之茂才弟子及鄰楚名士數十人，執經講業數閱月。」〔註4〕萬曆十二年（1584）春，禮安福南鄉王時槐會講於復禮書院。此後王氏還多次來復禮講學。次年冬，又禮茶陵劉應峰會講於復禮，再會於家祠。此外，鄒元標、鄒德溥等也曾受邀來復禮講過學（但具體時間不可考）。這些學者均是著名的陽明學者，黃旦為布衣學者，被稱為鄒守益的「師門顏氏」，羅大紘、王時槐、鄒元標、鄒德溥均為江右王門中後期的代表性人物，劉應峰為湖廣陽明學者（羅洪先弟子）。他們來復禮講學，使復禮成為陽明學的一個重要學術交流平臺，從而活躍了當地的講會和學術風氣，促進了西里教育、文化的發展。

此外，劉元卿還在自己家鄉南溪聯合兄弟和里中人士，置義田，建義館，延塾師教子姓之貧者。因來學者日眾，萬曆十八年（1590）還在自家屋附近建章南館（家學館），以待來學者。這是劉元卿晚年除復禮書院外的又一個重要的教學場所。

二、教育思想

劉元卿不僅是教育實踐家，而且是教育思想家，其教育思想具有較為豐富的內容，總體上主要包括如下兩大內容：

1.「孔子賢於堯舜」的教育價值觀

此言出自《孟子·公孫丑上》，孟子引宰予之言：「以予觀於夫子，賢於堯舜遠矣。」朱熹注引程子言曰：「語聖則不異，事功則有異。夫子賢於堯舜，語事功也。蓋堯舜治天下，夫子又推其道以垂萬世。堯舜之道，非得孔子，則後世亦何所據哉？」〔註5〕程子只從事功方面（即傳堯舜之道）解釋「孔子賢於堯舜」，劉元卿則從多方面闡釋之，使之成為其重要的教育價值觀。從位上說，堯舜為君，是聖王；孔子為師，是素王。前者代表政治家，後者代表教育家。二者均追求行仁道於天下，何以後者賢於前者？

〔註4〕羅大紘：《紫原文集》（卷三），《四庫禁燬書叢刊》（集部第 139 冊），第 567 頁。
〔註5〕朱熹：《四書章句集注》，中華書局，1983 年，第 234 頁。

　　其一，從實踐的主體看，堯舜以君相為仁，而孔子以師友為仁。劉元卿比較二者曰：「孔子而前，堯、舜、禹、湯、文、武、周公以君相為仁。孔子起匹夫，獨以師友為仁。以君相為仁，則所以仁天下者，惟堯、舜、禹、湯、文、武、周公耳；以師友為仁，則人皆可以為堯、舜、禹、湯、文、武、周公。夫使人皆可以為堯、舜、禹、湯、文、武、周公，雖謂其賢於堯、舜、禹、湯、文、武、周公，豈其過也！」〔註6〕就是說，以君相為仁，只能使君相自己成為仁者、聖賢，他們廣施仁政於天下，使百姓受益，而百姓只是仁被、恩澤之對象，故道德實踐的主體只是君臣；而以師友為仁，則是廣施教化，以人治人，意在開啟人心之仁，使人人皆可為堯舜，故人人都是道德實踐的主體。孔子通過師友之間的教化、開啟、點撥，使人認識自己生命的價值，挺立自己的德性人格，使自己成為自己的主人，從而使人取得了主體性地位。

　　其二，從實踐的條件看，堯舜行仁需要各種條件，而孔子行仁則幾乎是無條件的。劉元卿比較曰：「蓋堯、舜學為君，得位而後行之；孔子學為師，大行如是，窮居亦如是。時時可學，時時可教，造化在手，博濟無窮。」〔註7〕又曰：「堯舜得位，則相關之心遂；伯夷不得位而望望然不屑就，無術以就之也；柳下惠不得位而由由然不屑去，無術以易之也；伊尹不得位而棲棲然就桀就湯，無術以自致其相關之仁也。夫伯夷直去之耳，下惠能就之而不能易之，伊尹能易之而不能自致，其為術未神也。孔子遊目於三聖人之外，而獨得乎為仁之方，其心蓋曰使為仁而必藉君相，則不得君相，仁終不流矣。今夫師友，固亦吾之君相也。切之砥之，君相之事備矣；明之覺之，君相之道著矣；引之垂之，君相之則立矣。」〔註8〕就是說，堯舜行仁，需要借助權位，需要賢臣輔佐，需要順應時機，否則無法成功；作為臣子，則需要依靠仁君才能行仁，如伯夷、柳下惠沒有遇到仁君就無法行仁，而伊尹只有易君而臣才能行仁。而孔子行仁，不需要君或臣之位，一介平民就可以設館施教，以師友為君相，素位而行，處處可行、時時可行，無天下而仁天下。

　　其三，從實踐的方法看，堯舜為仁之方是博施濟眾，而孔子則是己立立人、己達達人。元卿比較曰：「博施濟眾，堯舜之所以同仁（按：同仁即為仁也）也，而非孔子之所以同仁也。夫欲立則思立人，欲達則思達人，此人之本心也，

〔註 6〕劉元卿：《穎泉鄒先生七十序》，《劉元卿集》，第 179～180 頁。
〔註 7〕劉元卿：《復禮測言》，《劉元卿集》，第 564 頁。
〔註 8〕劉元卿：《重樂編序》，《劉元卿集》，第 109 頁。

吾如是，人亦如是。此不可近譬而得之乎？故立一人，則人之不立者，斯人將立之矣；達一人，則人之未達者，斯人將達之矣。以一人施天下，則用力甚勞，而其施不得不竭，此堯舜所以病（按：病，心有所不足也〔註9〕）；以天下立達天下，則操術甚逸，而其濟不得不博，此孔子所以不病。病者賢乎，不病者賢乎？斯宰我所以獨高孔子也。而要之，孔子之所以獨賢，誠得其同仁之術之巧者耳。」〔註10〕所謂堯舜博施濟眾，就是以一己之力廣博施行於天下萬眾，就算堯舜用力甚勤，但總有其力所到達不了的地方，故堯舜仍有所不足之處。所謂己立立人、己達達人，就是先成就自己的仁心，然後推己及人再成就他人之仁心。此仁心、本心是一體貫通的，吾如是，人亦如是，通過立達之方使人人各得其仁心、本心，「人各得其真心，則天下平，斯至易至簡之術也，斯孔子操之以開萬世太平者也」〔註11〕。此立達之方操之甚逸，即師傳弟子，弟子為師又傳弟子，己立立人，己達達人，如此不斷地推行天下後世，故能真正地博施濟眾，故孔子無不足也。

其四，從實踐的效果看，在成己、成物以及功業上，孔子均賢於堯舜。劉元卿曰：「自其成己而言，真有賢於堯舜之所以進修者。堯舜得天雖厚，然不能如孔子一生處朋友之中，起予助我，發憤無已時。自成物而言，真有賢於堯舜之所以資益者。堯舜雖得五人，卻原是天生之以贊帝治者，何能如孔子一向陶冶群才，雖勇夫、富賈，率成上賢。自其功在萬世而言，有真有賢於堯舜之所以存心天下者。堯舜得位則仁行，無位者絕望於聖賢之路，自孔子以匹夫提七十子，明道覺世，流仁無窮，萬世之下，莫不知人之皆可以為聖人。」〔註12〕就是說，在成己方面，堯舜是天縱之才，不主要得之於個人修養，而孔子則主要靠個人修養，好學不已、發憤不已。在成物方面，堯舜之臣，非其陶冶而成，而是天賜予者，而孔子則成就了一大批人才，所謂七十二賢人，且大都來自中下層士人。從功業看，堯舜可以施仁政於民眾，但不能使民眾走上聖賢之路，且其功僅在一世，而孔子則是開啟人之仁心，使人知人皆可以為聖人，且仁流無窮，功在萬世。

從以上各方面看，劉元卿認為「孔子賢於堯舜」，其隱含的意思其實是說教育家、文化人高於帝王將相，前者所從事的事業也優於或高於後者。這是對

〔註9〕朱熹：《四書章句集注》，第92頁。
〔註10〕劉元卿：《同仁書院記》，《劉元卿集》，第230頁。
〔註11〕劉元卿：《擬試策一道》，《劉元卿集》，第19頁。
〔註12〕劉元卿：《答甘以光》，《劉元卿集》，第72～73頁。

教育、文化價值的高度肯定，同時也是對權位、權力的委婉批評。這也是劉元卿對自我人生價值的認定。他為官時間不到五年（按：雖跨五個年頭，實際為官時間只有三年多），幾乎終生從事教育事業，且如孔子般不厭不倦地投身於辦學、講學中。應該說，對於這種教育人生，劉元卿是自我滿足的，其釋孔子之言曰：

> 其（即孔子）自言曰：我時習此學而悅，朋來共學而樂，人雖不知而不慍也。夫且不知不慍，而又何必於得位？是故日與二三子，為政於洙泗之上，不問治亂，不關進退，赤身扶元，化為萬世開太平。〔註13〕

人生能如此，何必要追求權位？又有何遺憾呢？這雖是說孔子，其實也是劉元卿自己的「夫子自道」。這種觀念也是明中後期以來，士人的人生價值的一種重要轉變，即由「得君行道」轉向了「覺民行道」。劉元卿可謂為「覺民行道」找到了人格典範及重要的理論依據，即孔子其人及「孔子賢於堯舜」之說。

2. 教育即是仁教

劉元卿的教育思想與仁學思想交融在一起，在本質上是不可分，只有由於現代學術言說的需要而分之。上述其教育價值觀即與其仁學思想相關，此專論其融合仁學的教育思想。可以說，其教育思想主要是對儒家仁學（或仁教）思想的闡釋、發揮和豐富。其教育無關乎科學知識，本質上是仁教，是仁德之教、仁愛之教、人性之教，目的在於使天下同歸於仁。劉元卿的仁教思想主要包括如下五個方面的內容：

其一，為學首在辨志（志仁）。「辨志說」首發於陸九淵，其辨志在於「義利之辨」，志於義為君子，志於利為小人。劉元卿繼承了這一思想，提出「吾儕為學，須先辨志者，辨大人之事、小人之事」〔註14〕，即為學須先辨別何者為小人之事，何者為大人之事，從而選擇大人之事。他認為，小人之事易知（按：無非為個人衣食、名利謀），而大人之事難知。何謂大人之事？「居廣居，行大道，斯大人之事也……夫大人之事曰仁與義，殺一無罪，惻然而不忍，非其有取之，艴然而不為，人皆有是心也。達之於所忍所為，此為大人而已矣。是故得志，則以此澤加於民，是為大人在上位者之事；不得志，則以此修身見於

〔註13〕劉元卿：《願學堂銘》，《劉元卿集》，第 503 頁。
〔註14〕劉元卿：《尚志會籍引》，《劉元卿集》，第 376 頁。

世，是為大人在下位者之事。」〔註15〕也就是說，大人之事就是仁義之事或行仁義之事。他又認為，擇術就是要選擇處仁而非處不仁：「擇學術者，無如處仁。處仁者知仁無盡，為仁之功亦無盡。愛人不親以反其仁，行有不得皆反諸己。其身正而天下歸之，是役天下之術也。孔子處仁，七十子中心悅而誠服焉，蓋其驗已。處於不仁者，一副精神只在人身上尋覓，全不幹當自己事，到底來人亦絕不親附，是為人役之術也。恥為人役，則莫如為仁。仁豈有他道哉？反己而已。」〔註16〕所謂擇術（也稱慎術）就是辨大人之事、小人之事，為大人之事就是處仁，為小人之事就是處不仁。比較而言，陸九淵「義利之辨」重在說義，而劉元卿「辨大人之事、小人之事」重在言仁，雖有時仁義連說，核心仍是仁。如此，為學辨志就是要志仁、處仁、行仁，就是「精神歸著一處，真正研磨孔孟血脈，步步踏著孔孟路徑」〔註17〕。

其二，學與教之本體或內容為仁。仁是劉元卿哲學的核心概念之一，而仁與學、教之關係密切。劉元卿曰：「說個『仁』字，真是天地此仁，萬物此仁，吾身此仁，原無自他可分，亦無今古可間。吾輩今要求仁，工夫無處說起，故孔子於此只得點個『學』字。見得心量原無窮，吾學亦無窮，此方是大工夫。然此『學』字，又非空空茫茫無著落。蓋學也者，所以學為君也，所以學為師也。欲明君道，須明師道，故學即在教上，學此，方是大學術。即教以學，即學以教，用以此行，捨以此藏，不假權勢，其仁常流。」〔註18〕就是說，仁在天地萬物（包括人）之中，無人我之分，無古今之間，是一個形上本體，為仁工夫在於學，仁即在學中。如何學？學是學為君、學為師。而君師即是仁之主體，其精神就是行仁於天下，其手段就是教、就是讓人學。故學是為了教，教是為了學。如此，為仁之功，在於學，亦在於教。劉元卿又認為，仁即人之本心、仁心，「默識此心，本通天下，本貫萬世，直欲與天下萬世之人歸於善則已矣。以此學，即以其學為教；以此教，即以其教為學。……故曰惟孔子識仁。」〔註19〕所謂「以此學，即以其學為教」，是說以此仁作為學的內容，就是以此學的內容（即仁）來教人；所謂「以此教，即以其教為學」，是說以此仁作為教的內容，就是以此教的內容（即仁）來使人

〔註15〕劉元卿：《尚志會籍引》，《劉元卿集》，第376～377頁。

〔註16〕劉元卿：《慎術解》，《劉元卿集》，第391頁。

〔註17〕劉元卿：《又（柬劉喜聞）》，《劉元卿集》，第46頁。

〔註18〕劉元卿：《復趙德父》，《劉元卿集》，第66頁。

〔註19〕劉元卿：《識仁書院記》，《劉元卿集》，第220頁。

學。如此學與教的內容即是仁，所謂學與教就是直接默識、體證此仁心之通天下、貫萬世、止於至善。總之，在劉元卿看來，仁是本體，學與教是工夫，或仁是內容，學與教是手段，仁體現於學與教中。

其三，教學之方。上文言「孔子賢於堯舜」，其中原因之一是，從實踐的方法看，堯舜為仁之方是博施濟眾，而孔子則是己立立人、己達達人。其實，在劉元卿看來，己立立人、己達達人，是為仁之方，也是教學之總方、總則，教與學無非是立達之事。同時，他又認為「教無定術，醫不執方」，主張因病施藥，因材施教。如其曰：「吾人眼底看得聖賢太高，是害虛怯症，須服大承氣湯；看得俗人太低，是害嘔吐症，須服平胃散。看得自己渾身是病，是害憂疑症，須服朱砂定心丸；看得自己渾身無病，是害麻木症，須服消風敗毒散。看得此道太玄，耽無溺妙者，是名脫陽症，須用參著補中益氣；看得此道太淺，不著不察者，是名青光眼，須用金針撥轉瞳人。故教無定術，醫不執方。」〔註20〕這是用比喻的說法針對不同人的毛病，提出不同的救治方法。故劉元卿肯定孔子教學的靈活性，而批評當時學者教人只言「良知」「致知（致良知）」：「孔子以仁為宗，而《魯論》二十篇中，未嘗語語揭仁之。雖未嘗語語揭仁，而語語仁也。懿子問孝，告之無違，他日所以語武伯者，迥乎與無違旨遠矣。子游問孝，告以敬養，他日所以答子夏者，迥乎與敬養之旨又異矣。藉第令語道於今日，必以為捨良知無本體，捨致知無工夫……今有人問孝，而告之曰致良知，此亦無不可者。然執人人之手，而教之曰良知良知，則懿子聆焉而武伯可以退矣，子游聞焉而子夏可以出矣。教亦多術，何必若是其局且拘乎？」〔註21〕其實這也是對王陽明的批評，陽明認為自己「除卻良知」，別無所講〔註22〕。不過，劉元卿也提倡常用之方，「若顏之『四勿』，孔之『四君子』，可謂仁之方也已，不拘冷熱，服之神效。」〔註23〕「四勿」，即「非禮勿視，非禮勿聽，非禮勿言，非禮勿動」（《論語·顏淵》）；〔註24〕「四君子」，即「君

〔註20〕劉元卿：《書郁秋渠扇》，《劉元卿集》，第485頁。
〔註21〕劉元卿：《題復古紀事》，《劉元卿集》，第490頁。
〔註22〕王陽明：《王陽明全集》，上海古籍出版社，2011年，第228頁。
〔註23〕劉元卿：《書郁秋渠扇》，《劉元卿集》，第485頁。
〔註24〕按：劉元卿特製「四勿湯」以藥人：「五色令人目盲，人能非禮勿視，是醫眼妙方；五聲令人耳聾，人能非禮勿聽，是醫耳妙方；多語令人口噎，能非禮勿言，是養氣妙方；妄動令人體疲，人能非禮勿動，是養身妙方。此吾孔氏『四勿』湯也。」見：劉元卿《書藍秀南扇》，《劉元卿集》，第486頁。

子之道四焉：其行己也恭，其事上也敬，其養民也惠，其使民也義」（《論語·公冶長》），是指君子四個方面的為人之道。

其四，師友（弟）間教學之樂。自周敦頤提出尋「孔顏之樂」以來，樂學一直是宋明儒者一個重要的主張，王艮甚至創作《樂學歌》以總結為學之樂。所謂樂學，本質上是反求生命本體之樂，也就是說樂學是對生命本體的體證、覺悟，只有見體、見道才能得真正的生命之樂。劉元卿當然受到這一主張的一定影響，但其關於教學之樂的思想主要來自對《論語·學而》「時習」章、《述而》中「學而不厭，誨人不倦」「為之不厭，誨人不倦」的創造性闡釋。劉元卿曰：「蓋古之學者必有師，言學即學於師也。故傳習以時，夫子以為悅；朋來自遠，夫子以為樂；得師友而遯世不見知，夫子以為不慍。不慍者，言乎以師友為仁，固不藉名位，不求聲聞也。彼其所重、所樂在為仁，故其所取以為仁者在師友。」〔註25〕此言師友（弟）間教學相長、交流之樂，此樂的關鍵在於相互間都在為仁，而為仁不藉名位，亦不求聲聞，此間固有真樂在也。此為仁之樂又何在？在於此學不厭，此教不倦。劉元卿認為，「仁道至大」，學是學此仁，「學則不厭，默識其萬物備我者而全之，故不厭也」；教是教此仁，「教則不倦，默識其萬物皆我者而公之，故不倦也。」〔註26〕又曰：「故學也者，長養微陽之真舟也。從此用力愈約，而進機愈無窮……學惟無量，故不厭；教惟無方，故不倦。」〔註27〕正是見得仁道至大、心量至大，即默識、體證到心與天地萬物一體，生命進入無限廣闊之境，從而脫離了狹小的自我，故學才不厭，教才不倦。不厭不倦就是至樂之境，此樂是師友（弟）間共之，與天下人共之，乃世間之大樂也。

其五，為學如探海攀天。劉元卿認為，所謂學者，即仁學也。關於仁，其曰：「仁也者，吾人之生理也，探之無朕，達之無垠。」〔註28〕又曰：「仁道至大，本無一物不備，亦無一物不體。」〔註29〕正因為「吾仁之本通天下、本貫萬世」，「仁無盡」，故「為仁之功亦無盡」。〔註30〕「為仁之功」即是為學，對此，劉元卿曰：「為學如探海，如攀天，遊乎無窮，本無所及也。故學如不及，

〔註25〕劉元卿：《重樂編序》，《劉元卿集》，第108～109頁。

〔註26〕劉元卿：《復王微所丈》，《劉元卿集》，第41頁。

〔註27〕劉元卿：《報徐魯原老師》，《劉元卿集》，第34頁。

〔註28〕劉元卿：《賢奕編》，《劉元卿集》，第1410頁。

〔註29〕劉元卿：《復禮測言》，《劉元卿集》，第562頁。

〔註30〕劉元卿：《君子所性》《慎術解》，《劉元卿集》，第502、391頁。

猶恐失之，況自以為及，寧有及乎？孔子學不厭，默識其無所及者而學，故不厭也；教不倦，默識其無所及者而教之，故不倦也。伯夷及乎清，下惠及乎和，清和之外，學則厭、教則倦矣。厭與倦，皆不可已而已者。不可已而已也，不仁者也。惟不能默識吾仁體之全，是以有所及，必有所不及。學至於無所及，斯其及大矣。」〔註31〕此言為學如探海、如攀天，無有止境，孔子正是學無止境的代表，而伯夷止於清、柳下惠止於和，是有止境者，學至於無所及、無止境才是「大」學。為學是仁心的不斷擴大，「仁，人心也。求之念，譬之猶浚井也；求之家，引而之川也；求之立人達人，引而之海也。海則無盡矣，觀於海者難為水，孟子蓋識之也。」〔註32〕孔子講立達工夫，是「己欲立而立人，己欲達而達人」（《論語‧雍也》），僅己立己達還不夠，必須立人達人，人以及人，立達無盡，才是學之無盡。「為學如探海、如攀天」，本質上是指其學走出個體狹小的自我，通向了家國天下、宇宙萬物，也通向了過去與未來，通向了無窮無盡的生命境界、天地境界。

總之，仁學滲透、貫穿於劉元卿教育思想的方方面面（主要包括教育的目的、內容、方法、成效、境界等五個方面），使其教育成為其仁學的具體體現，使教育本質上成為一種仁教體系，從而一方面豐富了其仁學思想，另一方面又深化了其教育思想。

〔註31〕劉元卿：《書箋贈劉執甫》，《劉元卿集》，第470頁。
〔註32〕劉元卿：《識仁講院會規引》，《劉元卿集》，第369頁。

第八章　論劉元卿的禮學實踐與思想

　　劉元卿是明代王學重鎮江右王門中後期代表性人物之一，既是心學大家、教育家，也是禮學大家，曾任禮部主事四年。其所辦第一所書院名復禮書院，就與禮密切相關。其禮學思想與實踐影響深遠，至今其故鄉江西省蓮花縣上西片，民間所用禮制仍被聲稱為「瀘瀟禮規」或「復禮禮規」，其主要禮制、禮儀可謂沿用至今。劉元卿為官時間甚短，其一生事業主要是在家鄉覺民行道，化民成俗，安頓人心，重整民間社會秩序。為此，一是靠辦學、講學，傳播陽明心學，一是靠禮學，建立民間禮教制度、禮儀規範等，而後者又受到前者的影響，即其心學思想滲透其禮學思想與實踐中。可以說，劉元卿禮學具有鮮明的心學化特色，尤其是將王陽明的禮學心學化思想加以了進一步推進、深化和具體落實，在禮學史上具有獨特的貢獻。而其禮學實踐與思想目前尚未有專門研究，故值得探討。因行文內在的邏輯，先論其禮學思想，再論其實踐活動。

一、禮學思想

　　劉元卿的禮學思想具有豐富的內容，其中又與其心學思想交融在一起，總體而言，主要包括禮之本（體）與用兩個方面的內容。

1. 禮之本（體）

　　禮不僅僅是外在行為規範、儀制器具等形式具文，而且有內在的本質、根源、本體。所謂「文質彬彬」，然後才構成完整的禮。《論語・八佾》載：「林放問禮之本。子曰：『大哉問！禮，與其奢也，寧儉；與其易也，寧戚。』」林放向孔子詢問禮之本，孔子沒有從理論上闡釋何謂禮之本，而是以現象學的方

式，告知他與其重視繁文縟節，不如注重內在的情感，也就是說後者才是禮之本。孔子又曰：「禮云禮云，玉帛云乎哉？樂云樂云，鍾鼓云乎哉？」（《論語‧陽貨》）這是向人追問禮之本。但孔子終究未對禮作形而上的理論分析。當然，我們通觀《論語》可知孔子禮之本在仁。孔子之後，儒家關於禮之本的探討，出現了一個重要的見解，即禮之本為理。《荀子‧樂論》曰：「禮也者，理之不可易者也。」《禮記‧仲尼燕居》曰：「禮也者，理也。」張載曰：「蓋禮者，理也。」〔註1〕影響最大是朱熹的「禮者，天理之節文」〔註2〕，禮之本是天理，而具體的禮則是其節文（即禮儀規範、行為等）。如此，對禮之本已上升到形而上的思考，指出了禮的本質、本體在於理，即以理或天理來主導人的禮儀規範、行為等，如此禮學理學化了。到了王陽明，則將禮之本體——天理直接理解為本心或良知。其曰：「夫禮也者，天理也。天命之性具於吾心，其渾然全體之中，而條理節目森然畢聚，是故謂之天理。天理之條理謂之禮。」〔註3〕此處之天理是指本心或良知之天理，實即本心或良知，如此王陽明將禮學心學化了，從而扭轉了以朱熹為代表的禮學理學化的傳統。

劉元卿關於禮之本的見解不同於荀子、朱熹等，而遙接孔子，直承王陽明，進一步將禮學心學化。他關於禮之本質或本體的最早探討，體現在創辦復禮書院的次年（30歲）所撰寫的《復禮書院記》中。該文曰：「夫性周六合，在人間則為禮。性也者，不可得致力者也；禮也者，可得而致力者也。然性雖不可得而致力，而經禮三百，曲禮三千，皆性也。故視聽言動一歸於禮，雖謂之致力於性可矣。聖人罕言性而雅言禮，所謂中道而立，超乎二氏，而為萬世之宗旨者也。」〔註4〕就是說，性遍布宇宙六合，為形而上者，下降人間而為形而下者則為禮，人間種種禮（所謂「經禮三百，曲禮三千」）皆為性之流出。性作為本體，不可致力，而禮可致力，致力於禮就是致力於性。至於性的具體內涵為何，該文未作具體解釋，且禮與性有二元之分。

中年以後，劉元卿受乃師耿定向「不容已」思想的影響，將其融入自己的禮學思想中，從而對禮之本有了更深入的認識。「真機不容已」是耿氏的重要思想，「真機」是指仁體、本心，所謂「真機不容已」是說人之仁體、本心自

〔註1〕張載：《張載集》，中華書局，1978年，第326頁。

〔註2〕朱熹：《朱子語類》（三），中華書局，1986年，第963頁。

〔註3〕王陽明：《博約說》，《王陽明全集》（上），上海古籍出版社，2011年，第297頁。

〔註4〕劉元卿：《復禮書院記》，《劉元卿集》，上海古籍出版社，2014年，第218頁。

有一種沖創不已的道德創造力量。〔註5〕劉元卿接受了這一思想，認為「仁根於心」，「根於心，故其見親也，其色怡然，其容盎然，其手舞足蹈不自知其然。」〔註6〕而人心自不容已：「人心之必惻隱、必羞惡、必辭讓、必是非，父子之必親，君臣之必敬，夫婦、長幼、朋友之必別、必序、必信，譬諸日之必照，火之必然，水之必達也。」〔註7〕在劉元卿看來，不容已之心，即不容已之性，即不容已之仁。〔註8〕他將這一思想融入其禮學中，認為禮之本就是不容已之心、不容已之仁。他說：「孔子曰『克己復禮』，曰『親親之殺，尊賢之等，禮所生也』，蓋直指人心之真機而言耳。心之真機，自視自聽，自言自動，自等自殺。事不能盡知，不知則問，即問即禮也。聖人之言禮，深乎！深乎！耿仲子云：『若亡若虛，禮之真機也。』或人但以考究於方冊為知禮，而不知吾之所以能思、能索、能攻究者，即禮之本已。」〔註9〕所謂「吾之所以能思、能索、能攻究者，即禮之本」，也即人心之真機（不容已之心）。此不容已之心自然發為各種合禮的行為、規範，這才是禮之本質、本體。一般認為，禮一旦成為外力的規範、準則，就會對人形成某種束縛、壓制，荀子就認為人性本惡，故需要用禮來制約人性。但也必然會出現反禮法之行為，如魏晉時的「竹林七賢」。劉元卿基於不容之心，認為經禮三百、曲禮三千，皆從心體、性體中流出中，那些具體禮節、規範、器具自是不容不安排布置者，自是不容已之心所發出者。於是批評了視禮為桎梏、束縛人者：「後來學之者，謂天親為假合，流為虛亡寂滅；謂禮法為桎梏，流為恣肆放誕。唐晉之間，病症居然顯見矣。」〔註10〕又，朱熹等人視禮之本為理或天理，當然樹立了禮之崇高、尊嚴、必然性，好像不能不遵從、不得不遵從某種外在的絕對命令，但這樣的禮畢竟與人有距離，讓人不親、不愛。劉元卿將禮學心學化，使其本質成為一種發自內心的不容自己的道德情感、道德力量，這樣將視禮為束縛人的外在規範或絕對命令中解放出來，使禮變得可親可愛。可以說，將禮學心學化，劉元卿顯然比王陽明更為徹底，因為陽明禮之本仍有天理的影子，只是暗中轉化為本心或良知

〔註5〕按：關於耿定向的「真機不容已」思想，張斯珉《衛道之學——明儒耿定向思想研究》（中國社會科學出版社，2017年）第三章有詳細論述，可參考。

〔註6〕劉元卿：《君子所性》，《劉元卿集》，第502頁。

〔註7〕劉元卿：《行滿禪者墓記》，《劉元卿集》，第247頁。

〔註8〕彭樹欣：《體用合一論：劉元卿的儒學立場與特色》，《江西社會科學》，2018年第8期，第15頁。

〔註9〕劉元卿：《復禮測言》，《劉元卿集》，第559～560頁。

〔註10〕劉元卿：《與和甫弟》，《劉元卿集》，第74頁。

之天理，而劉元卿直接視禮之本為不容已之心，其中自有一種沖創不已的內在力量。

劉元卿又認為，「郊社宗廟之禮達乎諸侯、大夫及士、庶人，而皆原本於一飲食不忘其始之心。是一飲食不忘其始之心，即吾不容已之仁也。故明乎是心，斯明乎郊社之禮、禘嘗之義矣……諸君子誠舉其儀而苟不能推極不容已之心，則廟貌之崇為觀而已耳，盥薦之節為文而已耳。」〔註11〕也就是說禮（此指祭禮）之本在於不容已之心、不容已之仁，如果失去此本，禮徒具形式而已。故認為僅僅習於威儀之末，僅僅只有外在容貌之恭敬均不達於禮之本。然而，有人產生了疑問：「必以為根於心之不敢忘而無關鬼神，則禮無乃虛乎？而祭無乃為偽乎？」劉元卿回答道：一飲食不敢忘之心，即是鬼神，即是誠，誠者天之道，也就是鬼神之道，「天也，誠也，鬼神也，皆吾不容已之仁也。若曰此為誠，彼為神，是猶二之也。」〔註12〕如此，天也，鬼神也，誠也，不容已之心，不容已之仁，不容已之性，不容已之禮，一體而化，並將天地鬼神也收歸於不容已之心中，從而去掉了祭禮的神秘化而徹底心學化了。這樣，依不容已之心而行，即是性，即是禮，禮與性不再有早年《復禮書院記》中的二元之分。早在孔子，就是看出了周禮至春秋時，徒具其文而其質喪失了，故將仁融進禮。劉元卿顯然繼承了這一思想。只是孔子之仁的意蘊豐富，故禮之本究竟為何，孔子雖已指出為內在的情感，但內涵顯然不限於此。內在的情感當然與心相關，劉元卿則直指禮之本為不容已之心；此心，即性，即仁，即禮。也就是說，禮之本（體）乃心體，也即性體、仁體，如此禮體、心體、性體、仁體為一。

2. 禮之用

禮的具體展開是實踐，涉及工夫問題。劉元卿關於禮之用的問題，主要包括如下兩個方面：首先，以禮指導、範正人的一切行為。於民間而言，禮主要指冠、婚、喪、祭四禮，但劉元卿在理論上將禮推向一切生活領域，將人的所有行為均納入禮的範圍。他在答有人問「克己復禮」時曰：「耳目身口，形也；而所以視聽言動者，禮也，視聽言動自有天則……仁者不恣情縱慾，亦不揉情塞性，順帝之則，不失其度，是謂視聽言動，皆歸於禮。禮者，天也，人同此天，故人皆歸仁。任天之便，為仁由己……至以視聽言動，點出人面目；又拈

〔註11〕劉元卿：《楊宅趙氏祠堂記》，《劉元卿集》，第222頁。
〔註12〕劉元卿：《楊宅趙氏祠堂記》，《劉元卿集》，第222頁。

禮字，點出人心髓。其所以發揮人道，亦大透泄矣。」〔註13〕就是說，視聽言動（可概指一切行為）皆納之於禮，禮是視聽言動之則。依於禮而行，雖然其中包括各種禮文、儀制等，但禮者即天，所謂天，即不容已之心（「吾人日用不容已處，即天也」〔註14〕），故視聽言動之準則是不容已之心。如此，一切行為納之於禮，也即歸之於不容已之心，故曰「又拈禮字，點出人心髓」，從而將禮心學化了，日用化了。禮就不僅僅是指已經形式化的各種禮（在民間主要是冠、婚、喪、祭四禮），而是包括不容已之心通達到的一切行為。如果將一切行為納之於禮，歸之於不容已之心，那麼就需要時時處處用禮。故劉元卿認為禮（樂）不可斯須去身，他就講學時的情形對學者說：「只今在坐，雍雍肅肅即禮，歌詩誦書即樂，何嘗斯須去身？」〔註15〕只是我們平時對於自己的行為習焉不察，如果察之於心，則天下萬行無往非禮，無往不在本心之照察下。所以，劉元卿對於民間重葬禮、祭禮而不重生事父母的現象提出了嚴厲批評，認為此實不知禮，故應重葬、祭時之心，並將此心推之於生事父母，推之於一切視聽言動之中。《中庸》曰：「明乎郊社之禮、禘嘗之義，治國其如示諸掌乎。」在劉元卿看來，郊社之禮、禘嘗之義，之所以所以能通於治者，就在於通過這種祭祀來激發人內在的孝敬仁愛之心（也是不容已之心），從而通之於一切日用人倫之行為中，如此國乃治。如果僅僅是一套祭祀的形式，最隆重也無補於世道人心，無補於人間治道。

　　其次，禮之用作為工夫如何貫徹於一切行為。在劉元卿那裡，有兩條路可走，一是以工夫（禮）復本體（心性），一是以本體（心性）直達工夫（禮），實質上最後二者合一。對於前者，劉元卿曰：「此德性在我，本自廣大，而又未嘗不精微；本自高明，而又未嘗不中庸；本自現成，而又未嘗不自新。惟君子能尊之，尊之之功，只在敦厚而以崇禮。」〔註16〕此處所謂德性，即心即性，即本體，如何尊此德性（即保任此本心本性），在於崇禮，即以禮之用來達成。而禮無所不在，「禮卑法地，如地之博厚，大大小小無不入，高高下下無不到，君子於此而問焉；若無若虛，若決江河，於此而學焉。察言觀色，慮以下人，居上為下，處治處亂，一秉於禮以行之。明哲煌煌，旁燭無疆，保其身□保四

〔註13〕劉元卿：《復禮測言》，《劉元卿集》，第 561～562 頁。
〔註14〕劉元卿：《答賀天衢》，《劉元卿集》，第 50 頁。
〔註15〕劉元卿：《戊戌識仁冬會記》，《劉元卿集》，第 405 頁。
〔註16〕劉元卿：《復禮測言》，《劉元卿集》，第 559 頁。

海，天地位，萬物育，又焉往不宜哉？」〔註17〕依禮而行，無往而不宜，生活處處順適，以至天地萬物位育。生活中的一切行為皆秉禮而行，「故惟禮崇則德尊，德尊則道凝，是之謂致廣大而盡精微，是之謂極高明而道中庸，是之謂溫故而知新，一崇禮則已矣。」〔註18〕所謂德尊道凝，即是本體恢復而呈現其原初狀態，即本自廣大而精微，本自高明而中庸，本自現成而自新，此皆是崇禮（用功）而後至者。對於後者，劉元卿曰：「德本廣大、本精微、本高明、本中庸，所謂故也，學問以溫之，則德性之知日新，吾心之忠信篤厚，始貫通於三千三百之中而禮乃崇。」〔註19〕就是說，如果心性本體（此處德性之知、忠信篤厚之心皆本體也）復，則本體自然貫通於三千三百之具體工夫中。一旦工夫至（即禮崇），「則居上居下，處治處亂，無往非禮，此身恒在明哲之中。」從而成就一個和諧而具生機的世界，而此「不過實是以吾身凝承發揮，非徒懸空擔當而已」。〔註20〕所謂「吾身凝承發揮」，即是指在直接在本體上用功，即以本體（心性）直達工夫（禮）。其實，後者是前者的必然結果，即以工夫復本體，本體明，則本體自然達於工夫中。總之，禮之用，其根本工夫不過是以不容已之心（本體）貫通、滲透於一切行為（廣義之禮）中而已，此心即性，即本體即工夫，亦即工夫即本體，體用合一。如此，禮之具體工夫問題也心學化了。

二、禮學實踐

上述禮之用，當然是實踐問題，但還只是在理論上說實踐，下面將展開其具體的實踐活動，看看劉元卿如何將禮學、禮教推行於民間。劉元卿雖將人之一切行為納之於禮的範圍，但實際的禮學實踐、推廣主要定在冠、婚、喪、祭「四禮之學」中展開的，畢竟此四者涉及具體的程序、規範、器物等具體形式問題，也需要講究。但不管如何講究形式，心學思想是其靈魂。可以說，王陽明的禮學心學化主要還停留在理論階段，其禮學實踐並不多〔註21〕，而劉元卿則將禮學心學化思想加以了具體的推進、落實，禮學實踐是其一生一大重要的教化內容。

〔註17〕劉元卿：《復禮測言》，《劉元卿集》，第 559 頁。

〔註18〕劉元卿：《復禮測言》，《劉元卿集》，第 559 頁。

〔註19〕劉元卿：《戊戌識仁冬會記》，《劉元卿集》，第 405 頁。

〔註20〕劉元卿：《戊戌識仁冬會記》，《劉元卿集》，第 405 頁。

〔註21〕按：王陽明處虔州時，也有詩禮之教，但終陽明一生，禮學實踐並不多。

劉元卿 29 歲時創辦復禮書院，書院除辦學、講學外，另一個重要的功能就是制定禮制、禮儀，演禮習禮，並向民間推廣，從而通過禮教來改變安福西鄉原來「上富競勝，人重使氣」〔註22〕的民風。有人云：「（劉元卿）居鄉揭『四禮』以教後學，俗為之一變。」〔註23〕劉元卿在復禮書院舉辦的禮學實踐，不僅影響了當時安福縣西鄉一帶（至今蓮花縣民間仍在沿用「瀘瀟禮規」〔註24〕），而且波及周邊縣，如永新、攸縣、茶陵、萍鄉等。劉元卿的弟子遍布安福、永新、攸縣、茶陵、萍鄉等，這些弟子除了向他學習舉業和陽明心學外，必然也會多多少少學習具體的禮制、禮儀，因為書院不僅平時有禮之講習，而且各種講會一般也會演習禮。據劉元卿《陳布衣傳》記載，萍鄉人布衣陳守中及其子弟常來復禮書院向他學禮，從而改變本地風俗：「鄉（指萍鄉一帶）故樸陋，不知有喪祭禮。君（即陳布衣）從吾鄉手抄祠祭儀，歸與家人肄習之，時為贊祝，時為祭主，務令人人著於禮節乃已。每予為會，輒攜一二子弟自隨，比再會，又易一二人。久之，人皆閑於度，若素習也者，亦不知其所從化矣。」〔註25〕

劉元卿還編撰、刻印與禮相關的書籍，如《禮律類要》和《南溪劉氏家政》。關於前書的內容，《禮律類要序》曰：「我國朝以德出治，而《大明會典》與《大明律例》並行於世，若日月之相代。然予鄉陋士民之家，未必盡得其書，即得之，未必盡繹其旨，通其詞。予故特取四禮之切於日用與五刑之最著而易犯者，各類其要為一帙，合名曰《禮律類要》，刻而流之人間，俾咸知大禮、大法，共相趨避云爾。」〔註26〕此書分兩部分，一是禮，一是律，其「四禮」之內容取自《大明會典》相關章節之切於日用者，使國家之大禮民間化、簡約化，從而易於通行民間社會。《南溪劉氏家政》則是一部關於家族儀禮、規約之書，其主要內容應是禮。鄒德溥《南溪劉氏家政序》曰：「余悲夫世之置天下於糾墨質鐵，慨然想見成周之治，思以禮教達諸天下而不可得。乃余友劉調甫氏，以禮為其宗坊，考於遺訓，咨於故實，悉定其家之祭典為儀，因申以族約，廣以《三禮》，綴以義田之約，合而題之曰《南溪劉氏家政》。」〔註27〕此書所載

〔註22〕劉元卿：《復禮書院記》，《劉元卿集》，第 217 頁。
〔註23〕劉元卿：《劉元卿集》，第 1556 頁。
〔註24〕按：安福西鄉分上西鄉和下西鄉，其中上西鄉為現在蓮花縣上西片，下西鄉為現在安福縣西鄉片。
〔註25〕劉元卿：《陳布衣傳》，《劉元卿集》，第 256 頁。
〔註26〕劉元卿：《禮律類要序》，《劉元卿集》，第 96 頁。
〔註27〕鄒德溥：《南溪劉氏家政序》，載《劉元卿集》，第 1585 頁。

之禮為祭禮，目的是將祭禮規範化、固定化，從而達到教化族人的目的。惜乎此二書現均已亡佚。

劉元卿重點在安福西鄉一帶推行「四禮之學」，並對原來的舊禮、陋習加以改革，從而敦厚民俗，風行教化。他作《正俗十四條》，其中第一條為「重禮教」，具體內容如下：

一、重禮教。冠昏喪祭，禮之大者。禮教不明，俗之未善無惑也。

1. 冠禮。本會舊規次，四日演習冠禮。然至今各姓行冠禮者尚少，此後須循《家禮》舉行。戒賓不必顯貴，即於朋友中擇威儀端莊、禮文閑熟者為之儐贊；執事者不必衣冠士，即族戚子弟中能習禮者，可訓演行之。惟從簡薄，庶可永久通行。

2. 昏（婚）禮。婚者合二姓之好，為宗廟主，蓋大典也。近時議婚者，論聘禮多寡，幾於為賈矣。及將婚，則又厚索食禮，甚至婚家鬻產以娶婦，婦方入門，而俯仰已無資食，是誠何心哉？文中子曰：「婚娶論財，夷虜之道。」又安忍吾同會之重利而輕義也？

3. 喪禮。喪為送死大事，須以哀痛惻怛為本。近睹里俗，居喪之家，鳴金伐鼓以迎弔賓，刲羊屠豕以張飲宴，招僧供佛以求追薦，侈費不可勝言。俗習既久，浹人骨髓，稍有敦古者，即群起誚之。故喪主精神只在儀節上檢點，並哀衰忘之矣。至葬之日，多裝飾無益虛文，以求美觀；動費不貲，題主祠后土。皆借榮達官，致忽慢壙事。此習俗之漸靡，為日久矣。今會中諸君志於復古，務須倡行古禮，一洗陋習，勿畏他人非笑，毋張鼓樂，毋布葷筵，毋作佛事。此不惟節省費用，亦所以明孝思也。

4. 祭禮。至於祭禮，尤須講習。今各大家合祠而祭者，所在而是。然不明小宗之法，往往聚主於祠，及至祭祀，殊不清楚。且四代之祭已為僭矣，而四代之上又多不祧，以至前後相壅滯，幾於以祠堂為藏主之壑。此非小失也，宜漸次講明行之。

凡此四禮之大，皆關係風教，倘能翕然倡行，使幼者漸知禮義，所謂還斯世於唐虞，其在斯夫！其在斯夫！〔註28〕

〔註28〕劉元卿：《正俗十四條》，載（清）賀恢《愛蓮編》，中國財富出版社，2015 年，第 282～283 頁。按：為使醒目，「1. 冠禮」「2. 昏禮」「3. 喪禮」「4. 祭禮」為筆者所加。

　　劉元卿的「四禮之學」主要參照朱熹《家禮》和《大明會典》，並根據民間實情而作了較大的變革，總體上更為簡易。其基本精神乃本不容已之心，具體而言即本孝敬之心、哀痛之心、虔誠之心而行，即禮之心學化。如對於喪禮，舊有之習俗乃大張旗鼓，大擺筵席，裝飾虛文，喪主只注重一點禮節，反而忘了喪禮的基本精神在於心之哀痛惻怛和孝思。劉元卿認為，應「務須倡行古禮，一洗陋習」。

　　關於祭禮，劉元卿尤為重視，因為民眾不懂祭祀之禮，造成祭祀的混亂，於是制定了具體祀儀。其中郡祠、始祖祭祀的典儀保存在《密湖劉氏族譜》〔註29〕和《密湖劉氏族譜南溪支譜》中，其祀儀與朱熹《家禮》和《大明會典》相比，有較大變化，且比二者更為簡易。劉元卿不僅簡化了細節，而且尤為強調心之誠敬，其《祀儀》云：「『先儒曰：有其誠，則有其神。』言祭貴能感，非以俎豆為恭也。譬如設酒延客，主人待不以禮，意思不專，不但客人不肯享，反能招怪。凡與祭者須斂容屏氣，進退嚴肅，依序立班，拱聽贊呼，拜揖起止，聲盡為度；不可參差先後，及附耳偶語，欠伸呵咳。」〔註30〕顯然，這是將心學之精神融進禮儀之具體細節中。這種精神與王陽明是一脈相承的，王陽明說：「若徒拘泥於古，不得於心而冥行，是乃非禮之禮，行不著而習不察者矣。後世心學不講，人失其情，難乎與之言禮！」〔註31〕禮學心學化，如果說王陽明還主要是理論上的探討的話，那麼劉元卿已經貫徹於具體的禮制、儀禮中。

　　至於書院祭禮（《大明會典》不載書院祭禮），隨著書院在晚清的取締而風消雲散，當然復禮書院之祭禮也在民間消失了。不過，現存《復禮書院會錄》中有《明德堂祭典儀注》，大體保存了劉元卿制定的書院祭禮，彌足珍貴。故抄錄於此，以供人研究或演習：

　　　　《明德堂祭典儀注》，查先生（按：指劉元卿）所訂《儀節》頗簡，而■自乾隆辛卯，首事遵用先生《家政》，於《會錄》內臚列儀注，較諸原訂儀節度數稍增。茲備載於此，以便遵行。值會者，用年高德邵者一人，主祭奠正祀王陽明先生，另擇二人陪祭奠四配祀先生及里中先儒、同學先儒。又用通唱二人，中引二人，分引四人，

〔註29〕按：《密湖劉氏族譜》最初主修者為劉元卿。
〔註30〕見《密湖劉氏族譜南溪支譜·祠墓紀》。按：此譜中祀制內容顯然來自劉元卿初修的《密湖劉氏族譜》。
〔註31〕王陽明：《寄鄒謙之》（二），《王陽明全集》（上），第225頁。

司祝四人，司壺司爵四人，歌童八人。十四晚習儀。十五日質明，一鼓齊集，二鼓陳設，三鼓樂作。諸執事排列階下。另用老成一人，當階喝唱：鳴鼓三通。序立。拜、興，拜、興，拜、興，拜、興，平身。排班。二通唱。以下各照班次，分列左右。通唱。執事者各司其事。出主。引主祭後學就位。二引贊由上而下，至主祭者前唱就位。引陪祭後學皆就位。如前。降神。詣盥洗所，盥洗，進巾。詣香案前，跪，焚香。司壺者捧壺，司爵者捧爵。上兩句不唱亦可。引唱。進酒。執事一人跪於主人左進爵，一人跪於主人右進酒，二人皆起。三獻同。通唱。止樂，告詞：「是日之吉，是月之良，值會後學某，謹以子月之望，有祀於先師陽明王先生、東廓鄒先生、三五劉先生、天台耿先生、瀘瀟劉先生神位前，敢請尊靈，降居神位，恭申奠獻。」通唱。復樂。通唱。酹酒，主人傾酒於茅沙。俯伏，興，拜、興，拜、興，平身，復位。通唱。參神，鞠躬，四拜，拜、興，拜、興，拜、興，拜、興。平身。行初獻禮，執事者斟酒，詣先師陽明王先生神位前，跪，上香，進酒，酹酒，奠酒，俯伏，興，平身，復位。通唱。行讀祝禮，詣香案前，跪，通唱。主人以下皆跪，止樂，讀祝，祝文詳後。通唱。奏樂，俯伏，興，拜、興，拜、興，平身，復位。行分獻禮，詣盥洗所，左右分行，贊聲須相和，如出一口。盥洗，進巾。執事者斟酒，詣東廓鄒、三五劉先生神位前，跪，上香，進酒，酹酒，奠酒，俯伏，興，平身。詣天台耿、瀘瀟劉先生神位前，跪，上香，進酒，酹酒，奠酒，俯伏，興，平身。詣里中先儒、同學先儒神位前，跪，上香，進酒，酹酒，奠酒，俯伏，興，平身，復位。歌童升歌，歌章詳後。揖，復位。執事者徹酒，徹時仍置空鍾原處。行亞獻禮。如初獻禮，但不上香、酹酒；分獻亦如前儀，但不上香、酹酒。歌童升歌。如前。執事者徹酒。如前。行終獻禮。如亞獻禮，分獻亦如前。歌童升歌。如前。侑觴。執事者分提酒壺遍斟各主前，令滿。進飯。執事者徹酒，遍進飯各主前。進茶。如進飯儀。辭神：鞠躬，四拜，興，平身。司祝者捧祝，司燎者捧楮，焚祝楮。祝揭祝文於中庭，執事者積楮錢，露臺焚之。納主。執事者分捧各主入龕。徹饌。禮畢。主人暨與祭者均詣前廡，相向一揖而退。〔註32〕

〔註32〕見清光緒刻本《復禮書院會錄》（未分卷）。

按：復禮書院當初供奉之主祭神主為王陽明，配祭神主為鄒守益（號東廓）、劉陽（號三五）耿定向（號天台），劉元卿卒後，增列為配祭神主，後來又增列里中先儒和同學先儒為配祭神主。

祭祀當然要講究具體細節，不可錯亂，但其中一定要有精神之貫注，復禮書院祭禮之《升堂歌章》曰：「入室先須升此堂，聖賢學術豈多方？念頭動處須當謹，舉足之間不可忘。莫因簡易成疏略，務盡精微入細詳。孝悌家邦真可樂，通乎天下路途長。」〔註33〕就是說，在祭祀中要謹慎當下的念頭，時時刻刻不可懈怠，並對每個動作都務必做到精微、詳細，即精神、動作融為一體。通過這樣一種祭禮，一方面培養對先賢的崇敬之情，一方面磨練自己的心性本體。心性得到磨練，本體透顯，自然通乎家國天下。可以說，劉元卿的禮學實踐時時處處浸潤著心學之精神。

三、對當代鄉村文化建設的意義

當下中國大陸新農村建設是其社會主義建設的重要組成部分，其中鄉村文化（包括民俗）建設又是其中的重要內容。禮儀、禮制是鄉村民俗的主要內容，是民眾日常生活的一部分。當下農村，由於禮生、樂生（或樂隊）的文化層次整體較低，使得整個禮儀、禮制等出現較為混雜、甚至混亂的局面。當然，禮儀、禮制需要因現代社會的變化而作出相應的變革，但在這一變革中因失去了禮之本，使其變得喪失了禮的根本目的和意義，一味講排場，追求場面的熱鬧。一些禮儀細節徒具形式了，根本不講內容，如在喪禮上大唱《妹妹你大膽的往前走》等流行歌，甚至跳脫衣舞，大為不倫。還有一些自古相傳的禮儀，由於傳承人的素質低，不甚懂規範與其實際意義，變得面目全非，或因無傳承人，面臨即將消亡的局面。劉元卿的禮學思想與實踐對於當下農村禮儀、禮制的改革或整頓等具有一定的借鑒意義：第一，禮儀的改革或整頓需要緊扣禮之本而展開；第二，以民俗相同或相近的某一地區（如縣或縣某一片區）為單位，進行統一的規範；第三，對禮生、樂生加以培訓，全面提升其文化素養。

〔註33〕見清光緒刻本《復禮書院會錄》（未分卷）。

下編　考證與文獻篇

第一章　劉陽著述考及其孤本文獻之發現

　　劉陽的思想以陽明良知學為中心，並融合易學、宋代理學，尤重實修實證，屬江右王門之修證派。黃宗羲稱：「自東廓沒，江右學者皆以先生為歸。」〔註1〕實乃江右的精神領袖之一。其人格俊偉，修煉有成，所謂「形神修潔，望之如神仙中人」〔註2〕，周怡贊其道像曰：「外柔內剛，貌素中黃。元晶炯炯動靜圓方。吸為秋霜。噓為春陽。神龍威鳳，幾決行藏。」〔註3〕其詩、文、書法皆有成，人稱「三絕」〔註4〕。目前學界對其人研究甚少，所用文獻僅限黃宗羲《明儒學案》。其文獻到底有多少種，多少卷，存佚情況如何，其實撲朔迷離，學界對其人及其著述是不太熟悉的，甚至有人以為其文獻已亡佚。故需對其文獻加以考證、挖掘、整理。

一、著述考

　　劉陽文獻的著錄，見於清代《四庫全書總目》《續文獻通考》《千頃堂書目》。《文淵閣四庫全書總目》著錄劉陽著作於子部，曰：

　　　　《劉兩峰集》（四卷），江西巡撫採進本。

〔註1〕黃宗羲：《明儒學案》，中華書局，2008 年，第 442 頁。
〔註2〕王學夔：《明故柱史三五劉先生墓誌銘》，《三五劉先生集》（卷十五），明萬曆三十年刊本。
〔註3〕周怡：《三五先生道像贊》，《三五劉先生集》（卷十五），明萬曆三十年刊本。
〔註4〕王學夔：《明故柱史三五劉先生墓誌銘》，《三五劉先生集》（卷十五），明萬曆三十年刊本。

　　　　明劉陽撰。陽字一舒，安福人。由舉人授碭山縣知縣，官至監
　　察御史。是編凡《論學要語》（一卷）、《洞語》（一卷）、《接善編》
　　（一卷）、《人倫外史》（一卷）。陽初從族人劉曉授經，曉告以王守
　　仁之學，遂往謁守仁於贛州。故《要語》《洞語》大率不離良知之旨。
　　其《接善編》多採儒先粹語，非所自作。其《人倫外史》即墓誌、
　　傳、狀、詩詠等作，以其係於孝悌、忠義、貞節之大，故以《外史》
　　為名。雖總為一集，實未可著錄於集部，故仍以《語錄》為主，隸
　　之儒家焉。〔註5〕

　　按：此著錄，書名有誤，即將劉三峰混為劉兩峰。劉陽號三峰，又號三五，
而劉文敏號兩峰，兩人均為安福縣之陽明弟子。可能的情形是，江西巡撫採進
本乃幾種單行本彙編在一起（尤其是《接善編》非劉陽自著者，乃編纂之作，
而編纂之作一般不收錄於個人詩文集），原無總書名，而收藏者誤題為《劉兩
峰集》。中華書局1965年版《四庫全書總目》可能意識到書名有問題，故沒有
著錄書名，只直接著錄書各卷之內容：「《論學要語》一卷、《洞語》一卷、《接
善編》一卷、《人倫外史》一卷。」〔註6〕不過，對未著錄書名，亦未做任何說
明。《續文獻通考》亦如此著錄：

　　　　《劉陽論學要語》（一卷）、《洞語》（一卷）、《接善編》（一卷）、
　　《人倫外史》（一卷）

　　　　陽字一舒，安福人。由舉人授碭山縣知縣，官至監察御史。臣
　　等謹案：是編舊總題曰《劉兩峰集》，今從四庫全書之例，分敘其目
　　列於儒家類。〔註7〕

　　此外，清黃虞稷《千頃堂書目》於史部傳記類，著錄劉陽《吉州正氣》（四
卷）、《人倫外史》（未注明卷數）。

　　這是後世書目的著錄情況。然而，《四庫全書存目叢書》作為依《四庫全
書總目》之存目而編者，未收錄劉陽上述文獻。〔註8〕此外，《續修四庫全書》

〔註5〕清永瑢等：《文淵閣四庫全書總目·子部》，《文淵閣四庫全書》（第三冊），臺
　　　　灣商務印書館，1986年，第95頁。
〔註6〕清永瑢等：《四庫全書總目》，中華書局，1965年，第810頁。
〔註7〕《欽定續文獻通考》，《文淵閣四庫全書》（第630冊），臺灣商務印書館，1986
　　　　年，第333頁。
〔註8〕按：至於徐儒宗《江右王學通論》（中國人民大學出版社2009年）所列主要參
　　　　考文獻中，有劉陽《論學要語、洞語》，《四庫全書存目叢書》本，乃偽列。其
　　　　實，《四庫全書存目叢書》中根本未見此書，且徐書文中亦隻字未引此書。

等「四庫系列」以及其他大型叢書如《儒藏》等均未收錄劉陽任何著作。筆者查遍國家和地方圖書館，亦未見到劉陽著作的身影。直到 2014 年 4 月，筆者在江西省安福縣博物館見到《三五劉先生集》，劉陽著作才浮出水面。此書實為兩個殘本混合在一起（按：關於此書的來源、發現及其大致內容等見本章第二部分）。根據此書的相關內容，並結合上述書目，劉陽著述可以得到進一步考證。其著述及版本考證如下：

1.《三五劉先生集》（十五卷），殘本

現存第一、二、三、四卷（前三卷為詩、卷四為序文）和第十五卷《附錄》以及正文前的序言和目錄。版面為每半頁 9 列，每列 18 字。每卷首頁注明選編者：「後學同邑周案匯選、門人廬陵劉孟雷編次。」關於此書的刊刻時間，據殘本各序言看，可能有三次刊刻（或翻印）：一是萬曆十九年。王時槐《三五劉先生文集序》提到「同邑周谷似中丞（按：即周案）特為摘其緊切者，捐金助梓，以廣其傳」，此文注明作於萬曆辛卯（十九年）季夏。〔註9〕二是萬曆二十六年。甘雨《三五劉先生文集序》提到「少宰谷似周公重先生，為梓其集以傳」，此文注明作於萬曆戊戌（二十六年）孟秋。〔註10〕三是萬曆三十年。劉孟雷有《劉三五先生文集序》，注明作於萬曆壬寅（三十年）中秋日，而劉元卿有《書三五先師文集後》，注明作於萬曆壬寅春。〔註11〕從刊印時間間隔不長看，十五卷本可能是同一板式多次刊印。此外，殘本卷十五附錄之文實際上比其目錄中所反映者多出 13 篇，且此 13 篇的字體與其前的附錄也不同。這也說明十五卷本曾重印，並增補了附錄。現存十五卷本殘本可判定為明萬曆三十年重刊本。

2.《三五劉先生集》（五卷），殘本

該書現存卷二、三、四，包括卷二《山壑微蹤》（詩）、卷三《山壑微蹤》（文）、卷四《人倫外史》。此殘本版面的列數和每列字數與十五卷本殘本同，但書中未注明選編者，且其字體與十五卷本殘本明顯不同。故此殘本為另一版本。在十五卷本之目錄中，有卷十原刻《洞稿》、卷十一原刻《山壑微蹤》

〔註9〕王時槐：《三五劉先生文集序》，《三五劉先生集》，明萬曆三十年刊本正文前序言。

〔註10〕甘雨：《三五劉先生文集序》，《三五劉先生集》，明萬曆三十年刊本正文前序言。

〔註11〕劉孟雷：《劉三五先生文集序》，劉元卿：《書三五先師文集後》，《三五劉先生集》，明萬曆三十年刊本正文前序言。

（詩）、卷十二原刻《山壑微蹤》（文）、卷十三原刻《人倫外史》、卷十四原刻《先隴志》，注明「原刻」者共此五種。其中，十五卷本之卷十一、十二、十三正好對應該殘本之卷二、三、四，故可推斷十五卷本之卷十、卷十四分別對應該殘本卷一、卷五。如此，該殘本其足本可能為五卷，而亡佚者為卷一《洞稿》、卷五《先隴志》。從十五卷本目錄提示之「原刻」看，五卷本很可能是劉陽在世時之刻本，至晚刻於十五卷本初刻（即萬曆十九年）前，可大體判定為萬曆刻本，為劉陽前期詩文集。

3.《劉三五集》（四卷），亡佚

此即《四庫全書總目》和《續文獻通考》著錄者，《四庫全書總目》著錄為《劉兩峰集》，誤，姑定名為《劉三五集》，包括《論學要語》（一卷）、《洞語》（一卷）、《接善編》（一卷）、《人倫外史》（一卷）。因書已亡佚，無法判定具體版本情況，很可能是收藏者將幾種單行本匯總為一書。

4.《三五劉先生文粹》（卷數不詳），亡佚

十五卷本之序言收有陳嘉謨《敘刻三五劉先生文粹》一文，其文曰：「予嘗求先生遺集，不可得，外孫王生道明求得之，告予，輒手錄其尤粹者，將刻以傳。……刻成，屬予一言，予樂道而僭敘之。」〔註12〕從文中「求先生遺集，不可得」看，很可能刻於十五卷本初刻（即萬曆十九年）前，不過也有可能是刻於此後。

此外，劉陽還編纂了一些書，有如下幾種：

5.《吉州正氣》（四卷），亡佚

《千頃堂書目》著錄為《吉州正氣》（四卷），十五卷本殘本卷四有劉陽《吉州正氣序》一文。刊刻時間無從考證，劉陽生前可能有刻本。

6.《陽明先生編年》（二卷），亡佚

十五卷本殘本卷四有劉陽《陽明先生編年序》一文，其文曰：「謬為《編年》二卷，以事繫年。」〔註13〕刊刻時間無從考證，劉陽生前可能有刻本。

7.《接善編》（一卷），亡佚

《四庫全書總目》著錄的劉陽文獻，包括《接善編》（一卷），並曰：「其

〔註12〕陳嘉謨：《敘刻三五劉先生文粹》，《三五劉先生集》，明萬曆三十年刊本正文前序言。
〔註13〕劉陽：《陽明先生編年序》，《三五劉先生集》（卷四），明萬曆三十年刊本。

《接善編》多採儒先粹語，非所自作。」〔註14〕十五卷本殘本卷四有劉陽《接善編序》一文，其文曰：「編者，何也？古先聖賢，凡以善諭人者，萃一編也，有微言，有淺近之言，有法言，有巽言，有純德者之言，有擇焉而弗精者之言，均採也。」〔註15〕該書刊刻時間無從考證，劉陽生前可能有刻本。

8.《鄉社錄》（卷數不詳），亡佚

十五卷本殘本之附錄胡直《劉三五先生墓表》、劉元卿《理學傳》，均提到劉陽的著述，其中有《鄉社錄》一書。從書名看，乃編纂之作，而其內容、版本等均無從考證。

二、孤本文獻《三五劉先生集》的發現及其大致內容

現藏安福縣博物館的《三五劉先生集》乃海內外唯一存世的劉陽著作，具有較高的文獻價值和學術價值。關於此書的來源、發現及其大致內容等現作一介紹。

20 世紀 80 年代末期，江西省安福縣文物辦劉競芳先生到民間調查文物，在安福縣洲湖鄉福車村劉陽後裔家發現了《三五劉先生集》，劉氏後裔將其無償捐贈給文物辦。1997 年，安福縣成立博物館，刁山景先生任首任館長，在清理、移交文物時，登記、翻閱過該書。2013 年夏，筆者去安福縣對陽明後學文獻作田野調查，有幸認識刁先生，他告知筆者安福博物館藏有劉陽文集。2014 年 4 月 28 日，筆者來到博物館，在刁先生的幫助下，在館內將該書全部拍攝下來。

該書現裝訂為 4 冊，封面為裝訂者所加，書名題為《三五劉先生文集》，書內題名實為《三五劉先生集》。經過筆者仔細閱讀、比勘，發現該書實際上是由兩個殘本組成，即上文所述之五卷本殘本和十五卷本殘本。其中，第一、三冊為十五卷本之序言、目錄和前四卷，第二冊為五卷本之卷二、卷三，第四冊前為五卷本之卷四、後為十五卷本之卷十五附錄。

由於五卷本卷二、三、四，即十五卷本卷十一、十二、十三的內容，故只要睹十五卷本之目錄，就可瞭解劉陽文集的大體面目。現將十五卷本殘本的目錄照錄如下：

〔註14〕清永瑢等：《文淵閣四庫全書總目·子部》，《文淵閣四庫全書》（第 3 冊），臺灣商務印書館，1986 年，第 95 頁。

〔註15〕劉陽：《接善編序》，《三五劉先生集》（卷四），明萬曆三十年刊本。

《三五劉先生集》（十五卷）總目

卷一

　　四言　十首

　　五言絕句　十五首

　　五言律詩　二十二首

　　五言古體　十六首

　　六言　三首

卷二

　　七言絕句　一百八十首

卷三

　　七言絕句　七十五首

　　七言律詩　五十二首

　　七言古體　九首

　　賦　一首

卷四

　　序　二十六首（按：文章篇數稱「首」即「篇」，下同）

卷五

　　記　十五首

卷六

　　論　二首

　　議　二首

　　說　六首

　　紀　四首

　　簡　六首

　　題　四首

　　跋　一首

卷七

　　傳　二首

　　表　三首

　　祝　二首

　　祭文　九首

卷八

　　書　五首

　　贈言　一首

　　□　□首

　　碑　二首

　　銘　七首

　　贊　二首

　　疏　二首

卷九

　　雜著　三首

　　洞語　有小序　八十九條

　　晚程記　七十五條

　　會規　八條

卷十

　　原刻洞稿　有序

　　　　詩　七十首

　　　　文　十六首

卷十一

　　原刻山壑微蹤　有小序

　　　　詩　二百九首

卷十二

　　原刻山壑微蹤

　　　　文　四十二首

卷十三

　　原刻人倫外史

　　　　詩　三十二首

　　　　文　二十三首

卷十四

　　原刻先隴志

　　　　詩　五首

　　　　文　十八首

卷十五

　　附錄

　　　傳　一首

　　　志　一首

　　　表　一首

　　　輓歌　二首

　　　祝　五首

　　　詩　三首

　　　記　二首

按：還有重刊時新增的 13 篇附錄，包括傳（5 篇）、疏（1 篇）、像贊（6 篇）、行狀（1 篇），而此目錄無反映。

以上內容，卷一、二、三、四、十五存，而卷十一、十二、十三雖佚，然即五卷本殘本的內容，亦等同存，故實存 8 卷（另還存目錄前 5 篇序言）。實際亡佚者為卷五、六、七、八、九、十、十四，共 7 卷；其中卷九《洞語》89 條、《晚程記》75 條，在黃宗羲《明儒學案》分別保存了 25 條、7 條。

此外，筆者已輯佚劉陽的單篇文獻、傳記資料等，共 3 萬多字，擬將《三五劉先生集》兩個殘本以及此輯佚資料整合為一個新版本《劉三五集》（約 15 萬字），並予以出版，以饗學界。按：該書現已由花木蘭文化出版社於 2016 年出版。

第二章　劉元卿著述考

筆者整理點校的《劉元卿集》，2014 年由上海古籍出版社出版精裝本（上下冊），2020 年該社再出版平裝本（上中下冊），現對其所有著述（包括存佚）作一全面梳理。

一、歷代著錄

最早著錄劉元卿著述的是，明鄒元標《明詔徵承德郎禮部主客司主事瀘瀟劉公墓誌銘》（下文簡稱《墓誌銘》）。該文稱劉元卿：

> 所著有《山居草》《還山續草》《大象觀》《諸儒學案》《賢奕編》《六鑒舉要》《國史舉凡》《晤語》《測言》《思問編》《何莫編》《先正義方》《禮律類要》《明賢宗解》《婺江證學》《大學新編》行世。

〔註1〕

按：鄒元標為劉元卿生前好友，所舉應是劉氏代表性著述，共 15 種，惜未注明卷數。

下面是後世書目對劉元卿著述的著錄：

1. **清初黃虞稷《千頃堂書目》（按：此為後世書目中對劉氏著述之著錄最為豐富者）著錄**

經部《易》類：《大象觀》（二卷）；

經部《三禮》類：《大學新編》（按：未著錄卷數）；

經部禮樂類：《禮律類要》（一卷）；

〔註1〕（明）鄒元標：《願學集》（卷六），載《文淵閣四庫全書》（第 1294 冊），臺灣商務印書館，1986 年，第 242 頁。

經部《四書》類：《四書宗解》（八卷）；

經部小學類：《小學新編摘要略》（一卷）（原注：盧校無「要」字）；

史部編年類：《六鑒舉要》〔註2〕；

史部別史類：《國史舉凡》；

史部傳記類：《歷代江右名賢錄》（二卷）（原注：《明史‧藝文志》「歷代江右」作「江右歷代」）、《國朝江右名賢編》（二卷）；

子部儒家類：《諸儒學案》（八卷）、《思問編》《先正義方》《儒宗考輯略》（二卷）、《劉聘君會語》（四卷）、《六鑒舉要》（六卷）（按：此處為互著，且注明了卷數）；

子部小說類：《賢奕篇》（四卷）（原注：別本「篇」作「編」）；

子部類書類：《寶顏堂秘笈》收錄《賢奕編》（四卷）；

集部別集類：《山居草》（四卷）、《還山草》（四卷）。〔註3〕

按：以上著錄共 18 種，與鄒元標《墓誌銘》的著錄同中有異。

2. 清朱彝尊《經義考》著錄

《易》類五十六：《大易觀》（二卷），未見；

《禮記》類二十四：《大學新編》（一卷），未見；

《四書》類六：《四書宗解》（八卷），未見。〔註4〕

3. 清張廷玉等《明史‧藝文志》著錄

經部四書類：《四書宗解》（八卷）；

史部傳記類：《江右歷代名賢錄》（二卷）；

子部儒家類：《諸儒學案》（八卷）。〔註5〕

按：集部無著錄。

4. 清嵇璜、曹仁虎等《欽定續文獻通考‧經籍考》（後面簡稱《經籍考》）著錄

經‧易：《大象觀》（二卷）；

〔註2〕按：凡未注明卷數的，皆為書目本未著錄，下同。

〔註3〕以上著錄見：（清）黃虞稷：《千頃堂書目》，瞿鳳起、潘景鄭整理，上海古籍出版，2001 年，第 7、45、52、90、106、121、138、274、305、314、339、418、617 頁。

〔註4〕以上著錄見：（清）朱彝尊：《經義考》，載《文淵閣四庫全書》（第 677 冊），第 640 頁；（第 679 冊），第 224 頁；（第 680 冊），第 438 頁。

〔註5〕以上著錄見：（清）張廷玉等：《明史‧藝文志》，中華書局，1974 年，第 2371、2403、2428 頁。

經・禮：《大學新編》（五卷）；

史・傳記下：《江右名賢編》（二卷，喻均、劉元卿同撰）；

子・儒家下：《諸儒學案》（八卷）；

子・雜家下、雜纂、雜編：《六鑒舉要》（六卷）；

集・別集六：《劉元卿聘君全集》（十二卷）。〔註6〕

5. 清紀昀等《四庫全書總目提要》（後面簡稱《四庫提要》）著錄

經部七・《易》類存目一：《大象觀》（二卷）；

經部三十七・《四書》類存目：《大學新編》（五卷）；

史部十八・傳記類存目四：《江右名賢編》（二卷，喻均、劉元卿同撰）；

子部六・儒家類存目二：《諸儒學案》（八卷）；

子部四十一・雜家類存目八：《六鑒舉要》（六卷）；

集部三十二・別集類存目六：《劉聘君全集》（十二卷）。

另，集部三十一・別集類存目五有《耿天台文集》（二十卷），為劉元卿所編。劉為耿之弟子。〔註7〕

按：該書目所著錄劉氏書與《經籍考》同。

又按：《經義考》《明史・藝文志》《經籍考》《四庫提要》著錄的劉氏書不多，除一二種外，大都見《千頃堂書目》。

6. 清同治刻本《安福縣志・藝文志》著錄

《大象觀》《禮律類要》《大學新編》《明儒宗解》《諸儒學案》《六鑒舉要》《國史舉凡》《山居草》《福乘藏稿》（十卷）〔註8〕、《賢奕編》《晤語》《測言》《思問編》《何莫編》《先正義方》《婺江證學》。〔註9〕

按：該書目著錄與鄒元標《墓誌銘》幾乎相同，只以《福乘藏稿》（十卷）取代了《還山續草》，《明賢宗解》改為《明儒宗解》。

劉元卿的著述，除以上已著錄外，其實還有不少未著錄。現筆者對劉氏所有著述作一全面而系統的考錄，包括書名、卷數、歷代著錄、著述或刊刻

〔註6〕以上著錄見：清秬璜、曹仁虎等：《欽定續文獻通考・經籍考》，載《文淵閣四庫全書》（第630冊），第42、110、247、338、393、582頁。

〔註7〕以上著錄見：(清)紀昀等：《四庫全書總目提要》，河北人民出版社，2000年，第214、975、1695～1696、2465、3368、4786～4787、4820～4821頁。

〔註8〕按：只此書注明了卷數。

〔註9〕清同治十一年刻本《安福縣志》（卷十八），臺灣成文出版有限公司1989年影印，第1976～1977頁。以下所舉《安福縣志・藝文志》皆為此版本，不再加注。

時間、版本、藏書地、主要內容等。其著述可分為已見和未見兩大類。已見者為已傳世為並為筆者所見之書；未見書為筆者所未見，但有關史料已提到，估計亡佚，也許俟他日發現。每類書再分自著和編纂（按：此不是嚴格分類，有的編纂亦有「著」的性質），各按著述或刊刻時間排列，不能確定時間者置後。

二、已見書（共 11 種）考錄
（一）自著（6 種）
1.《復禮會語》（一卷）

該書收錄在光緒初年刻本《復禮書院會錄》中，一卷。《會錄》係同治、光緒年間重建復禮書院時歷代及當時各種資料之彙編，其複印本藏江西省蓮花縣復禮中學等處〔註10〕。據《復禮會語》中周一濂《跋》，此書初刻於萬曆庚寅年（1590）。《劉聘君全集》未收錄其中文章。核對《明儒學案》中「劉元卿學案」所選語錄〔註11〕，除選自《復禮會語序》兩則外（按：原書《序》已散佚，賴《明儒學案》存兩則），其他均見於現存的《復禮會語》。可見，此書是劉元卿非常重要的心學著作。包括正文和後面 7 篇附錄文章。《劉徵君年譜》萬曆十八（1590）年提到所作《晤言》、鄒元標《瀘瀟劉公墓誌銘》中所提到的元卿所著《晤語》，可能就是此書。

2.《山居草》（四卷）

《千頃堂書目》著錄為四卷。現存版本由劉氏弟子周一濂編輯、陳國相校刻，四卷。據洪雲蒸、顏欲章《劉徵君年譜》（以下簡稱《年譜》）〔註12〕和書前序文，此書刻於萬曆二十一年（1593）。現藏臺北國家圖書館、中央圖書館臺灣分館，復旦大學中國古代文學研究中心資料室有複印本。此書為劉元卿 50 歲前的詩文集，前有周一濂《序》、周之望《後跋》、陳國相《跋》，卷一為詩、書，卷二為序、記，卷三為說、傳、行狀，卷四為誌銘、祭告、繹書、閒述、寓言、書題。據筆者一一核對，此書已全部收錄進《劉聘君全集》。

〔註10〕按：復禮中學前身為劉元卿創辦的復禮書院。此書是一九九七年復禮中學校慶時在民間發現的，原件現已不知下落，只見到複印件。

〔註11〕見：（清）黃宗羲《明儒學案》，中華書局，2008 年，第 498～500 頁。

〔註12〕此年譜，為一卷，清嘉慶二年（1797）刻本，版心題為《劉徵君年譜》，全稱為《承德郎禮部主客清吏司主事劉瀘瀟徵君先生年紀》，以下所用《年譜》均為此版本，不再加注。

3.《大學新編》（五卷）

《經籍考》《四庫提要》著錄為五卷，《經義考》作一卷〔註13〕。據《年譜》，此書成於萬曆二十三年（1595）。初刻何時未知，現存為清咸豐二年（1852）南溪劉氏家塾重刻本，五卷，藏北京大學圖書館，《四庫全書存目叢書》收錄。此書前有劉元卿《題大學新編》，卷一為《石經大學》白文，卷二為《石經大學》略疏，卷三為《石經大學》發明，卷四、五為《大學》廣義上、下。此書以《石經大學》為據，其中，卷二「闡發大旨」，卷三「乃取明儒所論與己意相合者」而成，卷四、五「則本真德秀《衍義》而刪節之，又附益以明初諸事」。〔註14〕

4.《大象觀》（二卷）

《千頃堂書目》《經籍考》《四庫提要》著錄為《大象觀》二卷。《四庫提要》中《江右名賢編》的提要提到此書稱《易大象觀》〔註15〕；《年譜》也稱《易大象觀》，並載作於萬曆二十七年（1599）。《經義考》著錄的《大易觀》，應是此書。現存版本作《大象觀》，二卷，萬曆楊時祥刻本，藏南京圖書館，《四庫全書存目叢書》收錄。此書前有劉元卿《題辭》，後有鄒匡明《跋》，分上下兩篇，其內容「以《雜卦》為序」，「詮釋易象」，「依文訓詁」。〔註16〕

5.《劉聘君全集》（十二卷）

《經籍考》和《四庫提要》著錄為十二卷，前者作《劉元卿聘君全集》，後者作《劉聘君全集》（以下簡稱《全集》），以後一書名行世。由劉氏弟子洪蒸雲、周一濂和周之望編輯。初刻本時間不能確定。現存版本為清康熙六十一年（1722）南溪義社重刻本和清咸豐二年（1852）南溪義社重刻本，均為十二卷。兩版本同一母本，板式完全一樣。前者藏北京大學圖書館、上海圖書館，後者藏南開大學圖書館、上海圖書館、井岡山大學圖書館等。《四庫全書存目叢書》所收為後者。此書為劉元卿的詩文集，集《山居草》《還山續草》等數種而成。前有劉學愉《劉徵君全集序》〔註17〕以及《山居草》和《還山續草》的序跋，卷一為奏疏，卷二為書，卷三為書牘，卷四、五、六為序，卷七為記、

〔註13〕按：《四庫提要》認為，《經義考》作一卷，「由未見其書，據傳聞載之故也。」見《四庫全書總目提要》，河北人民出版社，2000年，第45頁。
〔註14〕（清）紀昀等：《四庫全書總目提要》，第45頁。
〔註15〕（清）紀昀等：《四庫全書總目提要》，第52頁。
〔註16〕（清）紀昀等：《四庫全書總目提要》，第52頁。
〔註17〕按：劉元卿被稱「聘君」或「徵君」，《劉徵君全集》為《劉聘君全集》的異名。

傳，卷八為行狀、墓誌、祭告，卷九為引、說、解、紀言，卷十、十一為詩，卷十二為書、題、繹書、聞述、寓言。整理版《劉元卿集》全部收錄該書，並改稱為《內篇·詩文集》。《四庫提要》認為，「元卿師事耿定向及同邑劉陽，講求心學，而其詩文乃多慶弔之篇，罕見闡發理道……觀其體例舛雜，知其去取之失當，蓋已非元卿之舊本矣。」〔註18〕劉氏專門闡發心學的文章，此書幾乎沒有收錄，但此中文章也多透出劉氏之義理，非盡如《提要》所言。

6.《復禮測言》（一卷）

鄒元標《瀘瀟劉公墓誌銘》所提到的劉元卿所著《測言》，即《復禮測言》。該書與《復禮會語》一起收錄於光緒初年刻本《復禮書院會錄》中，一卷。《劉聘君全集》未收其中文章。暫難以確定其寫作或初刻時間。其內容為劉元卿答友人問學之語。

（二）編纂（5種）

1.《江右名賢編》（二卷）

《經籍考》和《四庫提要》著錄為二卷，喻均、劉元卿同編，實主要為後者所編。據《年譜》，此書編於萬曆二十年（1592）。現存版本為明萬曆刻本，二卷，藏日本內閣文庫，《四庫全書存目叢書補編》收錄。此書分上下兩卷，前有秦大夔《敘》和邊維垣《序》，後有劉元卿《序》，為明以前及明江右名賢248人的簡要傳記，分名臣、節義、理學、忠諫、方正、清介、隱逸、儒行、治功、文學、孝友等十一目。

2.《賢奕編》（四卷）、《應諧錄》（一卷）

《千頃堂書目》子部小說類著錄為《賢奕篇》（四卷），並注明別本「篇」作「編」，另其子部類書類《寶顏堂秘笈》所收作《賢奕編》（四卷），《墓誌銘》和《安福縣志·藝文志》作《賢奕編》。據《年譜》，《賢奕編》刻於萬曆二十一年（1593）。現存版本（皆作《賢奕編》四卷）有四：一是明萬曆賀仲蒙刻本，即初刻本，藏甘肅省圖書館；二是叢書《寶顏堂秘籍》本，明萬曆、泰昌間繡水沈氏刻，藏國家圖書館、北京大學圖書館、華中師範大學圖書館等；三是上海文明書局石印本，1922年據《寶顏堂秘籍》本重排；四是《叢書集成初編》本，1936年商務印書館據《寶顏堂秘籍》本重排，1985年中華書局重印，有句讀。此書前有劉元卿《序》，後有賀應甲《跋》，卷一為懷古、廉淡、德器、

方正、證學、卷二為敘倫、家閑、官政、廣仁、幹局、達命，卷三為仙釋、觀物、警喻，應諧，卷四為志怪和附錄（閒鈔上下）。此書一般被當作寓言集看待，其實，內容非常廣泛（包括一些理學史料），乃筆記體小說。另有《應諧錄》（一卷）集笑話十八則，全部選自《賢奕編》，現存無單行本，收錄於叢書《說郛續》第四十五。

3.《諸儒學案》（殘本、十卷本）

《千頃堂書目》《明史・藝文志》《經籍考》《四庫提要》均著錄為八卷。據《年譜》，此書輯於萬曆二十三年（1595）。現存有兩個版本：一是明萬曆劉應舉補修本，此本不分卷，為殘本，輯宋明理學家周濂溪、程明道、程伊川、張橫渠、邵康節、謝上蔡、楊龜山、羅豫章、李延平、朱晦庵、陸象山、楊慈湖、薛文清、胡敬齋、陳白沙、羅整庵、王陽明、鄒東郭、王心齋、王龍溪、歐陽南野、羅念庵、胡廬山、羅近溪、耿楚侗（耿天台）共 25 人學案，實存22 人，闕胡敬齋、羅整庵、耿天台 3 人。藏首都圖書館、中國科學院圖書館，《續修四庫全書》《四庫全書存目叢書》收錄。二是清咸豐二年（1852）南溪劉氏刻本，十卷。輯宋元明理學家共 27 人學案，除上所舉 25 人外，還有元代理學家金仁山和許東陽。《四庫提要》著錄的八卷本也稱輯 27 人學案。十卷本藏北京大學圖書館、江西省圖書館〔註 19〕，但兩館所藏少數地方仍有缺頁，且缺頁碼同。八卷本未見。此書編輯形式是每一學案，先述人物生平，然後列舉語錄，後來黃宗羲《明儒學案》也是採用這一形式。其內容實為陸王心學一派之學案，「於程朱一派特擇其近於陸氏者存之耳。」〔註 20〕

4.《小學新編摘略》（一卷）

《千頃堂書目》著錄為《小學新編摘要略》（一卷），並注明盧校無「要」字。現存作《小學新編摘略》，一卷，明萬曆二十五年（1597）賀應甲刻本，藏浙江省圖書館。是書由耿天台《小學新編》摘錄編纂而成，為童蒙教材。

5.《石城洞志》

《年譜》載，萬曆三十四年（1606），「修《石城洞志》」。《全集》（卷四）有《重刻石城洞志序》一文。該書現存清嘉慶元年重刊本，未分卷，江西蓮花縣某私人藏。

〔註 19〕另，江西省藏本，前面還附錄了清嘉慶二年（1797）刻本《劉徵君年譜》。
〔註 20〕（清）紀昀等：《四庫全書總目提要》，第 2465 頁。

以上自著和編纂之作，除《石城洞志》外，《劉元卿集》均已收錄，因《石城洞志》為《劉元卿集》出版後發現者，故未收錄。

另，據《全集》卷四《天台耿先生要語序》，劉元卿為耿天台編有《天台耿先生要語》，《年譜》載萬曆二十一年（1593）刻《耿恭簡〔註21〕公要語》（為前者的別稱），此書為劉氏摘錄耿天台平時之言論而成。《諸儒學案》（十卷本）輯有《天台耿先生要語》（二卷）。又，劉氏於萬曆二十五年（1597）編輯《耿天台先生文集》（又名《耿恭簡先生文集》）（二十卷），次年刊行。此書藏南京圖書館，《四庫全書存目叢書》收錄。

此外，劉元卿為鄒德涵選編《鄒聚所先生文集》（六卷）、《鄒聚所先生外集》（一卷），藏南京圖書館，《四庫全書存目叢書》收錄。

三、未見書（共 34 種）考錄

（一）自著（9 種）〔註22〕

1.《家規十八條》〔註23〕

《年譜》載，隆慶二年（1568），「倡家會，著《家規十八條》。」《南溪劉氏續修族譜》（崇本堂）中《增刪舊家範集錄》輯錄了《徵君家訓》共十七則，應是來自《家規十八條》。

2.《述言》（二卷）

《年譜》載，萬曆十九年（1591）夏，「出所著《述言》一卷於公（即耿天台）」，耿氏為「為題其首簡」；是年冬，劉氏「續著《述言》一卷」。《耿天台先生文集》卷十一有《劉調父述言序》，據此可知，《述言》為劉氏向耿氏問學之書。

3.《三書院會規》

《年譜》載，萬曆二十七年（1599）夏，「著《三書院會規》」。

4.《婺江證學》

《墓誌銘》和《安福縣志·藝文志》已著錄。《年譜》載，萬曆三十三年（1605），「著《婺江證學》」。

〔註21〕 按：耿天台，名定向，字在倫，天台為其號，又號楚侗，諡恭簡。
〔註22〕 按：以下自著類，除《還山續草》外，均未見於《全集》。
〔註23〕 按：以下著錄凡未標明卷數的，表明不能確定卷數，下同。

5.《說書》（一卷）

《年譜》載，萬曆三十三年（1605），「著《說書》一卷」。

6.《思問編》（《思問錄》）

《墓誌銘》《千頃堂書目》《安福縣‧藝文志》均著錄為《思問編》。據《全集》（卷四）《思問錄後序》，可知劉氏著有《思問錄》，其內容為辨儒佛、孔孟與後儒之異。《年譜》載萬曆三十六年（1608），「刻《思問編》」；並錄其序文，其文字與《全集》同而略異，故二者為同一書。

7.《還山續草》（四卷）

《墓誌銘》著錄有《還山續草》，《千頃堂書目》於集部別集類著錄《還山草》四卷。《四庫提要》中《劉聘君全集》的提要稱「考《江西通志》，元卿所著本有《山居草》《還山續草》諸編。」〔註24〕據《全集》書前所收汪宗訊《題還山續草序》和周之望《還山續草序》，劉元卿先有《山居草》，後有《還山續草》，而非先有《還山草》，後有《還山續草》，故《還山草》即《還山續草》的簡稱；此書刻於戊申年（1608），為癸巳（1593）至戊申年（1608）劉氏所作詩文集，包括詩、序、記、誌銘、傳注、奏疏等十類。此書已收錄進《全集》。

8.《劉聘君會語》（四卷）

《千頃堂書目》著錄於子部儒家類，四卷。從書名看，應是劉氏論學之書。《復禮會語》可能是其中的一卷。

9.《章南館草》

鄒德溥《鄒太史文集》（卷二）有《章南館小引》一文，為劉元卿論道之文集《章南館草》作序，未云卷數。該書未見任何書著錄。

（二）編纂（25 種）

1.《儒先勵志詩》《勸懲歌章》

《年譜》載，萬曆元年（1573），「編《儒先勵志詩》及《勸懲歌章》，習里中童幼歌詠。」

2.《南溪劉氏家政》

《南溪劉氏續修族譜》（崇本堂）收有鄒德溥的《南溪劉氏家政序》。據該文，此書成於萬曆六年（1578），「以禮為其宗坊，考於遺訓，諮於故實，忝定

〔註24〕　（清）紀昀等：《四庫全書總目提要》，第 4820 頁。

其家之祭典為儀，因申以族約，廣以《三禮》，綴以義田之約，合而題之曰《南溪劉氏家政》。」

3.《吉安府志‧名賢傳》

《年譜》載，萬曆十五（1587）年，「郡侯曉山公聘先生修《郡志》（按：即《吉安府志》）……而《名賢傳》皆出先生手。」

4.《昭代儒宗考輯略》（二卷）

《千頃堂書目》於子部儒家類著錄《儒宗考輯略》，二卷。《年譜》載，萬曆二十一年（1593）夏刻《儒宗輯略》。據《全集》卷四《昭代儒宗輯略序》，耿天台編《昭代儒宗考》，劉元卿摘其要，「更名《輯略》」（即《昭代儒宗考輯略》）。故書全稱為《昭代儒宗考輯略》，又名《昭代儒宗輯略》，簡稱《儒宗考輯略》《儒宗輯略》《輯略》。

5.《耿恭簡先生年譜》（《耿恭簡年譜》）

《年譜》載，萬曆二十五年（1597）「編《耿恭簡年譜》」。《全集》卷四《耿恭簡先生年譜序》曰：「謹序次學行履歷之大者於首簡（即此《序》），其詳具《年譜》及《行狀》《志表》云。」表明此書，除《年譜》正文外，還有附錄《行狀》和《志表》。

6.《積餘閒語》

《年譜》載，萬曆二十六年（1598）「編《積餘閒語》」。據《全集》卷四《積餘閒語序》，書中內容涉及因果報應之說。

7.《童訓》《女訓》

《年譜》載，萬曆二十六年（1598）編《童訓》《女訓》。

8.《四書明賢宗解》（《明賢四書宗解》）（八卷），另附《明賢宗解》（《明儒宗解》）

《千頃堂書目》《經義考》《明史‧藝文志》著錄為《四書宗解》（八卷）。《年譜》載，萬曆二十七年（1599）「編《四書明賢宗解》」。據《全集》（卷四）《明賢四書宗解序》，此書集明儒釋《四書》之言而稍加刪定而成，並時或附上劉氏己意。故知，是書稱《四書明賢宗解》，又稱《明賢四書宗解》，簡稱《四書宗解》。另，《年譜》又載，萬曆三十六年（1608）「修《明賢宗解》」，不知此書是《四書宗解》的別稱（可能是年進行了重修），還是另一書？《墓誌銘》著錄了《明賢宗解》而無《四書宗解》。《安福縣志‧藝文志》著錄的《明儒宗解》應是《明賢宗解》的別稱。

9.《福乘藏稿》（正編十卷，輯遺一卷）

《安福縣志‧藝文志》著錄為十卷。據《全集》卷四《福乘藏稿序》《年譜》及顏欲章《福乘藏稿序》〔註25〕，是書為劉元卿獨撰的《安福縣志》（乃安福第一部《縣志》），正編十卷，輯遺一卷。分地里、建置、食貨、選舉、秩官、人物、雜記、詞翰等。始修於萬曆二十六年（1598），成於萬曆二十九年（1601），劉氏歿之當年（1609）刊行於世。

10.《六鑒舉要》（六卷）

《千頃堂書目》《經籍考》《四庫提要》著錄為六卷。《四庫提要》稱「是編成於萬曆丙午（1606）」〔註26〕。據《劉聘君全集》卷四《六鑒舉要序》，其內容分帝鑒、相鑒、言鑒、牧鑒、瑙鑒、閨鑒六個部分，其中帝鑒採自張居正所上《今皇帝圖說》，相鑒取自耿天台所著《寶鑒》，其他四鑒亦採自他書。

11.《七九同符》

《年譜》載，萬曆三十四年（1606），「修《七九同符》，以明孔孟之學。」《全集》卷四《七九同符序》曰：「吾取後儒之言合於孟子者，蓋得其所為辨異端之文凡九首，以其續《七篇》，而足以闡先聖之道，故題曰《七九同符》。」

12.《孝廉清範廣傳》

《年譜》載，萬曆三十四年（1606），「輯《孝廉清範》」。據《全集》卷四《孝廉清範廣傳序》，其全稱為《孝廉清範廣傳》，為明代有聲望的孝廉（舉人）三十餘人的傳記。這些傳記，有的取材他書而成，有的為劉氏新撰。

13.《勻屯藏稿》

《年譜》載，萬曆三十五年（1607），「編《勻屯藏稿》」。

14.《廣文柯則》

《年譜》載，萬曆三十五年（1607），「著《廣文柯則》」。據《全集》卷四《廣文柯則序》，此書「輯本朝先正之能教士者為十傳」，以為廣文（即教官）之柯則（即法則）。

15.《禮律類要》（一卷）

《千頃堂書目》著錄為一卷，《墓誌銘》和《安福縣志‧藝文志》也已著

〔註25〕清乾隆四十七年修、同治四年補刊本《安福縣志》（第 1 冊），臺灣成文出版有限公司 1989 年影印，第 13～15 頁。
〔註26〕（清）紀昀等：《四庫全書總目提要》，第 3368 頁。

錄。《年譜》載，萬曆三十六年（1608），修《禮律類要》。據《全集》（卷四）《禮律類要序》，是書據《大明會典》與《大明律例》，「特取四禮之切於日用與五刑之最著而易犯者，各類其要」而成。

16.《千一文》

《年譜》載，萬曆三十六年（1608），「刻《千一文》」。

17.《歷代江右名賢錄》（《江右歷代名賢錄》）（二卷）

《千頃堂書目》史部傳記類著錄為《歷代江右名賢錄》，二卷，《明史·藝文志》史部傳記類著錄為《江右歷代名賢錄》，二卷，兩者同書而名略異。

18.《國朝江右名賢編》（二卷）

《千頃堂書目》著錄於史部傳記類，二卷。

按：以上二書與現存《江右名賢編》（二卷）的關係，目前還無法確定。

19.《國史舉凡》

《千頃堂書目》著錄於史部別史類，未注明卷數。《墓誌銘》和《安福縣志·藝文志》也已著錄。

20.《何莫編》

《墓誌銘》和《安福縣志·藝文志》已著錄。據《全集》卷四《何莫編序》，是書為劉氏選錄古今詩詞而成，其入選標準是：「取其語淺而情深，言近而指遠。讀而使人超然自得其本性者錄之，讀而使人油然動其忠孝之念者錄之，讀而使人名利之心銷盡者又錄之。」

21.《先正義方》

《千頃堂書目》著錄於子部儒家類，未注明卷數。《墓誌銘》和《安福縣志·藝文志》也已著錄。據《全集》卷四《先正義方序》，此書為劉氏將吉州五先生之家訓彙編而成。

22.《親民錄》（二卷）

據《全集》卷四《親民錄序》，此書初由鄒德涵（號聚所）手編而未竟，最後由劉氏增補而成，二卷。其內容為記錄歷代為官者「親民」之前言往行，以為當時為官者之資鑒。

23.《興除訓誥述》

據《全集》卷四《興除訓誥述序》，此書是劉氏彙集安福縣令潘氏為令所著《訓誥》，並加訓釋發揮而成。全書分述免僉兌解告示、述南糧興革告示、

述酌處中火告示、述評議均攤告示、述纂輯軍冊告示、述刊刻匠冊告示、述禁尤賴告示、述懲叛僕告示、述禁邪巫告示、述禁賭博告示十個部分。

24.《史要》

據《全集》卷四《史要序》，是書由劉氏輯略舊史而成，「漢以前差詳，以後浸略」，只取舊史史實，而無取其論斷。

25.《宋儒傳略》

據《全集》卷四《宋儒傳略序》，是書在其《諸儒學案》的基礎上，約取宋儒事行而成，其下限止於陸九淵門人。

另，據《全集》卷四《劉雲章公摘稿序》，劉元卿為元末明初安福儒士劉雲章編有《劉雲章公摘稿》。

從以上考錄來看，劉元卿當為明代一著述量極為豐富之學者和理學家，「實明後期江右王門之大家也」〔註27〕。筆者整理編校的《劉元卿集》收錄了幾乎所有劉氏傳世文獻，近100萬字（按：還有少量佚文未收錄，見下篇第六章），而亡佚者估計遠遠多於此數。著述量如此豐富之人，卻沒有得到學者的足夠重視，其研究還較少。故筆者通過這一考錄，以期引起當代學人對劉元卿的關注。

〔註27〕徐儒宗：《江右王學通論》，中國人民大學出版社，2009年，第33頁。

第三章　江右王門鄒氏第二三代文獻及其思想價值

　　江右王門安福縣鄒氏家族，名滿天下，成就卓著。第一代鄒守益（號東廓）得陽明正傳，為江右王門的領軍人物，第二代鄒善和第三代鄒德涵、鄒德溥、鄒德泳也都是江右王門的重要人物。家族三代傳承陽明學，甚至第四五代仍有守之者，百年不衰。家族 4 代 6 人為進士，即東廓父鄒賢和上述 5 人均為進士。此外，第二代鄒義、鄒美為舉人，也是陽明學者。當時另一有影響的王學家族——江蘇泰州王艮、王東崖父子，其學也只傳承兩代，遠不及鄒家之盛。

一、前人研究綜述

　　關於鄒氏第一代鄒守益的研究，近年來學界較為關注，成果也較為豐碩，而關於鄒氏家學第二三代的研究才初步展開，主要是一些片段的、零星的論述，大致可分為如下三個方面：

1. 生平活動

　　關於鄒氏第二三代的生平介紹，僅見於張衛紅《鄒東廓年譜》中一附錄，該附錄對鄒氏第二三代 6 人分別以幾百字或千餘字對其生平事蹟、教育活動、主要著述等作了簡要的敘述，且於其思想也偶有提及。[註1] 這些小傳雖簡略，但可於此初步窺見鄒氏第二三代的學術價值；不過對其著述的列舉不全，存佚判斷偶有失誤之處，甚至有將書名點破的。

〔註 1〕張衛紅：《鄒東廓年譜》，北京大學出版社，2013 年，第 453～468 頁。

2. 哲學思想

此研究中最早的一個論斷，出自章太炎，他說「羅達夫、王子植、萬思默、鄒汝海（即德涵）為過其師（即王陽明）。」〔註2〕對德涵評價教高。這一研究，除筆者的論文《明儒鄒德涵簡論》（《孔子研究》2014 年第 5 期，即上編第五章）外，主要見於二書：一是張學智《明代哲學史》，其中一小節對鄒善、德涵、德泳 3 人作了初步的論述，認為鄒善、德泳承傳家學，繼承了守益的戒懼主敬之旨，而德涵則變祖風，染有泰州學風。〔註3〕二是徐儒宗《江右王學通論》，此書以哲學問題為中心展開論述，有幾處涉及鄒氏第二三代，主要內容有兩：一是在論鄒守益的「格致論」之後，涉及其兒孫，認為鄒善、德涵、德溥承家學，在此論上與前者一致，而德泳則於此變祖風，別有「格物」工夫；二是在修養論上，簡要評析了鄒善、德涵、德溥、德泳的觀點。〔註4〕此二書對於鄒氏第二三代的研究具有開創之功，不過所論甚簡，所用文獻也僅限於《明儒學案》。

3. 講學運動和其他社會實踐

這方面的研究是以鄒氏家族的面目出現的，其中以鄒守益為主，並涉及第二代鄒義、鄒善和第三代德涵、德溥、德泳，主要成果有陳時龍《明代中晚期講學運動》〔註5〕、呂妙芬《陽明學士人社群：歷史、思想與實踐》〔註6〕、張藝曦《陽明學的鄉里實踐：以明中晚期江西吉水、安福兩縣為例》〔註7〕等書中的相關內容。這些研究對於鄒氏第二三代的論述各不過一兩千字，非常簡略，主要是敘及一些史實；所用文獻主要為《明儒學案》，偶及《鄒聚所先生文集》《鄒泗山先生文集》（即《鄒太史文集》），張書甚至認為鄒德泳無文集傳世，實誤。

〔註2〕章太炎：《王文成全書題辭》，《章太炎全集》（五），上海人民出版社，1985 年，第 116 頁。

〔註3〕張學智：《明代哲學史》（修訂版），中國人民大學出版社，2012 年，第 164～166 頁。

〔註4〕徐儒宗：《江右王學通論》，中國人民大學出版社，2009 年，第 181～183、265～267 頁。

〔註5〕陳時龍：《明代中晚期講學運動》（1522～1626），復旦大學出版社，2007 年，第 82～83 頁。

〔註6〕呂妙芬：《陽明學士人社群：歷史、思想與實踐》，新星出版社，2006 年，第 102～104 頁。

〔註7〕張藝曦：《陽明學的鄉里實踐：以明中晚期江西吉水、安福兩縣為例》，北京師範大學出版集團，2013 年，第 167～169 頁。

綜上所述，關於鄒氏第二三代的研究相當欠闕。雖然有多方面的原因，而根本原因在於文獻資料尚未挖掘、整理。如 2007 年《鄒守益集》的面世，帶來了後來鄒守益研究的興盛；而鄒氏第二三代的文獻則「養在深閨人未識」，研究者所用文獻大多僅限《明儒學案》，而此書所錄資料極為有限，故研究不可能深入，甚至無法真正展開。此外，《四庫全書存目叢書》和《續修四庫全書》所收鄒氏第二三代文獻也有限，還有約三分之二未收錄；而最近出版的《儒藏》（精華編）等叢書均未收錄鄒氏第二三代任何文獻。職是之故，對鄒氏第二三代的研究，首先是文獻整理，然後是思想研究。

二、生平簡述

為說明鄒氏第二三代文獻和思想的價值，先對他們的經歷、交遊、學術和教育活動等作一簡要介紹：

1. 鄒氏第二代

鄒義（1514～1566），字敬甫，號里泉，東廓長子。少穎敏好學，有志於聖賢之業。嘉靖二十二年（1543）中舉。二十六年（1547）入國子監肄業，講《春秋》，闡發東廓之旨，從遊者甚眾。會試多次不第，從父講學於各地，又從歐陽德等問學，於學充然有得。晚年任順天通判，有政聲。政暇則聚眾講學。因疾卒於任上。人稱其「負純粹之資，抱經濟之才。……孝友出於天性，公物形諸實踐。淹古今之學而不見其不足，友天下之士而不見其有餘」。〔註8〕

鄒美（1516～1565），字信甫，號昌泉，東廓次子。少有異稟，能自振勵，超出儕輩，以願學文山為志。徐階、王宗沐、湛甘泉雅重之，稱其能紹隆家學。與周怡交好，在復古書院同起居。羅洪先、劉魁、羅汝芳、胡直等倚為益友。然科舉不順，為廩生二十餘年，於嘉靖四十年（1561）才中舉。故長期侍父講學，東廓出遊，講學於浙、閩、廣之間，皆其侍行。又單獨以經義開館於安福北鄉，族弟子執經受業。王時槐稱「其學能博綜百家，發為文詞，閎瞻而偉麗」，「清嚴勁特之氣，令人望而生敬，蓋所稟有卓然者」。〔註9〕

鄒善（1521～1600），字繼甫，號潁泉，東廓三子。最得父愛，以為能紹其學。嘉靖三十四年（1555）中舉，次年登進士第。初授刑部河南司主事，後

〔註8〕何子壽：《明故承直郎順天別駕里泉鄒先生墓誌銘》，《瀲源鄒氏七修族譜》卷八《狀銘》。

〔註9〕王時槐：《明鄉進士今贈忠憲大夫太常寺少卿昌泉府君墓誌銘》，《瀲源鄒氏七修族譜》卷八《狀銘》。

歷官廣西司署員外郎、山東按察司副使、湖廣布政司參政、福建按察司按察使、廣東布政司右布政使等，以太常卿致仕。在京城時，與耿定向、羅汝芳、胡直等為友，相互究切心學；又與李先芳、高岱等結詩社，詩具開元、大曆之風。於山東任官時，與子德涵、德溥一起，以聖人之道教誨人才，培養了一批品學兼優之士。晚年居鄉，與王時槐、歐陽瑜、朱調等一起講學，曾主盟復古書院、東山講會，興建宗孔書院，於家鄉教育貢獻甚多。

2. 鄒氏第三代

鄒德涵（1538～1581），字汝海，號聚所，鄒善長子。生而俊爽，為祖所鍾愛。十九歲，銳然以負天負祖自奮，得錢緒山器重。嘉靖三十七年（1558）中舉。四十五年（1566），從耿定向學，又與耿定理、楊希淳、焦竑等交遊，學問大成於此年。隆慶五年（1571）進士及第。萬曆二年（1574）授刑部山西司主事。四年（1576）外遷為員外郎，又遷為河南按察司僉事，最後罷官歸。曾主持吉安府青原山講會，學風、民風為之一變。居京城，與周思敬、耿定力等倡率為講會。去官在家，不以為意，然竟英年早逝。鄒德涵學問有成，人格俊偉，時人多所推崇。如張元忭曰：「吾兄其擔荷之勇，將上接姚江之緒，而造詣之深，蓋近承三世之傳。其氣溫然如玉之潤，而韻宇出塵，又如沖霄之鶴，凌千仞而翩翩。」〔註10〕

鄒德溥（1549～1619），字汝光，初號完璞，後號泗山，鄒善次子，王船山父王朝聘之師。幼好學強識，最為祖所喜。萬曆元年（1573）中舉。十一年（1583），會試第二名，廷試二甲二十二名。初授翰林院編修，後歷經筵講官、司經局洗馬、翰林院修撰、太子講官等。萬曆二十五年（1597）被革職，此後鄉居二十餘年。在京，師耿定向，與焦竑、潘士藻等交好，究研心學。居鄉，講學復古、任仁等書院。其於學無所不窺，「自星曆、輿圖及國家營屯、鹽鐵、茶馬諸大政皆有考，而內典、道經等書尤極鑽研。」〔註11〕工古文，善詩詞，文法歐、曾，詩近陶、孟；深研製舉義，時人以為教父；傳家學《春秋》經，為《春秋》學大家。至於其人格修養，人稱其「生平無疾言遽色，一以君子長者待人。人或以好語謾之，不知也，即剚刃以中之，亦不逆也，謂天下決無有失心蔑理者。盛德而處以愚，大白而不屑於矯，獨行而不靳於

〔註10〕張元忭：《同年張陽和先生祭文》，《鄒聚所先生外集》，明萬曆刻本。
〔註11〕鄒德泳：《先兄宮洗泗山老師行狀》，《瀓源鄒氏七修族譜》卷八《狀銘》。

名，普愛而不必於見德。」〔註12〕

　　鄒德泳（1556～1633），字汝聖，號瀘水，鄒美長子。九歲喪父，侍母甚孝。受學於從兄德溥，津津有味於聖人之學。萬曆十年（1582）中舉。十四年（1586），會試第五名，成進士，授行人。次年授監察御史。二十年（1592）在立儲事件中觸怒神宗，削籍歸家。鄉居三十年，修明家學，羽翼聖經，以講學為業，開講西林寺，任白鷺洲書院山長，興復古書院，創同德過化祠、退省軒。昌泰元年（1620）復官，起尚寶少卿，天啟元年（1621）始應詔。後升太常少卿、通政使司左通政、侍經筵、太常卿，因魏忠賢柄政，以刑部右侍郎致仕。其精神人格，感召學者，人人「皆以為親己而樂就之，惰者興起，疑者信，滯者釋，有莫知其然者矣」。「晚年涵養日粹，醇之又醇，優入道域。」〔註13〕臨終之時，神志翛然，三拱手而逝。

三、文獻存佚情況

　　通過各種書目及傳記資料的著錄、文獻檢索、實地調查等對鄒氏第二三代的文獻及版本考證、著錄如下：

1. 鄒氏第二代的文獻及版本

　　第二代著述較少，其中鄒義無著作，鄒美著有《自考錄》，鄒善纂有《理學粹言》，有《潁泉先生要語》（1卷）傳世。

　　鄒美《自考錄》的著錄見於王時槐《昌泉府君墓誌銘》，鄒善《理學粹言》的著錄見於鄒德溥《先考太常卿潁泉君行狀》，初步推定此二書已亡佚，也許俟他日發現。鄒善《潁泉先生要語》，見清初刻本《鄒氏學脈》，《續修四庫全書》收錄。此外，在方志、家譜、書院志等文獻中有少量三人的散佚單篇文獻和傳記資料等。

2. 鄒氏第三代的文獻及版本

　　第三代的著述較多，其所有文獻的書名、版本、存佚情況如下：

（1）鄒德涵

　　其著述經過劉元卿等整理、刊刻，保存完好，幾乎均已傳世，傳世文獻（含版本）如下：

〔註12〕鄒德泳：《先兄宮洗泗山老師行狀》，《瀲源鄒氏七修族譜》卷八《狀銘》。
〔註13〕蔡懋德：《明正議大夫刑部右侍郎瀘水鄒公墓誌銘》，《瀲源鄒氏七修族譜》卷八《狀銘》。

①《鄒聚所先生文集》（6 卷），明萬曆鄒袞、鄒袞刻本，《四庫全書存目叢書》收錄。

②《鄒聚所先生語錄》（3 卷），明萬曆鄒袞、鄒袞刻本，《四庫全書存目叢書》收錄。

③《易教》（1 卷），明萬曆鄒袞、鄒袞刻本，《四庫全書存目叢書》收錄。

④《鄒聚所先生外集》（1 卷），明萬曆鄒袞、鄒袞刻本，《四庫全書存目叢書》收錄。按：此卷為親友師長的書信、祭文、傳記等附錄資料。

⑤《聚所先生要語》（1 卷），見《鄒氏學脈》，《鄒聚所先生語錄》全囊括。

（2）鄒德溥

其著述最為宏富，有 100 多卷。下面所列先存世文獻（含版本），後亡佚者：

①《鄒太史文集》（8 卷），明末安成紹恩堂刻本。按：臺灣中央研究院傅斯年圖書館館藏目錄書名為《鄒泗山先生文集》，實即《鄒太史文集》，同一版本。

②《易會》（8 卷），清同治九年袁州府學副齋活字本，《四庫全書存目叢書》收錄。

③《春秋匡解》（6 卷），明藍格抄本，《四庫全書存目叢書》收錄。

④《新鐫鄒翰林麟經真傳》（12 卷），明沈演、沈菱等刻本。按：《麟經》即《春秋》。

⑤《新鍥臺閣清訛補注孔子家語》（6 卷），明喬山堂劉龍田刻本。

⑥《鄒泗山稿》（1 卷），收錄於清俞長城選評《可儀堂一百二十名家制義》，清康熙步月樓令德堂刻本、乾隆三年文盛堂刻本。

⑦《鄒泗山稿》（1 卷），收錄於明陳名夏編《國朝大家制義》，明末陳氏石雲居刻本。按：與⑥書名雖同，但所收文有所不同，相同者僅十餘篇。

⑧《刻太古遺蹤海篇集韻大全》（31 卷），明潭城書林陳孫安刻本。按：為音韻著作，鄒德溥輯，夏從仁補遺。按：以上為存世者。

⑨《鄒德溥全集》（50 卷），按：包括《泰交錄》《講章》《職官志》《誥敕》《酬應》5 部分。所謂「全集」其實非全集，只是此五部分內容而已。不知版本，已亡佚。

⑩《畏聖錄》（2 卷）、《大學宗釋》（1 卷）、《中庸宗釋》（1 卷）。按：此三種書不知版本，已亡佚。

⑪《雪山草》《匍匐吟》《南薰吟》。按：此三種書為德溥詩集，不知卷數、版本，已亡佚。

（3）鄒德泳

下面所列先存世文獻（含版本），後亡佚者：

①《湛源續集》（9 卷），明萬曆至崇禎年間刻本。

②《鄒德泳雜著》（13 卷，明萬曆至崇禎刻本。按：包括《復古紀事》《復古振玩錄》《正草》《獨耐軒雜筆》《三讀易》《范玉坡公祖往回論學誌》《陳雲怡公祖往回論學誌》《平旦錄》《鄒司寇先生泮宮講義》《聖門律令》《拜恩日錄》《雙瞻廬刻》。

③《瀘水先生要語》（1 卷），見清初刻本《鄒氏學脈》，《續修四庫全書》收錄。按：以上為存世者。

④《湛源集》。按：不知卷數、版本，估計已亡佚，也許待他日發現。

⑤《易林說疑》（2 卷）。按：不知版本，已亡佚。

⑥《學庸歸旨》《復古志》《復古純書》《應求微旨》《三朝拜恩疏》《西林庭課》。按：此 6 種書不知卷數、版本，已亡佚。

此外，三人還有少量散佚單篇文獻和傳記資料等。

四、鄒氏家學的思想史地位和第二三代的思想價值

1. 安福陽明學和鄒氏家學在思想史上的地位

王陽明在江西活動較長，江右王學因之而起。其中，安福縣人才輩出，思想璀璨，除鄒氏家族外，還出現了劉曉、劉陽、劉文敏、劉邦采、王時槐、劉元卿、劉孔當等一大批王學中堅。黃宗羲《明儒學案》共 62 卷，江右王門 33 人占 9 卷，其中安福占 13 人。黃氏論江右王門曰：「姚江之學，唯江右為得其傳。東廓、念庵、兩峰、雙江，其選也。再傳而為塘南、思默，皆能推原陽明未盡之旨。」〔註14〕其所提及的代表性學人 6 人中就有 3 人為安福人，即東廓（鄒守益）、兩峰（劉文敏）、塘南（王時槐）。當時就有王學在江右，江右之盛屬安福之說。如王畿說：「陽明夫子生平德業著於江右最盛，講學之風亦盛於江右，而尤盛於吉之安成。」〔註15〕又如聶豹說：「（陽明先生）倡道東南，

〔註14〕黃宗羲：《明儒學案》，中華書局，2008 年，第 331 頁。
〔註15〕王畿：《漫語贈韓天敍分教安成》，吳震編校整理《王畿集》，鳳凰出版社，2007
　　　年版，第 467 頁。

而以良知為宗。……有志之士，聞風而興者，時惟江西為盛。江西之盛，惟吉安。吉安之盛，惟安福。」〔註16〕鄒氏家族重思想、學術、文化以及人格修養，以家學形式幾代人傳承王學，因「地靈人傑」，成為安福王學（乃至江右王學）的中心。安福王學成就最高者，當屬鄒氏家學。明國史總裁張位說：「今海內稱理學名家，無若安成鄒氏，自東廓鄒先生蜚聲高第，為海內大儒，乃穎泉公繼之，而子憲僉公聚所、宮洗公泗山翩翩嗣起，一門父子兄弟師友淵源，鄒氏之閥益大。」〔註17〕內閣首輔葉向高說：「吉之士大夫素以理學名節相矜砥，而鄒公祖孫、父子、兄弟猶世相傳受，其源出於姚江之良知。而文莊濟以實踐，不為空虛要渺之談，故吉人之言學者，多以鄒氏為宗。」〔註18〕可以說，在王學史或明代思想史上，以地域性而言，安福王學是全國各縣中最有影響且成就非常高的一個群體，為江右王學（乃至全國王學）之重鎮；以家族性傳播而言，鄒氏家學是全國各家族中最為興盛且成就相當高的王學世家，可謂天下第一家。

2. 鄒氏第二三代的思想史貢獻

鄒氏第二代重在繼承和保守乃父之學，雖本身思想成就不高，但有力地傳播、弘揚了家學（陽明學）。第三代在繼承祖風的基礎上，又有新的變化、創造，具有自家獨到的思想性格，思想成就遠高於第二代，且促進了家學的繁榮，推動了陽明學在江右的進一步發展；其總體思想傾向是在朝思想之融合方向發展，即陽明學（甚至儒學）的內部融合或儒釋道三家的大融合；他們在思想史上的貢獻在於，以陽明學核心思想為中心，作內部之糾偏、調適和會通，以及外部之吸納和鎔鑄，豐富了陽明學的內容，並消解其內部的緊張和矛盾，其思想是陽明學後期或明後期思想的重要成就之一。

3. 鄒氏第二代的家學傳播

鄒氏第二代人述而不作，以傳學、講學及其他社會實踐為主，其學問主要體現在踐履上，這也是陽明學（儒學）重要的傳承方式。如鄒義、鄒美曾長期侍父講學於各地，廣交道友，接引來學，是鄒守益思想傳播的得力助手。鄒善則在全國多地為官，所到之處皆講學弘道，晚年又主盟安福復古書院、宗孔書

〔註16〕聶豹：《復古書院記》，吳可為編校整理《聶豹集》，鳳凰出版社，2007 年版，第 133～134 頁。

〔註17〕張位：《太常卿穎泉公神道碑》，《澈源鄒氏七修族譜》卷八《狀銘》。

〔註18〕葉向高：《宮洗泗山公墓誌銘》，《澈源鄒氏七修族譜》卷八《狀銘》。

院等，造就了大批人才，從而擴大了鄒守益的影響，廣泛地傳揚了家學（陽明學）。其中，鄒善仍有一些自己的思想。總體而言，他恪守父學，以戒懼主敬工夫來達靜定境界，重踐履工夫。但亦有思想的獨到之處，如揭仁體為教，於仁學有所發明，陳來先生指出：「其（指鄒善）論仁體亦有可觀。……穎泉所說『仁體時時流貫於日用之間』，的確是一個仁學本體論的重要觀點。」〔註 19〕再如在體用關係上，也有獨特的見解、證悟：「大指密參性宗，而顯證於人倫庶物。」〔註 20〕

4. 鄒氏第三代的主要思想

德涵的思想受近人章太炎的推崇。其學強調「以悟（按：即悟本體）為宗」〔註 21〕。他在泰州學派耿定向、焦竑等的影響、啟發下，參究、證悟良知本體「不假輳泊，不煩矯揉，即顯即微，即夷即玄。」〔註 22〕由此開啟了自己的學問、工夫之路，總體上由鄒氏家學走向了泰州學派，正如黃宗羲所說「於家學又一轉手矣」〔註 23〕。但在具體的工夫上，仍保留了不少家風，如重忠敬、重用功之切要，秉承了乃祖「戒懼勿離，時時操存，時時呈露」〔註 24〕的主敬之功。他實融合二者，形成了自家獨特的風格，一方面強調良知現成說，一方面又重視工夫之緊切；從而克服了泰州學派後期出現的輕工夫、情識而蕩之弊。〔註 25〕同時，又促進了鄒氏家學由重工夫向重本體的轉移。其思想走向，是明後期江右王學和泰州學派兩種學風融合的結果，反映了陽明學後期發展的內部融合趨勢。

德溥之學未被挖掘，很可能是被學術史遺忘的江右王門後期之大家。現代學人往往根據《明儒學案》來對陽明學者作初步評斷或研究，而該書只收錄德溥一則語錄，黃宗羲可能未搜集到其主要思想文獻。故通過該書無以見其學。德溥於學無所不窺，集鄒氏《春秋》學、《易》學、文學之大成，還是八股文大家，甚至還著有 1 部音韻學著作。尤其《春秋》學，安福鄒氏為當時《春秋》

〔註 19〕陳來：《仁學本體論》，生活・讀書・新知三聯書店，2014 年，第 189 頁。
〔註 20〕鄒德溥：《先考太常卿穎泉府君行狀》，《漱源鄒氏七修族譜》卷八《狀銘》。
〔註 21〕黃宗羲：《明儒學案》，中華書局，2008 年，第 332 頁。
〔註 22〕耿天台：《明故奉議大夫河南按察司僉事鄒伯子墓誌銘》，《鄒聚所先生外集》，明萬曆刻本。
〔註 23〕黃宗羲：《明儒學案》，中華書局，2008 年，第 333 頁。
〔註 24〕鄒守益：《文莊府君書》，《鄒聚所先生外集》，明萬曆刻本。
〔註 25〕彭樹欣：《明儒鄒德涵簡論》，《孔子研究》，2014 年第 5 期，第 34 頁。

學全國三大中心之一〔註26〕，而德溥又是其家之最高成就者。在哲學思想上，德溥在朝儒釋道三家融合的方向發展，體現了明後期三教合一的思想趨勢，也改變了其祖純正儒家的學風。如他一方面承繼其祖守益、父善和師耿定向之仁學思想，「諄諄於一體萬物之旨」〔註27〕；另一方面「得大乘密諦，奉若師保」〔註28〕，以為「別有究竟法門，有一人能窺最上乘者」〔註29〕，且「於長生無生之說，亦若有所默證，以為其精者不悖吾儒」〔註30〕，故而直探心體之奧，發揮佛老玄微之旨。

德泳之學與其從兄德涵、德溥有較大的不同，二兄於祖上多所「走作」，而他總體上在向乃祖「回歸」，「與諸同志商究性命精微，皆推文莊公遺教」〔註31〕。其思想價值主要體現在對明後期王學末流狂禪之風和俗學的批評以及對純正王學的維護上，如對「無善無惡為至善」說之嚴厲批評，與東林學派顧憲成大抵接近。故其思想風格較為平實，所謂「篤實光輝，不尚口耳，不希玄妙，一本於心所自得。其言以為吾儕既有志聖學，必求識心」〔註32〕，而其所謂「識心」，乃識孟子所云「四端之心」，而非佛老玄奧之心。不過，其思想仍有所融合和發展，如「格致說」和「盡心說」。前者，把致知與格物、心知與外物合而為一，有將朱子之重外和陽明之重內彌合的趨勢。後者，發揮孟子的「盡心說」，將修養工夫著在「盡心」上，並將形上的天與性收歸於心，形上與形下合一，本體與工夫合一，又有將朱學和陸學融合的意味。

〔註26〕 張藝曦：《陽明學的鄉里實踐——以明中晚期江西吉水、安福兩縣為例》，北京師範大學出版集團，2013年，第165頁。

〔註27〕 鄒德泳：《先兄宮洗泗山老師行狀》，《澈源鄒氏七修族譜》卷八《狀銘》。

〔註28〕 鄒德泳：《先兄宮洗泗山老師行狀》，《澈源鄒氏七修族譜》卷八《狀銘》。

〔註29〕 鄒元標：《宮洗泗山公墓表》，《澈源鄒氏七修族譜》卷八《狀銘》。

〔註30〕 葉向高：《宮洗泗山公墓誌銘》，《澈源鄒氏七修族譜》卷八《狀銘》。

〔註31〕 蔡懋德：《明正議大夫刑部右侍郎瀘水鄒公墓誌銘》，《澈源鄒氏七修族譜》卷八《狀銘》。

〔註32〕 蔡懋德：《明正議大夫刑部右侍郎瀘水鄒公墓誌銘》，《澈源鄒氏七修族譜》卷八《狀銘》。

第四章　劉邦采文獻輯佚

　　劉邦采（1492～1577）[註1]，字君亮，號獅泉（又作「師泉」），安福縣南鄉三舍人，與其族兄劉文敏、族侄劉曉都是江右王門的重要學人。獅泉在當時有較高的學術地位，黃宗羲認為他是陽明後學四家最盛者之一：「陽明歿，諸弟子紛紛互講良知之學，其最盛者山陰王汝中（王畿）、泰州王汝止（王艮）、安福劉君亮、永豐聶文蔚（聶豹），四家各有疏說，駸駸立為門戶。」[註2]其「悟性修命」或「性命兼修」說在陽明後學中有較大的影響，牟宗三將其歸為江右派走向劉蕺山（宗周）的過渡人物。關於獅泉，學界已有不少研究，但所利用的資料幾乎都僅限於黃宗羲《明儒學案》所載者，故受到了很大的局限。

　　獅泉著有《易蘊》《意蘊外篇》《緊語存人錄》等，但均已亡佚，其佚文主要保存在清康熙三十二年刻本《安成復真書院志》（卷四）中，現輯佚其中的佚文，並廣泛收集其傳記資料，然後加以整理、點校，以供學界利用、研討，以推進獅泉之研究。

一、傳記資料

獅泉劉先生邦采傳　　王時槐

　　師泉劉先生邦采字君亮，兩峰先生從弟也。自少英特不羣，初為邑諸生，即厭舉子業，銳然以希聖為志，曰：「學在求諸心，科舉非吾事也。」偕兩峰先生及弟姪九人趨越中，謁陽明王公，稱弟子。王公與語，稱之曰：「君亮會

〔註 1〕生卒年據民國三十三年刊本《三舍劉氏七續族譜》卷十二《可誠房世系》、卷三四《家傳八．劉邦采》。
〔註 2〕黃宗羲：《明儒學案》，第 329～330 頁。

得容易。」先生資既穎敏，而行益卓峻。丁外艱，蔬水廬墓，哀誠篤至。服闋，不復應試。士論益歸。嘉靖七年秋，當鄉試，督學憲使趙公淵檄下邑曰：「劉某行修義端，宜勸起赴試。」邑令勸之出，不可，趙公責邑令益急，固強之出，官為具舟，屬丞偕之行。至南昌，先生欲以布衣往見，丞降禮卑詞，請具衣巾，曰：「不爾，憲使且罪我。」乃不得已具衣巾往。及門，遙望趙公未下席，卻步不前，趙公亟起延之。先生以「荊闈故事，令諸生脫巾露體而入，非待士禮，某不願入也」。於是巡按御史儲公良材令十三郡諸生竝得以常服入闈，免其檢察。比揭榜，先生得中式。儲公批其卷曰「江右人望」云。已乃授壽寧教諭，以正學迪士，多所興起。以薦得內召，陞嘉興府同知，尋棄官歸。

自陽明王公倡道東南，學者承襲口胳，浸失其真。先生有憂之，極言痛斥「以揣摩為妙悟，縱恣為樂地，情愛為仁體，因循為自然，混同為歸一」之非。先生以「心之體曰主宰，貴知止以造於惟一；心之用曰流行，貴見過以極於惟精。是謂博約竝進，敬義不孤。性命兼修之學，如車輪鳥翼，不可偏廢」。後學者能領會者蓋鮮。晚乃《易蘊》二篇，詞旨淵奧，實發其所自得，將以俟諸百世云。與同志聚講於復古、復真、青原、五雲、楚越之間，皇皇掖引弗倦。先生思苦而造微，諸生叩請，能以一語開其宿錮，令人豁然有省。聶貞襄公嘗言：「師泉力大而說辯，排闥之嚴，四座咸屈，人皆避席而讓舍，莫敢有攖其鋒。」人以為善狀先生者。

比屬疾，知不可起，諸生環榻前，猶論學不輟。疾亟，門人朱調問：「先生此際視平時何如？」荅曰：「夫形豈累性哉！今吾不動者，自若也，第形如槁木耳。」少頃遂卒。里中人士入哭，皆盡哀。先生疾時，若有所遇，頗涉奇秘而不言。及將殮，體更溫，久之乃已，亦其養盛而氣完之一驗云。年八十有六。遺命諸子，毋得乞銘文及請祠。初，陽明公為南鴻臚，吉郡士未有及門者，惟先生從子曉最先受學，歸以語先生，至老共學不衰。先生常稱嘉谷之種云，以鄉舉官新寧令。（錄自〔明〕焦竑編《國朝獻徵錄》（五），載周駿富輯《明代傳記叢刊》（第一一三冊），第一九三頁）

劉邦采列傳　鄧元錫

劉君亮諱邦采，始學時，每竟夕不寐，以思有造矣。已詣越從王文成學，有一諾千金之許，文成大稱賞之。學者來質疑，必曰：「問君亮。」已恍然冰解於混一不二之體，悟良知充滿，無不足、不得也，曰：「滿地黃金，顧將作鐵使乎？」自此忘虧成是非，獨與天倪俱。久之，內省受命駁而氣習之滓未有

汰也，則深悟於主宰之真靜者性也，流行之凝精者命也，主宰流行之變化者意也。主宰常一，所以盡性；流行常精，所以修命。學之為主宰、流行之交致者，終不可混也。著《易蘊》一篇，以見意。盡性修命，老矻矻不怠，諸語證悟者姍笑之，而羅達夫洪先獨深信，欲為箋其文以傳其蘊。

曰：「夫學何為者也？悟性修命，知天地之化育者也。往來交錯，庶物露生，寂者無失其一也；沖廓無為，淵穆其容，賾〔註3〕者無失其精也。惟悟也，故能成天地之文；惟修也，故能體天地之塞。悟實者非修性，陽而弗駁也；修達者非悟命，陰〔註4〕而弗窒也。性隱於命，精儲於魄。是故命也有性焉，君子不淆諸命也；性也有命焉，君子不仗諸性也。原始返終，知之至也。」又曰：「有感無動，無感無靜，心也；常感而通，常應而順，意也；常往而來，常化而生，物也；常定而明，常運而照，知也。見聞之知，其糟粕也；象著之物，其凝漚也；念慮之意，其流澌也；動靜之心，其游塵也。心不失無體之心，則心正矣；意不失無欲之意，則意誠矣；物不失無住之物，則物格矣；知不失無動之知，則知致矣。身、心、意、知、物者，工夫所用之條理，格、致、誠、正、修者，條理所用之工夫。知所先後者，始條理也，天序也。」又曰：「忘其所有事者昏，索其所無事者紛。昏不勝紛者雜，紛不勝昏者塞。紛猶夢也，昏猶醉也。醒罪遣夢者惺惺也，瞬有存，息有養，前無迎，後無將，何病乎塞？何憂乎雜？」

又曰：「德非潛不光，心非淡不休。識恒斂曰潛，欲恒釋曰淡，淡以平感物而動之情，潛以立人生而靜之本。是故清明在躬，志氣如神，潛且淡者與？」又曰：「己者命之所稟，禮者性之所具。人之生也，性一而命殊。故人之過也，各於其黨，虞仲之放，伯夷之隘，下惠之不恭，子貢之達，子路之勇，原憲之狷，曾點之狂，子張之堂堂，皆己也。雖痛克之，猶恐守己者固，而從人者輕也。惟堯舜為能捨，非竭才不能克。是故能見無動之過，通乎微矣；能淨無垢之塵，可與幾矣。草昧之險，無動之過也；野馬之運，無垢之塵也。故聖人洗心退藏於密，神武而不殺也夫。」又曰：「能心忘則心謙，勝心忘則心平，侈心忘則心淡，躁心忘則心泰，嫉心忘則心和。謙以受益，平以稱施，淡以發智，泰以明威，和以通志，成性存存，九德咸事。」又曰：「心之為體也虛，其為用也實。義質、禮行、遜出、信成，致其實也；無意、無必、無

〔註3〕按：底本衍一「賾」字，據文意刪。
〔註4〕陰：底本奪，據文意補。

固、無我,致其虛也。虛以通天下之志,實以成天下之務,虛實相生,則德不孤。是故常無我,以觀其體,心普萬物而無心也;常無欲,以觀其用,情順萬事而無情也。」

又曰:「見玄而不影響者鮮矣,務博而不支離者鮮矣。見過以致玄,玄而質也;務約以致博,博而寂也。高明效天,博厚法地,弘心澄意之學也。」又曰:「感應而無起滅,太虛之流行,優優生化之學也;著察而落感應,照心之為用,憧憧往來之私也。優優則時止時行,議擬以成變,改過遷善,同歸於不識不知而已焉。」又曰:「伯玉不以昭昭申節、冥冥惰行,感應之著察者也;原憲之克伐怨慾不行,著察之感應者也。念念謹念,其知也遷;念念一念,其知也凝。顏子不善未嘗不知,知之未嘗復行,主宰、流行,明照俱至,猶之赤日麗空,照四方而不落萬象矣。曰:『明道之獵心復萌,見林木之嘉者起計度,何也?』曰:『斯固顏子之學,過而不成念者也,未嘗嬰明體而起知端。』曰:『然則曾子之易簀,得於童子之燭,非嬰明體而起端乎?』曰:『猶之日月雲瀚,空照一也。蓋良知流行變通,有定從而無典常,曾子之以虛受人,又非過焉、改焉者可論也。』曰:『其謂得正而斃焉,何也?』曰:『正無定體,惟意所安。是故學莫踰於致知,訣莫要於知止。』」

又曰:「多聞不畜聞,無聞也;多見不宿見,無見也。獨聞者塞,獨見者執,小成而已矣。是故君子多識前言往行,以畜其德,《大畜》也。」又曰:「九容不修,是無身也;九思不慎,是無心也;九疇不敘,是無天下國家也。修容以立人道,慎思以達天德,敘疇以順帝則。君子理此三者,故全也。」又曰:「建極在君,修極在公卿,遵極在守令,徵極在庶民。父慈子孝,兄友弟恭,庶民徵矣;省刑平稅,敬老慈幼,守令遵矣;尊賢任能,謹度宣化,公卿修矣;敬天勤民,禮敘樂和,皇極建矣。惟皇作極,惟帝時克,一哉王心,協哉眾志,元氣充塞,太和保合,人感天應,雨暘時若,寒暑不侵,治之極也。」

伯光仕為令,宜充、君亮俱棄舉子業,專於學。已君亮以聘舉鄉試,仕為泰寧教諭,同知嘉興府。學者稱師泉先生。先生與學者語不唱,唯危坐默對,有問隨酬,即片言能開人夙昔沉錮。有鍛煉,令人躍然自化;有開剖,令人躍然。疾亟,門人朱調問:「先生此際視平日何如?」公曰:「形詎能累性哉?今吾自若也。」遂暝。(錄自〔明〕鄧元錫《皇明書列傳》(卷四十四),載周駿富輯《明代傳記叢刊》(第七三冊),第一七八九~一七九七頁)

祭師泉劉先生文　鄧元錫

悲大道之洶夷兮，鑿牖戶以專門。主一說以自覆兮，莽求尚乎前薪。惟稽山之良知兮，秉晷日以耀明。何萬象之弗察兮，云一丸之混成。傷近學之猖披兮，羌瀌心以自聖。情萬變何可蓋兮，從滯淫而離正。曰天機終薆修學兮，將嗜欲之放競。走狂途以疾顛兮，猶藉口於頓逞。翁始悟詎不焯爍兮，曰滿地其南金。哀眾懵而作鐵使兮，孰聆乎無為之妙音？眾屬目而蚩眙兮，忽稱心而自悼。紛遞覽以失度兮，孰迷行而蚤造？正明目以內觀兮，何纖翳之得留？既精精而粗粗兮，并源源而流流。性太虛而惟一兮，命有賾其吹萬。不研精以修命兮，何性命之得眕？匪全力以邃詣兮，孰親乎知之為良？譬晉明之出地兮，乃焜耀其耿光。眾群訾以失宗兮，翁自知其不迻。考作室而我堂搆兮，固師明之所許。謇識力之不愆兮，老砿砿其猶壯。攄《易蘊》以鑿混沌兮，超群罔其獨上。斂三才於一掬兮，析千古於毫芒。畜衢天以既亨兮，浴咸池之耿光。登天壽以平格兮，卓師門之焜耀。信自道而自成兮，任群蒙之誹誚。今乘箕而長往兮，邈鯤化而莫攀。哀我人之失資兮，孰啟鑰而抽關。慨百年三繼見兮，感敦琢其獨契。比復真之再造兮，荷獎掖之彌至。悼千里之為遐兮，奠椒醑以何從？緘斯文以寫哀兮，靈沈洋其來降。尚饗！（鄧元錫《潛谷編》（卷九），《四庫全書存目叢書》（集部一三〇冊），第五九二～五九三頁）

劉邦采傳　《三舍劉氏七續族譜》

劉邦采字君亮，號獅泉，行君十二。明弘治壬子（1492）十月廿二日生，嘉靖戊子（1528）科舉人，官同知，立義倉，修族譜，著有《易蘊》《緊語存人錄》。前明崇祀理學，配享王文成祠。葬汶村虎形祖妣墳左。配蒙岡王氏，封宜人。（錄自《三舍劉氏七續族譜》卷十二《可誠房世系》，民國甲申刊本）

劉邦采字君亮，號獅泉，安福縣人。初為邑諸生，即以希聖為志，曰：「學在求諸心，科舉非吾事也。」偕兩峰入越，謁陽明，稱弟子，陽明契之，曰：「君亮會得容易。」邦采資既穎敏，而行復峻拔。居父喪，蔬水廬墓。服闋，不復應試，士論益歸。嘉靖七年秋，當鄉試，督學趙淵下教屬邑，迫之上道。方入見，見淵未離席，即卻立不前，淵亟起迎之。又以棘闈故事，諸生必免冠祖錫而入，失待士禮，不願入。御史儲良材令十三郡諸生並得以常服入闈，免其簡察。揭榜，得中式。已授壽寧教諭，陞嘉興府同知，尋棄官歸。年八十六卒。

陽明亡，後學者承襲口脗，浸失其真，以揣摩為妙悟，縱恣為樂地，情愛為仁體，因循為自然，混同為歸一。邦采怒然憂之，每極言排斥焉，嘗曰：「心之體曰主宰，貴知止以造於惟一；心之用曰流行，貴見過以極於惟精。是謂博約並進，敬義不孤。」乃著《易蘊》二篇，實發其所自得，以講明性命兼修之旨。與諸同志聚講復古、復真、青原、五雲之間，引誘弗倦，學者多豁然有省。疾亟，門人朱調問先生：「此時視平時何如？」答曰：「夫形豈累性哉？今吾不動者自若也，第形如槁木耳。」聶雙江豹嘗稱其力大而說辨，排闔之嚴，四座咸屈，人莫敢攖其鋒。黃梨洲亦稱其言心、知、意、物，較王龍溪四有、四無之說最為諦當。《明儒學案》具紀其詳云。據《明史》及《明儒學案》《安福縣志》舊志云，先生之學詳在八十五時所作《自記》，屬纊時，門人於袖中得之，云：「予賴二親，罔極之恩，承天地開闢之會，三十而始知拜師，漫然真切者二十四年。一旦神會於魯叟志學之脈絡，惜其志不勝氣，修不盡悟，乃發憤於渣滓之渾化，又三十年。天命之休，假年不死，以濯以暴，庶幾於聞而知之。」天之未喪斯文也，其在茲乎！舊志云所著有《易蘊》《緊語存人錄》，今惟《存人錄》未見。又嘗修族譜，興鄉約，立義倉，鄉族尤賴焉。（錄自《三舍劉氏七續族譜》卷三四《家傳八》，民國甲申刊本）

劉獅泉先生列傳 《安成復真書院志》

獅泉劉先生諱邦采，字君亮，三舍人，嘉靖戊子鄉舉，兩峰公從弟也。自少英特不羣，初為諸生，即厭舉子業。銳然以希聖為志，趨浙中謁王文成，稱弟子。文成與語曰：「君亮會得容易。」公資既穎敏，行益卓峻。丁外艱，蔬食廬墓。服除，不復應試。士論益歸之。戊子秋，當鄉試，學使趙公淵檄聘入試，公辭不赴，固強之出。公以荊闈故事，令諸生脫巾露體而入，非待士禮，卻步不進。監臨柱史儲公良材令十三郡士並以常服入闈，免其檢察。比揭曉，公中式。儲公批其卷曰「江右人望」云。及授壽寧教諭，以正學迪士，多所成就。用薦陞嘉興府同知，尋掛冠歸。與同志聚講復真、青原、楚越間，皇皇誘掖弗倦。公思苦而造微，諸生有請，能以一言開其宿錮，令人豁然有省。比屬疾，知不起，諸生環侍，猶論學不輟，其神閒氣定有如此。後十年，郡邑守令建專祠祀公與兩峰公於復真、復古書院。子孫歷今六傳，詩禮發祥，世振家聲。（錄自王吉編《安成復真書院志》（卷三），清康熙刻本，第七～八頁）

同知劉師泉先生邦采　黃宗羲

劉邦采字君亮，號師泉，吉之安福人。初為邑諸生，即以希聖為志，曰：
「學在求諸心，科舉非吾事也。」偕兩峰入越，謁陽明，稱弟子。陽明契之曰：
「君亮會得容易。」先生資既穎敏，而行復峻拔。丁外艱，蔬水廬墓。服闋，
不復應試。士論益歸。嘉靖七年秋，當鄉試，督學趙淵下教屬邑，迫之上道。
先生入見，淵未離席，即卻立不前，淵亟起迎之。先生以棘闈故事，諸生必免
冠袒裼而入，失待士禮，不願入。御史儲良材令十三郡諸生並得以常服入闈，
免其簡察。揭榜，先生得中式。已授壽寧教諭。陞嘉興府同知，尋棄官歸，年
八十六卒。

陽明亡後，學者承襲口脗，浸失其真，以揣摩為妙悟，縱恣為樂地，情愛
為仁體，因循為自然，混同為歸一。先生怵然憂之，謂：「夫人之生，有性有
命，性妙於無為，命雜於有質，故必兼修而後可以為學。蓋吾心主宰謂之性，
性無為者也，故須首出庶物，以立其體；吾心流行謂之命，命有質者也，故須
隨時運化，以致其用。常知不落念，是吾立體之功；常運不成念，是吾致用之
功，二者不可相雜。常知常止，而愈常微也。是說也，吾為見在良知所誤，極
探而得之。」龍溪問：「見在良知與聖人同異？」先生曰：「不同。赤子之心，
孩提之知，愚夫婦之知能，如頑礦未經煅煉，不可名金。其視無聲無臭、自然
之明覺，何啻千里？是何也？為其純陰無真陽也。復真陽者，更須開天闢地，
鼎立乾坤，乃能得之。以見在良知為主，決無入道之期矣。」龍溪曰：「以一
隙之光，謂非照臨四表之光不可。今日之日，非本不光，雲氣掩之耳。以愚夫
愚婦為純陰者，何以異此？」念菴曰：「聖賢只要人從見在尋源頭，不是別將
一心換卻此心。師泉欲創業，不享見在，豈是懸空做得？亦只是時時收攝此見
在者，使之凝一耳。」先生著為《易蘊》，無非此意。

所謂性命兼修，立體之功，即宋儒之涵養；致用之功，即宋儒之省察。涵
養即是致中，省察即是致和。立本致用，特異其名耳。然工夫終是兩用，兩用
則支離，未免有顧彼失此之病，非純一之學也。總緣認理氣為二。造化只有一
氣流行，流行之不失其則者，即為主宰，非有一物以主宰夫流行，然流行無可
用功體，當其不失則者而已矣。乃先生之言心、意、知、物，較四有、四無之
說，最為諦當。謂：「有感無動，無感無靜，心也；常感而通，常應而順，意
也。常往而來，常化而生，物也；常定而明，常運而照，知也。見聞之知，其
糟粕也；象著之物，其凝溫也；念慮之意，其流澌也；動靜之心，其游塵也。

心不失無體之心，則心正矣；意不失無欲之意，則意誠矣；物不失無住之物，則物格矣；知不失無動之知，則知致矣。」夫心無體，意無欲，知無動，物無住，則皆是有善無惡矣。劉念台夫子欲於龍溪之四無易一字，「心是有善無惡之心，意亦是有善無惡之意，知亦是有善無惡之知，物亦是有善無惡之物」，何其相符合也？念菴言：「師泉素持元虛，即今肯向裏著己，收拾性命，正是好消息。」雙江言：「師泉力大而說辨，排闥之嚴，四座咸屈，人皆避席而讓舍，莫敢攖其鋒。」

疾亟，門人朱調問：「先生此視平時何如？」答曰：「夫形豈累性哉！今吾不動者，自若也，第形如槁木耳。」遂卒。先生之得力如此。（錄自黃宗羲《明儒學案》，中華書局，二〇〇八年，第四三七～四三九頁。按：標點略有改動）

二、佚文

論學緊語〔註5〕

獅泉子曰：「緊語者，喫緊語也。何為緊？黃鍾播矣，而生氣之屯於土膏。括囊，然不能不奮激為雷。鼓萬物者，莫疾乎雷，霹靂之聲，天地生物之心也。是故雷出地奮，取諸《豫》。慨夫精一、博約之學，統貫於格致誠正修之實功，而要在知止。此虞廷、杏壇一脈之大宗。何見知者之罕、聞知者之寡？歷二千餘年，顏子得之而未顯，明道契之而未盡。絕學之憂，激於衷而見於詞也，後之君子憫焉。論學緊語引。」

五倫是受命之根，學不從綱常倫理反躬實修，雖窮盡天人理，讀盡古今書，反為心害。

憤之義從心，從賁，性之文采英華，與日月雲霞同其光曜。聖人之發憤忘食，發此者也，正是江漢以濯、秋陽以暴的工夫。

溫故則常復，知新則常生，常復常生，其益無方。知識自內起，聞見由外入，俱不是學。

知之為知之，就在知上學；不知為不知，就在不知上學。俱不脫本念，與為之不厭「為」字同功。為知則明體日精，為不知則蔽念日開，一時俱到，此充拓訣竅之極也。

〔註5〕按：此標題為整理者所加，以下二標題同。

道無生死，知無生死，故學亦無生死。顏子雖三十二而歿，至今學猶日新，故曰：「朝聞道，夕死可矣。」

諸賢之病在於至焉而已矣，孔子之聖在於無弗能已矣。

心中無事，明瑩透徹，是學。

思則入微，學則歸根，故曰：「以思，無益，不如學。」

割愛處，一刀兩斷，此之謂大丈夫。

子貢博濟，從立人、達人上看仁；聖人言仁，從己立、己達上充實。

知無生死，長知則長生矣，萬古只此知。

孔子之學起爐煉砂，逸民之學因風吹火。

思從未發之中出，是無邪，故曰「不出其位」。

如好好色，好仁者無以尚之；如惡惡臭，不使不仁者加乎其身。聖人嘆之為絕學。

子在齊聞《韶》，聞舜之樂而知舜之德也，三月不知肉味。聖人之精神命脈專在學與舜齊。

中心斯須不和不樂，則暴慢之心生之矣，外貌斯須不莊不敬，則鄙詐之心入之矣。性之德也，合內外之道也，學者成德之關要也。

有道則見，無道則隱，固時也；天下有道，丘不與易，亦時也。時止時行，存乎其人。

子路若達，為國以禮，便是羣侯德讓，篤恭而天下平。

兩端是彼此對待各持之意，必執乃可用中，必叩乃可竭意，聖人之無我也。

君子有三戒，是修身內功夫，擴之則為踐形。

強者勇以用勇，子路勇以成學，聖人學以制勇。細體聖人之處陽貨，曾子之處季孫，所謂上交不諂，下交不瀆者是矣。

人苟自是，即墮深淵，無論階級，故兩言「人皆曰予知」，不拘有學無學之可論也，可不懼哉！

明道自言昔嘗受學於周茂叔，每令尋仲尼、顏子樂處，惜不曾令尋仲尼、顏子發憤竭才處，終身欠此一著。

千古作聖訣竅，在知堯之欽明，舜之文明，《大學》之明德，皆自明之一脈也。

「再，斯可矣」，季文子在事上思，聖人反之，在心上思。

知大始，致知也；作成物，格物也。易簡之學貫天人也。

　　明德是主宰之發竅，親民是流行是實事，止至善是流行之歸極，知止是止至善之頭面。知止則合下有定，不患其不能靜、能安、能慮也。

　　詖詞者荀卿是也，淫詞者莊、列是也，邪詞者楊、墨是也，遁詞者告子是也。

　　克伐怨欲不足以盡仁，仁則可以淨克伐怨欲。學術之煩難、易簡，於此判矣。

　　遷善徙義，如棄舊家當，搬住廈屋也。

　　陳恒弒其君，孔子沐浴齋戒，請討，非討陳恒也，討三桓也，祿之去公室五世矣。此聖人之隱憂也，不知後世之有志於國家者，能有此心腸否？

　　向晦須凝定澄徹，以收一日之功；明發須振奮鞭策，以端一日之基。初學者最緊關。

　　子張問明，聖人語以浸潤之譖、膚受之愬不行為明；問惑，語以愛之欲生、惡之欲死是惑。此非聖人道不到。

　　子貢築場之真，真在於感師之恩；游、夏所事之虛，虛在於尊師之念；曾子強不可，可在於明師之學。噫！其辯也微哉！

　　問刪後無《詩》，曰：「獨憐幽草澗邊生」，庶幾於怨而不怒；「夫在關山妾在吳」，庶幾於哀而不傷。

　　士生於三代之上，學明道一，用世者皆可以成知勇之功烈，伊尹、太公是也。士生於三代之下，學絕道喪，用世者僅足以英雄之謀策，張良、韓信是也。下之則有勇無義，為亂、為盜，莽、操之徒是也。噫！人品之高下存乎志，丈夫之成就存乎學，時固不得而限之也。孔子之在春秋，嘗曰「吾十有五而志於學」；孟子之在戰國，嘗曰「乃所願，則學孔子」，卒之世為天下師。有志者省之。

　　王荊公一部《周禮》俱理會得盡，只是不曾理會自家學識支離之苦，乃見性無內外之真。以上出《論學緊語》。

會語

　　問：「『學而時習之』，如何是學？如何是時習？」曰：「學者，恥其未能而求以能之之謂也；時習者，求能之功不息焉者之謂也。」曰：「何恥焉？」曰：「人為萬物之靈，非於其形也，於其心也。苟失其所以為心，則失其所以為靈矣。人而失其所以為靈，其於物也，不遠矣。以人而不殊於物，恥孰甚焉？故存心之學不可須臾離。心存，則其所未能者將日能矣。事親也必求盡其孝，

事兄也必求盡其弟，處家族也必求其盡敬讓，處鄉黨也必求其盡和睦。以至坐如屍，坐時不離此學也；立如齋，立時不離此學也；行不愧影，行而不離此學也；寢不愧衾，寢而不離此學也。夫如是，則心常伸於萬物之上，而人道立矣。故曰：恥之於人，大矣。」

　　問：「孝弟謹信，愛眾親仁，何獨歸之弟子乎？」曰：「人孰無親，人孰無長，弟子者，合少壯之通稱也。孩提知愛，及長知敬，是孝弟人道之本，故曰『行仁自孝弟始』。人能孝弟，則一出言而不敢忘父母，一舉足而不敢忘父母，況言行榮辱之主也，自不容於不謹且信矣。吾聞敬親者不敢慢於人，愛親者不敢惡於人。汎愛所以擴一體之量，親仁所以資就正之益，無非孝弟之心油然而生者也。」曰：「學文何也？」曰：「君子貴於多識前言往行以畜其德，非以誇多而鬥靡也。如誦《蓼莪》，則思罔極之恩；誦《棠棣》，則動手足之愛。譬諸木焉，培壅灌溉，所以滋其發榮暢茂。今之學者則不然，視性分為長物，以文藝為急務，輕其所當先，重其所當後。此古今學術之辯，成材難易之別，可見也矣。」

　　問：「無違謂不悖，於理未達。」曰：「禮也者，理也，天然自有之條理也。當厚而厚，當薄而薄，當隆而隆，當殺而殺，無非理所生也。夫三家，陪臣也，以陪臣而僭諸侯，侈心為之也，以蕩陵德者也。以蕩陵德，則鮮克有終，故曰『三世希不失矣』。今閭閻耕讀之家，冠昏喪祭，不稱家之有無、義之可否，每強其力之所不逮，越其分之所不得，將為觀視之美，以誇張鄉里，又豈待於三世而失哉？

　　問：「三年無改於父之道。苟善矣，雖世守之可也，何三年之云乎？」曰：「善哉問也！子能世守其親之善行，斯固世德作求、福澤綿長之基也。雖或有可改者，三年之內，天墜地崩，哀痛迫切之無所逃焉者也，奚暇計於改父之道乎？故曰：『杖而後能起。』顏色稱其情，戚容稱其服，待身執事者，面垢而已。此天理民彝自然不容已者，豈聖人強為之制哉？」

　　問：「子游、子夏問孝，聖人答之各異。先儒謂子游能養，而或失於敬；子夏能直義，而或少溫潤之色。然歟？」曰：「聖人教人，固各因其宜，然色難，即不敬也。『有酒食，先生饌』者，即能養也。夫敬者，純孝之存於衷者也；色者，仁愛之著於外者也。未有有是心也而無是色，無是色而有是心也。故曾子之必請所與，謂之養志；曾元之將以復進，不過能養而已。噫！今之學者何必然，曾見幾人之將以復進乎？幾人之有酒食，不入室對妻子喫而顧

與父兄饌乎？」曰：「養志奈何？如顏子之簞瓢，奚取焉？」曰：「夫既謂之養志，非必酒肉之謂也，惟以順乎其親者也，故曰菽水盡其歡。觀其『必請所與，問有餘，必曰有』，則其溫潤之色可想見矣。故聖人教人，都是指點人本心說。」

問：「管仲之樹塞門，即今人家門前之屏墙也；反坫者，猶今廳堂兩楹間酒器之臺也。聖人何為舉此以譏其不知禮乎？」曰：「心無大小，禮無大小，故僭之事亦無大小，不得為而為者，皆僭也。《易》之《履》曰：『君子以辯上下，定民志』；《節》曰：『君子以制數度，議德行。』況侈心一生，則靡費日甚，風俗日壞，貧欲效富，士欲效大夫，爭奪由此而起矣。故舜造漆器，諫者數十人，為其玉杯象箸之漸也，況士民之家者乎？是故禮也者，有身有家者之規矩尺度也，毫髮不容增損也。噫！今之士大夫、富人之家，豈惟反坫、樹塞門而已哉！可以覘世變矣。」

問：「為惡，中人以下者所不甘；而志仁，又非其所能也。聖人乃曰『苟至於仁矣，無惡也』，則天下豈皆惡者之歸乎？」曰：「善惡不容兩立，欲知舜與蹠之分，無他，利與善之間也。人只有一箇心與身，豈有不舜不蹠之路頭可住腳哉？」曰：「何為善人？」曰：「人須知學，方能察微。善人質雖美，而無著察之功，故不能充其無欲害人之心，難免於客氣之動。先儒亦曰：『客氣甚害事。』今人只是看得客氣輕了，不知客氣一動，雖父兄亦不肯讓過，只見我是而彼不是，非惡而何？豈必皆損人利己者哉？故先儒曰：『臣弒其君，子弒其父，嘗始於見其有不是處耳。』」

問：「君子懷刑，人情何嘗不畏刑，奚惟歸之君子乎？」曰：「常人非懷刑，平時不能懲忿、消客氣，亡身及親，在所不顧，及至犯刑，無所逃罪。此正安其危，利其災，樂其所以亡者，豈得為懷乎？懷是懷抱之懷，常恐此身之陷於刑戮。故君子作事謀始，安其身而後動；恐懼修省，念念不放，是先事而遠刑也。禮曰：『身體髮膚，受之父母，不敢毀傷。』其君子懷刑之謂歟？」

問：「恥惡衣惡食，朱子謂此『以口體之奉，不若人為恥』，正是今人門面心腸，非溫飽之計也。」曰：「畢竟是溫飽上來，除卻了溫飽，則亦無此恥矣。人苟以此為恥，則於外物奉身者，必事事要好，妻妾之奉，宮室之美，田園之利，奴僕之濟楚，凡可以誇耀勝人者，無不為苟得也，得之則欣欣，不得則戚戚，心為形役，斷送了一生，皆為此念頭也。故此等念頭，非惟志於道者不可有，雖欲在世作箇出頭的漢字，亦須在此上著腳。」

問：「夫子生知之聖，而曰『十室之邑，必有忠信如丘者焉』，何也？」曰：「語其生知，則孩提之童無不知愛親、敬其長，凡人皆可謂之生知也。語其學，則聖人亦曰『我非生而知之者，好古，敏以求之者也』。雖聖人亦必待學，故生知、學知、困知，皆自用功。言不由師傅而自志於學者，是其氣稟清明，無所蔽於其生者也，故曰生知；不能無蔽，必假於師友之驚策切磨以成其學者，學知也；人一己百，人十己千，然後能勝乎氣質習態之蔽者，困知也。及其知之，一也。但質美者成學更易，不學則亦終焉與艸木同腐朽而已。」

問：「犁牛之子騂且角，乃至山川之不舍。此理誠未達。」曰：「人只於此等處信不及，不肯一心一意作好人，以自求多福也。夫一方之山川、人物，同此生理，同此靈氣，則同此好惡也。故山川非有心也，而好惡則與人無異。人苟有一善念、一善行，人固好之，山川亦好之；有一惡念、一惡行，人固惡之，山川亦惡之。故曰：「一念未起，鬼神先知。」又曰：「鬼神害盈而福謙。」豈虛語哉！是以為善之人，利未及人，而已先受其福矣；為惡之人，害未及人，而已先受其禍矣。非但父之惡不能廢其子之善，上可以蓋宗祖之愆，下可以永子孫之昌，可不深思而猛省哉！」

問：「『放於利而行，多怨』，與『小人喻於利』同歟？」曰：「利一也：逐市壟斷，固放於利也；適己自便，亦放於利也。放則必喻，喻則必放；愈放〔註6〕而愈喻，愈喻而愈放矣。不知工於謀者有術中之隱禍，近而殉其身，遠而災及其子孫，天道之所必至也。蓋財者，人之命，未有奪人之命以為己之命而人不怨，禍不旋踵者乎？」

問：「『幾諫』，『父母在，不遠遊』，與『父母之年不可不知』，一道乎？」曰：「孝一也：幾諫，盡孝之變也；不遠遊，盡孝之常也。諫於動而未形，則親之改過也易，子之諭親也隱，人情大抵然也。然非一體之流貫、懼喜之相切，則見父母之過非吾身之疾痛，安能委曲盡瘁之？若是視父母之在堂，漠然於定省之曠，安有明發不寐者乎？」

問：「人之生也直，何以見之？」曰：「試觀孩提之愛親，及長之敬兄，與夫渴之欲飲，饑之欲食，何有一毫扭捏掩護？及其知識開，才力強，便有許多門面、習尚，而生理之本直者雜矣。故曰：『古之愚也直，今之愚也詐而已矣。』孟子亦曰：『為機械之巧者，無所用其恥焉。』是自蹈於罔生者矣，哀哉！」

〔註6〕放：底本作「倣」，誤，據上下文改。

問：「『執鞭之士，吾亦為之』，聖人何意也？」曰：「聖人安分，無侈心，無浮氣，時當自食其力，何恥於賤役？此是實話，但義不可求、又不役志於此。是故簞瓢陋巷，人得之，不堪其憂；顏子得之，不改其樂。可見做人只在好學，不在於富貴貧賤也。今人處困，所好不在於此立志做人，而所恥又在於卑賤，心身俱失之矣。可不可之辯甚微，學有得力者能之。」

問「孔子於鄉黨」。曰：「此一節，學者須時時誦法，務求實體。蓋聖人聰明才辯，無所不知，無所不能，宜若無施而無〔註7〕不可也。然其居鄉，謙卑遜順，若無能人一般。何也？蓋鄉黨，父兄、宗族之所在，天敘天秩，苟有些子不盡分處，便無所逃於天地之間者矣。噫！世有以富貴加於宗族，固禽獸之不如；然以賢知先於宗族，亦為輕薄子弟矣。」

問「以直報怨」。曰：「以德報怨，亦不可輕看了，正古人忠厚之至，但其好仁、不好學，其蔽也愚。聖人怨德之報，一本於天則之中和，無有作好，無有作惡，二道平平者也。觀此，則人之有德於我者，其情自不容於不厚。故先儒曰：『知恩不報，其為子必不孝，為臣必不忠。』」

問忠信篤敬，蠻貊可行。曰：「天命之性、人心之靈，無間於古今，聖凡無分於中國、夷狄，未有己能忠信篤敬，而人不以忠信篤敬應之也。孟子曰『身不行道，不行於妻子』，州里云乎哉？」

問何為遠慮。曰：「遠慮者，終身之憂，不忍以此身與艸木同腐朽也。蓋人之生也，冠萬物之靈，備五行之秀，父母祖宗精氣之所聚，地風川嶽神異之所鍾。大其心，可以參兩間；踐其形，可以垂萬世。捨此遠圖，顧乃戚戚於目前得喪榮辱是非，棄千金之珠彈一雀，亦可悲矣！」

問「躬自厚而薄責於人」。曰：「此切問近思者也，怨無親疎，責善則離。吾惟盡吾之孝以事父，而不責子之未盡於我；吾惟盡吾之弟以事兄，而不責弟之未盡於我；盡吾之敬讓於宗族，而不責宗族之施於我者；盡吾之睦恤於鄉黨，而不責鄉黨之施於我者；盡吾之信以處朋友，而不責朋友之所以處我者。如此則誠能動物，怨何自而生乎？」

問：「衛公子荊善居室，聖人舉而稱之，何也？」曰：「人於外物奉身者，雖事事要好，除卻妻妾之奉，便是宮室之美，不知宮室惟以蔽風雨，以免於穴居野處而已。古人位至宰相，聽事僅容旋馬，百世以為美談。今時禮教不明，

〔註7〕無：疑為衍文。

富民之家未嘗不峻宇雕墻。如公子荊，觀其三言，則其隨分循理而無侈心，可知矣。聖人之善之也，宜哉！」

問「齊景公有馬千駟」。曰：「此是聖人舉一箇極富的，舉一箇極貧的，與人做樣子。人情孰不欲富而惡貧？然富如景公，可為極矣，試舉馬之一件，千駟，四千匹也，而死則與艸木同腐朽。夷、齊餓於首陽，貧之至也，其德不衰於百世。噫！作人者，亦可以省矣。」

問「均無貧，和無寡，安無傾」。曰：「此三言，萬世有國家者之藥石也。蓋富不守分，則侈靡日生，以蕩陵德，富必至於日消；貧不守分，則忮求無厭，因利犯義，貧必至於日濫。內外上下之不和不安，胥此為之惑階矣。諸侯、大夫、陪臣姑置勿論，如人有千金之家，能守千金之分，有百金之家，能守其百金之分，有十金之家，能守其十金之分，則隨在各足，貪怨不生。人不期和而自和，家不期安而自安，則仁讓相保，禍不起於蕭墻，何寡何傾之有？聖人此言雖為季氏而發，實萬世有國家者之藥石也。」

問：「不為《周南》《召南》，何為面墻？」曰：「閨門之內，萬化由出。《中庸》曰：『君子之道，造端乎夫婦。』於此盡得學，雖察乎天地，不外是矣。於此苟有窒礙，則一步行不去。故發乎性情，止乎禮義，莫有過於二《南》者也。學之以為修身齊家之的，推之國與天下，無難事矣。《書》曰『不學，墻面』，亦此意也。」

問：「『不知命，無以為君子。』今之信命者不少，皆君子乎？」曰：「今之信命者二，有孟浪之信，有吠聲之信，及至禍福吉凶交於身，逐逐戚戚，將無所措手足矣。聖人所謂知命，須是學，習察行著，自求多福，則造化自我。故知命，是學到得力處也。」以上出《會語》。

易蘊外篇

聖人曰：「十室之邑，必有忠信如丘者焉，不如丘之好學。」則學固未始不本於忠信，而謂忠信即學不可也。嘗曰「剛毅木訥，近仁」，則仁固未有不剛毅木訥，而謂剛毅木訥即仁不可也。蓋忠信，器之美也；剛毅木訥，美之實也。學非求仁，不可以言好；仁非好學，不可以言求。孟子曰「仁，人心也」，學之為求仁也，求盡吾心於其心之未盡者也。盡吾心於事親也，而不有其孝；盡吾心於事長也，而不有其弟；盡吾心於處友也，而不有其信；盡吾心於酬酢萬應也，而不有其愛敬周旋之中節也，斯其為好學也已矣。苟非是也，則忠信

固足以成其鄉之善士，而剛毅木訥或不免於木強之累。木強者，剛善者也，仁則遠矣。

友問格、致、誠、正、修工夫先後。曰：「修也者，吾身之視聽言貌各中其則者也。欲吾身之視聽言貌各中其則，必主宰常尊，而後身之運用有所統備，不病於餘外。故曰：『欲修其身者，先正其心。』正也者，天君之端凝雍穆不隨念慮者也。欲天君之端凝雍穆不隨念慮，必流行常慎，而後心之靈虛有所承正，不病於枯內。故曰：『欲正其心者，先誠其意。』誠也者，真機之活潑健順不作好惡者也。欲真機之活潑健順不作好惡，必明照常徹，而後意之真妄有所辯誠，不病於執見。故曰：『欲誠其意者，先致其知。』致知者，主宰之竅著察於中；格物者，感應之節同歸於極。故曰：『致知在格物。』知致，則身、心、意、物皆復其不睹不聞之本體；物格，則修、正、誠、致舉入於無內無外之實功。先後不紊，功夫俱到，非了此而及彼也。」

友問：「有以良知為宗旨，改過為工夫，何如？」答曰：「真明之辯甚微，克己之訣未易致。夫冉求之請粟，將以厚其友之母也，聖人斥之以繼富；宰予之短喪，見於禮樂之為重也，聖人黜之以不仁。其於良知也，又何以辯哉？為其非出於良知歟？則釜、庾、五秉之益，食稻、衣錦之安，其不察之懸絕固若是耶？夫以夫婦之愚，可以與知，而二子之賢，顧不可使知之，是良知容有二乎？又常觀夫子之稱顏子曰：『有不善，未嘗不知；知之，未嘗復行。』斯固克己者也。而原憲之克伐怨欲不行，謂其未能拔去病根也，則以原憲之志，顧肯安於隱伏潛藏者乎？夫既謂不行矣，而又謂其不知，可乎？苟均之為致知也，則聖人未許其仁，是必有辯矣。『見善如不及，見不善如探湯』，聖人自謂『吾見其人矣』。又曰：『已矣乎！吾未見能見其過而內自訟者。』改過容有二乎？是故學非知止，過非見黨，鮮不認念為心、以照為明者矣。」問者聞予言，將慄慄以求未盡，曰：「各就其得力者，日致其功，則幾。」以上摘《易蘊外篇》。

簡長樂孫明卿秀才

平生風馬牛不相及者，一旦邂逅，傾蓋如故。故信乎同氣之相求，天機之相感也。士生末世，學晦道否，以屠龍手段，不過成割雞一庖者，往往有之。況其智慧才辯已非法器氣魄，力量不逮中人，皆將與艸木同腐矣，陷溺其心者然也。夫人為萬物之靈，人皆知之。人之所以靈於萬物者，豈惟手足之能持行，耳目之能視聽，口舌之能咀嚼哉？以其有是心也。心之靈明發竅於口，故口能

知味；心之靈明發竅於耳目，故耳目能聰明；心之靈明發竅於四體，故四體能恭重。心苟不存，則失其所以為靈，其與含血戴角者不甚相遠。故孟子曰：「人之所以異於禽獸者幾希。」《大學》曰：「心不在焉，視而不見，聽而不聞，食而不知其味。」是故聖人之學，心學也，學存其心而已矣。一日不學，則一日失其所以為心；一時不學，則一時失其所以為心。恣肆散漫，昏昧飄零，醉生夢死，是以戒慎恐懼之功不可須臾離也，惟以全其昭明靈覺之體，不忍以人而不如物也。孟子曰：「君子所以異於人者，以其存心也。」又曰：「學問之道無他，求其放心而已矣。」又曰：「指不若人，則知惡之；心不若人，則不知惡。此之謂不知類也。」然則人之為學，是非向背，烏容辯哉？至其端緒得失，不容不盡辯而細究也。

　　道有大原，學有大宗，苟不求原以明其宗，則旁蹊曲徑，似是而非者，皆可以安身快意，鮮不各就其資器之易入而致力焉。既其用力之久，未有不立門戶、高身價，以嘵嘵於天下也。觀之楊、墨，非不欲究心性命，而其禍竟至於充塞仁義。子莫之執中，深有見於楊、墨之執一壞人心術，故定之以中，即其事變人情，酌其過與不及，意亦勤矣，而不本於自誠自明，不知天然自有之中具於吾心之天理。吾心之天理，萬事之權度也，不於吾心之天理是辯，顧節目時變定其所為中者，其與執一害道一也。至於後儒憂勞一生，惟將續聖學之傳，以為事事物物莫不有定理，析理不使有毫釐之差，視漢儒猶說夢也。自信其察倫明物得不傳之緒矣，不知其所窮之理，皆出於比擬想像、傗索安排，所謂因其已知之理，不過因循良知之未光發照而已矣。其於不睹不聞之心體、莫見莫顯之性靈猶說夢也，安得如子莫之著諸事為之實者乎？是其支離分裂，捨心逐外，非惟其無救於邪說橫流，顧於積薪之突又從而膏之也。所謂以學術殺天下後世也，豈獨罪諸楊、墨者哉？孟子曰：「吾為此懼，閑先聖之道」，「豈好辯哉？」

　　寫此脫稿，忽又得遠札，披讀甚慰。夫士不以性命之學自任久矣，吾丈獨能昂頭於波瀾之中，非出世豪傑而何？但著述一事，非吾輩之首務，雖有繼往開來之志，亦須先明存心養性之學。後儒有志者正坐此病，勤苦一生，名為羽翼六經，實則邪說誣民。具眼者即其書而讀之，一眼看破，不俟終卷。其支離影響，如指墨白。吾子好讀佛書。書云：「未出輪廻，而證圓覺。」彼圓覺性，亦隨輪轉，立言可輕易哉！孔子亦曰：「假我數年，五十以學《易》。」則聖人學未至於知天命，亦不贊《易》，況後之人乎？果能含弘光大於既溢之流，以

之發往聖之未盡，掃百家之畔道，皆其心之不容已，庶幾贊化育而前民用，到此甚非難事。譬諸宿儒老吏，改課參招，信筆寫來，易移不動，百世之功，不假歲月可就也。是著述一事，乃聖人憂道救民不得已而為之者，故其詞約而切、肆而隱，精神心思自足以感人心、貫百世，而無朝夕者也。後儒乃將來作傳道立教第一義，以功利之心樹道德之幟，安得不言愈繁而道愈晦、人心愈決裂也哉？

承示：「居海上，讀《大學》《中庸》，若有開發我者。見得此身與天地本來一體，後儒之析句比類為支離矣，惟存乎其人之神明默識也。」此論甚高，足見別後潛心之得，第虛見、實際，亦當有辯。不知此身與天地本來一體之見，果得於格致誠正、戒慎恐懼功夫中來耶？抑得之明德親民、中和位育玩味中來耶？得之功夫也，則洗心宥密，日見其不足，而氣習不覺其消融；得之玩味也，則超曠幻達，日見其有餘，而欲根未免於潛伏。虛實之辯，反之獨知之地，自判然矣。敬願留意，以承斯文一脈。珍重！珍重！

復婿朱以信

承及「近來精神，不漫於標末。情竇欲根，無俟成念，隱隱自見」。只此兩言，可喜學問得力。此學道之關頭也。此關一定，不患無結果，但就中所成有大小耳。須於此處掀天揭地一番，庶得脫胎換骨，精神直與天地鬼神相為流通，以承千聖之一脈，可也。

來問：「讀《孟子》，因有致疑：如孺子之入井，孩提之愛敬，平旦之好惡，其對境功夫，不知在不忍之心、孩提之良、平旦之氣上著力乎？抑不知在乍見之真、愛敬之知、好惡之近上亦須著力乎？其於納交要譽，惡聲之動，旦晝枯亡之為，達之天下之施，抑有須猛省充拓否乎？若謂只在一處用力，則感應天理，一切無學，可乎？將謂隨有用力處，則學不免於隨境而遷，可乎？必如先生之素教，主宰、流行俱有用力斯得，但宗旨淵源，功難湊泊。請再指點，庶幾分曉。」

觀以信，此段發揮，令人快意。但所見不從思索中來，皆從磨研中出，斯善矣。凡此皆靈竅之流行也，隨致其精，更無住念，學之為流行也。試舉孺子入井一節言之：不忍之心，其端也；乍見之真，其境也；納交要譽，其動也。雖危急之感，而不睹不聞之體自如，明照通脫，念無容起。是當下皆有用力，各無滲漏，入竅出竅，運化通微，條理分曉，而學無增減。猶之五色八音之雜陳，而耳目之視聽，自各致其聰明，而視聽之竅未嘗有增益也，

寂然不動之體未嘗有出入也。凡此，在佛氏謂之幻相，在聖人則為實修；在後儒謂之盡性，在聖人則為至命。故曰：「百慮而一致，同歸而殊途。」同歸一致，固學也；殊途百慮，亦學也。非惟主宰、流行，各有用力，雖其流行之支節，亦各有用力處，然後能成天地之文，定天下之象也。潛心實體，以承絕學是望。

復密齋弟

家僕來蒙附手報喜，鄉里講學之風大熾。機會湊合，然亦吾輩精神所及，豈偶然哉？承及「向來工夫落在把持想像，煩難無實」，足徵新功，殊慰旅懷，豈惟几席之福、家族之光哉！但書中所論，微覺盾矛，無亦想像之未盡釋，不容不直復也。既曰：「日用云為，盡是本體。」又曰：「疎略之病，尚不能無。」然則疎略者，亦可謂之本體乎？無乃以脫灑為本體，而不知其能戒懼之為本體也。懲其已往之把持，並忌其見在之戒懼，不亦因噎而廢食，可乎？能常戒懼，不落睹聞，正是功夫合本體，把持之病自無著處，脫灑活潑存乎其中矣。何其篤實！何其簡易！

承問「知及仁守」一章，乃聖學緊關修悟之全功。夫知及者，動禮之入門；動禮者，知及之入室。非有功夫更換。自其開悟明透，徹見心性之微，謂之知及；洗心研慮，消融其渣滓習氣，謂之仁守；顯象肅雍，修容以立其儼然人望之身，謂之莊涖；威而不猛，一出於自然之德容，謂之動禮。合內外之道也，如聖人之於師冕是也。夫知及而不能仁守，悟而不事於真修者也，必失之罔；仁守而不能莊涖，修而未達於踐形者也，必失之簡；莊涖而非動禮，恭而未至於安也，不免於矜：皆不可以言物格而致知也。故知至至之，知終終之，可與幾而存義。聖門致知之學，多少實落在，豈一悟可了耶？則未有不猖狂自恣。此莊、列之見棄於名教，雖以曾點之舞雩風詠，聖人之所與，而卒不免於狂簡，失其所以自裁也。

承及「子臣弟友，反躬未能」，足見吾弟之學不落虛見。然「有所不足，不敢不勉」，聖人非自謙語，立人道正在此。於此稍不竭才，便非修德凝道之學，正所謂「知及之，仁不能守之，雖得之，必失之」也，恰中區區膏肓，不覺流汗沾衣。明道所謂每思此身，有多少不盡分處，無所逃於天地間也。願相與共勉，更復何言？疏食水飲，樂在其中；簞瓢陋巷，不改其樂。此真性之學，無增減也。吾弟之堅忍不拔，素所信服，近能進於樂否？樂則生，不然終成枯槁，到頭只做得守貧漢字而已，非忘境也，真性終不光顯，何如？

承問：「學所以復元氣，去妄緣也。而明道先生治宅、為橋，得大木矣，出而每見林木之嘉者，必有起計度之心，何也？其與第五倫，人有獻千里馬者，雖卻之矣，然每點銓曹，其人未嘗不在念。不知受病之因緣，臨病之症候，學與不學，此何以別？」吾弟此疑，殊服善思，然須善學。思而不學，不免於殆，當下似有明白，反躬實無安頓。請試言之，明道此病，乃格致工夫尚未剛健篤實，意中之陰氣尚未淨盡，佛氏所謂濕生者也。此可見《大學》「致知在格物，物格而後知至」，乃聖學洗心之緊要。惟其格物之功未精，經營時不覺霑染，故有感即觸，但知不隨景有去來而無起滅也。五倫之卻千里馬，廉從好名心上起，愛根未斷，因愛生心，不免於有起滅而見去來也。是明道不過外感，而五倫則為內傷。於此能辯，思過半矣。若少有分別心，即落五倫項下矣，慎之！慎之！

凡此皆因吾弟之切問，喜甚，不覺其苔之囋也。區區當日暮途窮之景，尚欠朝聞夕死之志，故於學術脈絡，不免霧中看花，非刀刀見血、點點滴凍。敬願共勉，以為門戶增光，非等閑也。草草。

復祁門謝鳳山

夫聖人之學，心學也。人者，天地之心；而心者，人之所以為人之仁也。高明廣大，曲盡天地之體；生成變化，曲盡天地之用。非此則無以成天地之能，而與天地合其德。故曰：「仁者，人也。」天地萬物本吾一體，苟得其養，精神心思自流貫，充塞於六合。一念認定，即與天地限隔，是故「天地閉，賢人隱」，在《易》謂之「囊括」。「天地變化，艸木蕃」，明道謂只是充拓得去。蓋明德乃在於親民，非親民則存之為孤德，非明德也；成物正所以成己，非成己則施之為兼愛，非成物也。是以古之學者合下立志，便欲明明德於天下，格致誠正修所以充實其明明德於天下之大志。故曰：「盡其心者，知其性也；知其性，則知天矣。」此大人之知，繼明照四方；空寂之知，孤燈照一室。照一室者，非不光也，昭昭之多者也；照四方者，非有加也，明出地上者也。是之謂能盡其性，則能盡人之性，盡物之性，贊天地之化育，可以與天地參矣。至此，皆不過盡鳳山心體本有之量。惟於不拔之志、不動之體自無認定，燭玄之見愈緝熙愈見過，愈見過愈緝熙，蕩蕩乎無能名焉，可久可大，無死無生，不知手之舞之，足之蹈之也。修念之學非不真切，佛氏所謂無漏念者是也，但有外之心不足以合天心，上之則為聖門之原憲，次之則為後儒之管寧，其為天地立心者終有間。願望之切，不覺饒舌，鳳山鑒。

復麻城毛瑞東

承示先師良知之訓，正欲人愛親敬兄上致力。此論足徵敦行君子，惟於良知之宗旨似未甚徹。蓋良知之學行著習察，自昭明德，猶之中天之日，容光必照，萬象無遁影。千古作聖之基，惟此一靈根充周光輝，至於化而不可知，更無幫補。時措於事親，而孝中節焉；時措於事長，而弟中節焉；時措於百行，無不曲當焉；時發而為言語文字，世為天下法焉。愛親敬長，乃致良知中之事實條件，所謂致知在格物也。

復壽寧孫元輝

邑中之有元輝，猶孤鶴之雜羣雞，不能不來人之駭見而拭目也。但須思所以光輝其生質之美，不然亦玄裳縞衣而已。孔子曰：「十室之邑，必有忠信如丘者焉，不如丘之好學也。」知學者，著察之竊日開日精，心常伸於萬物之上，視能思明，聽能思聰，忿能思難，利能思義，時習而心悅也。如此，則仰不愧，俯不怍，立人道於天地間，鼎昇為萬物之靈者矣。

承論「君子之在家鄉、天下，貴於移風易俗」。元輝之論是也，然非講學修德，則推之無本，何以回人心而變風俗乎？故曰：道德一，而風俗同。《易》曰：「聖人感人心，而天下和平。」蓋人心之靈明趨向，乃其秉彝之良原不喪失。善善惡惡，無間於愚不肖，但無先覺以覺之也。我能講學修德，日有可見之行，人將不覺觀感興動。人至於觀感興動，則其良知自然知親之當孝，知兄之當悌，強梁者自知其為凶德，狡滑者自知其為詭行，風俗不期變而自變。是以善養人，未有不心服也。外此而加匡直救正之力，心雖無非欲其入於善，然不免有見於人之不是，我心獨苦，甚而至於疾惡忿激加焉。即此便是以善服人，未有能服人者也。養人，譬諸慈母之養赤子，上農之養禾稼；服人，不免於擊蒙，偃苗者矣。僕於地方，無尺寸之補，自愧於誠之未至。僅得元輝，須相與共明此學，留此元氣正脈於此一方，亦為此中人種最初種子也。故有可與言者，即開導之，相入者引之至此，不相入者亦不必作惡蒸蒸，又使之自轉動也。

所問割股、廬墓之行，固非聖賢之所為，亦聖賢之所重。聖賢之所重者，鬼神亦必重之。此理無間於幽明，以其一念愛親之真，足感動耳。故令姪之呼天叩首，割股救母，而母病愈，實有是理。夫以匹夫一念之誠，猶足以動鬼神，轉禍福，況君子修德行仁之不懈，天地鬼神之陰相默佑，行與吉會也，又當何如？故曰：「永言配命，自求多福。」承及，艸艸。

復韶洲鄧鈍峰

夫古之學者為己，學非為己為主腦，不可以言能盡其性。此佛氏之明心見性，與吾儒之盡心知性，無甚差別也。但佛氏一切皆在性中了落，精義一步工夫全欠條理，精神不能貫徹，無以明物察倫。譬諸太虛之中，不寒不暑，非暘非雨，雖萬古長空而四時一色，其何以成覆載而語「天地之大德曰生」乎？雖其性命雙修，空相俱離，無幻可滅，無法可漏，至於普度眾生，彈指海清，不足以與天地合德。較之聖學之人心惟精、道心惟一，「博我以文，約我以禮」「敬以直內，義以方外」「崇效天，卑法地」者，大不侔矣。故佛氏之大圓覺者，如三十六祖，皆謂之孤德寂學，非妄毀也。聖人則盡人之性，盡物之性，裁成參贊，高明所以覆物，博厚所以載物。常寂常止，德同天地之體；常闢常闔，業同天地之用。萬古長空，四時變化，寒暑迭運，雨暘時若，先天而天弗違，後天而奉天時。故曰：「盛德大業至矣哉。」象山以經世、出世判儒、釋，非不善也，尚未徹骨，恐不足以服高明之俯納。曾見豹谷鈍峰《問答十條》，條條雖揭本體，句句不離光景。蓋見玄、不見過者，悟也；見過、不見玄者，學也。學然後知不足。高明裁之。草草。

復廣西李熊山

熊山之法器，足以任重而致遠，一見知之，但以希闊之遇，遇之又不過文貌寒暄而已。疇昔之夜，其天假良緣，斯文之盛際乎？捧誦來教，別後功夫日有所新，浣慰！浣慰！所咎二十年陷溺之久，此何足為高明之累？「有能一日用其力於仁，我未見力不足者。」「我欲仁，斯仁至矣。」孔子之言也，熊山信乎？然非自信，亦無以信聖人也。苟能反躬內省，則靈照不昧之心無病不察，其或有時而昧焉者，正來教所謂「旁思曲念蔽之」也。拂其旁思曲念，則本明又昭然矣，猶之霧什雲散，照臨自如，曾何損於日月乎？故明暗昏惺，善學者如反掌。而來教乃謂「假以歲月，似得其本心」，不幾於騎驢覓驢者乎？但旁思曲念，非惟情好、將迎為然，凡落想像，有起滅，皆非良知之靈運，皆為明體之障礙。此又不可不精察也。

承及邵子「天根月窟」與夫「三十六宮」，皆從自身形骸筋骨處指點，各有所屬，乃受生之關竅，而養德亦不外是。如指「吾心之寂然常定為天根，吾心之瑩然常照為月窟」，亦無不可也，但非邵子之意。然學從身心上體驗，亦沒病痛。白沙亥子之說，乃指人氣機交遘之際，不可晻昏錯過，所謂一氣孔神

兮，中夜以存，猶孟子之論夜氣。今既得其本心，則終日乾乾，時時亥子，又何求之夜半乎？於此苟不自信，謂之旁思曲念，亦可也。

承論「可與共學，未可與適道」，何其問而切也，但不為《論語》作註腳，則善矣。夫人至於可與共學，必其精神不漫於外馳，而志之不可奪者無差別也。故伊川曰：「有求為聖人之志，然後可與共學。」適道則達於性矣。學不病於執方立則，則悟而實矣；達不病於罔念權則，時而幾矣；實不病於不化，是共學者與權之真種，與權乃共學之極功。然其修悟階級雖同室共席，而其可與、未可與者勢亦不能以強同。苟非大明首出，知不落於形生之資者，不足以及此。觀之明道、伊川，可知矣。噫！甚難言也。敬願！敬願！凡此皆就來札之下及，會面之不偶，故不敢不吐耳，高明裁之。

簡密齋弟問病

弟學有定力，數年來，雖在風波中，如履坦塗。凡我同志皆能相信。弟今到頭一著，尤為緊關。於此更無增減，平等自在，萬一長往，猶之威鳳翱翔於雲漢，神龍騰駕於九天。千聖同堂，兩儀並位，誠古之萬壽無疆，命自我立，大丈夫之能事畢矣。更復何言！更復何言！恨不得親枕盡歡，致此丁寧於神交，願望願望。

復寶慶段文岳

伊川先生曰：「有求為聖人之志，然後可與共學。」又曰：「言人便以聖為至，言學便以道為志，下此皆謂之自棄。」明道先生曰：「寧學聖人而未至，無寧以一善而成名。」所謂一善者，如忠孝廉節，表表於天地間者，皆是也。然不本於自明之學，亦不過質美暗合，雖行如司馬文正，才如諸葛孔明，猶未免於行不著、習不察，非過論也。

蓋人為萬物之靈，以其心之昭明靈覺、圓融洞徹，與太虛同體、日月同明，遇親自能知孝，遇兄自能知敬，過墟墓則自動哀，在宗廟則自起敬，見孺子入井則自怵惕惻隱。此天命之性，古今聖凡之所同具者也。於此靈明之體，性焉、安焉者聖也，復焉、執焉者賢也，雜焉、昏焉者愚不肖也。雖其昏雜之極，而昭明靈覺之心，猶不容盡昧，善之知好，惡之知惡，是知其為是，非知其為非，未嘗不在。故夜氣之所習，平旦之好惡，與人相近也。苟能乘其一念清明，鞭辟奮志，用力於戒懼之功，不復蹈其旦晝之梏亡，則火然泉達，曲能有誠，擴而充之，將與聖賢同歸矣。此易簡久大之學，而聖人之所以為聖人者，抑其察

倫明物以盡其存之之功，以全其幾希者之靈明也。是性分之外不加毫末，學者雖求之前言往行，不過培壅灌溉其本有者耳。故孟子曰：「道在邇而求諸遠，事在易而求諸難。人人親其親，長其長，而天下平。」又曰：「堯舜之道，孝弟而已矣。」此可見人皆可以為堯舜也。

豪傑之士生於末世，非不欲砥行立誼，鼎鼎於自樹，但不知求明其心於本明之體，不免比擬於道理之近似，依倣於格式之成跡。是猶舍規矩而求方員，外權衡而較輕重，終身由之，而不知其道也。謹復請正。珍重！珍重！

簡萬安劉應山

不促席者更寒暑矣，新功之益，懷念之切，無由一致。邇聞遭際險阻，頻復不一。吾輩於此，須對境撐持，行著習察，不可有須臾放過，庶日躋太平，不流入於俗套。格物以致其知，莫切於此。昔在師門，常受提省：本體要虛，功夫要實。不睹不聞，本體之虛也；戒慎恐懼，功夫之實也。功夫常實，則太虛之體不病於著空；本體常虛，則用力之專不病於著象。念念存存，是為常實；脫脫落落，是為常虛。虛實相生，中正而應，善學者也。

應山之凝聚明爽，於此脈絡不難透徹，在為之而已矣。為之之功，須用全力，敬願共勉於脫化。然變化氣質，不易湊泊。蓋天命之性未始不舍於氣質，氣質之性未始不根於天命，猶之糟粕、醇醪，須飲醇醪而出糟粕可也。但「人之過也，各於其黨」，須自知其受命以生之黨，自不容於不脫化矣。孟子「不同道」者，乃微言也，聖學之訣竅也。願望！願望！

朱汝治請書

聖人之學，心學也；心之靈明不昧者，良知也。視聽言動，固皆靈明之發用，然因其發用而遂循之，縱循得，是猶未免為逐外。此乃百姓日用之說之誤也。夫既曰發用，則必有本原。今不從良知之本原上學，而從良知之發用上循，豈非舍本而事末乎？視聽言動固未嘗不靈明，然必有聰明睿知之精蘊為其本，故視聽言動得以玅其用也。果能致其本原之精蘊，則發用之靈照愈不昧。此聖學之所以極深研幾。思明思聰，思忠思敬，有不善未嘗不知，知之未嘗復行也。故曰：「致知在格物。」

梅陂書院夜語

嘉靖乙巳孟夏，東廓攜余設講於萬安梅陂書院。書院乃劉中虛集諸同志所構，以藏修者也。時宿余於左廡之室。靜夜，劉良溪入而問曰：「良知之學易

知而不易致也，奈何？」獅泉子曰：「知則致矣，懼不易知也。」汝莊作而曰：
「無是非之心，非人也，安有良知而不知者？」予曰：「汝之是非，汝能反躬
而常知乎？恐不免於日用而不知也。知則未有非而不去，是而不著也。」良溪
曰：「聞先生之提揭，知其為至教；見先生之端肅，知其為德容。非謂之良知
乎？」曰：「知其所聞而不知其所自聞，知其所見而不知其所自見，耳目軀殼
之靈也；見而知其所自見，聞而知其所自聞，視明聽聰之學也。故曰：『知則
致矣。』」

汝莊曰：「孩提之知愛知敬、不學不慮，無古今一也，舍此何以見本體乎？」
曰：「如汝之言，豈惟人哉？凡含血戴角者，生而未始不知愛其親，亦何疑於
犬之性猶牛之性，牛之性猶人之性哉？誠欲充其愛敬之仁義以達之天下，汝能
不學不慮者乎？」汝莊曰：「慮是慮其不慮之知，學是學其不學之能，功夫、
本體無二致也。」曰：「言下如何是慮與學？如何是不慮不學？」汝莊曰：「戒
慎恐懼，學也，慮也；不睹不聞，未嘗學，未嘗慮也。」「試問汝能不用戒懼
功夫，而不睹不聞之本體顧自在乎？」汝莊莫之荅。

良溪曰：「孩提之知愛知敬，孺子之乍見入井，畢竟學問中安所著落？」
獅泉子曰：「孟子不云：『知皆擴而充之矣。』此『知』字，乃學問中之司命，
先天後天之承而統者也。今之認良知皆形生，末流之靈耳，豈根於乾知大始之
元明者哉？孟子不過指點見成之可見，人之所易曉者而言，使下根有志者緣階
梯而可從入。譬諸以手指月，今不去玩月而顧索光於指，何其不善學也！」良
溪曰：「安有形靈之末流，人無古今之皆同者乎？」曰：「子曷觀之水乎，流於
潭淵必沉，流於灘峽必湍激，百川九河，無不然者，亦水之性也。故不學之人，
心非死也，但昏昧沉溺，失其本體之心；意非絕也，但放逸恣肆，失其本體之
意。誠意則流行之本體復矣，正心則主宰之本體復矣，是豈不慮不學而知能者
乎？苟得吾意，則周公之仰思終夜，乃所以通微，真無思也；大禹之隨山刊水，
乃所以精義，真無為也。」

良溪曰：「先生苦心，本體云何？」曰：「視無方體而能明，聽無方體而能
聰，思無方體而能睿者，本體也。」良溪乃曰：「然則人之有道也，全係於學，
亦何天命之性之足貴哉？」獅泉子哂曰：「性猶種火也，學猶吹噓也。火非吹
噓，無以成烹飪；性非學，無以成人道。人不由學，皆罔生也。」良溪曰：「看
來不慮之知、不學之能，成人道全靠不著，孟子何取於此？」曰：「不有形生
之靈，其何能盡天命之性？譬諸適萬里者，不有照身之引，其何能至所止之地

乎？故曰：『人能弘道。』當乘吾生以成吾性。」汝莊竦然曰：「然則人生之病症，亦將無以異也？」曰：「喜怒哀樂，發而未有不過情者；貨色名利，感而未有不狥欲者。惟受命以生之根各有攸受，故聖人語顏子以克己。」因嘆曰：「欲修人道於天地間者，須鼎天立地，雖起爐作竈，不■手腳。曾見太虛中雷雨不作而能生物者乎？曾見雷動風行而為太虛之障礙者乎？於此信得極，則凡軀殼之知且能者，皆歸根伏命，充之踐形矣。」良溪曰：「先生今夕之教，洩天地之秘藏，請且休矣。」乃揖而退。（以上佚文均錄自王吉編《安成復真書院志》（卷四），清康熙刻本）

第五章　王釗文獻輯佚

　　王釗（？〔註1〕～1555），字子懋，號柳川，安福縣南鄉金田欽村人，王時槐同族伯叔輩，江右王門重要人物之一。初受學於劉曉，後受王陽明「格致」（即「致良知」）之說，最後卒業於鄒守益。〔註2〕其中受王陽明的影響最大。其人一生未曾中舉、入仕，優遊林下，參與講會，如勤於惜陰會，晚年又為家族「九老」會；主要以力學、講學為志業，尤其致力於王陽明「良知說」的闡釋、弘揚。黃宗羲《明儒學案》有其學案（附劉陽學案中），但未選錄其語錄。因文獻缺乏，目前學界尚未關注其人。王釗著有《王柳川先生學語》，現已佚，但其內容大體保存在康熙三十二年刊本《安成復真書院志》中，其中卷三《先賢列傳》收錄其傳記，卷五《先賢語錄》收錄其語錄。語錄部分包括《學語》34則，以及《答劉兩峰暨諸同志》《簡蕭谷泉》《簡方南侼》《呈邑侯松溪程先生》4文。

　　從現存文獻看，王釗的主要思想有三：一是「靈根」說。王釗認為，靈根「無善無惡，是為至善」，靈根無不周知，貫通於天地萬物，盡乎古今人物事變。從工夫上講，靈根是個「幾」（即靈根之發竅），它會自動靈光閃現，所謂「自照自悟，自通自達」，所謂工夫就是抓住這閃動的良知靈光，讓其自然流行而已，如此「靈根說」其實又通於「良知自然」說。王釗還以靈根貫通心性，使心性合一，他認為率性即是率此靈根，存心即是存此靈根，率性到極處，就

〔註1〕按：其弟王鏡1495年生，王釗大約在此前幾年。

〔註2〕〔清〕王吉編：《安成復真書院志》（卷三），清康熙刻本，第12～13頁。按：黃宗羲《明儒學案》謂王釗「始受學於梅源（即劉曉）、東廓（即鄒守益），既學於文成」，本文採用前書之說。

透入心關，使心體全體透明、毫無雜質。所謂率性、存心，就是領略、通曉此靈根而已。其實，王釗的「靈根」，就是王陽明的「良知」，只是前者更強調良知的靈敏性、靈動性、空靈性、自然性，將王陽明「良知」此一內涵作了進一步的豐富、發揮和強化。二是「良知自然」說。王釗認為，良知常知，良知本體自然流行，無思無為，「真機活潑，猶源頭活水，無盈時，亦無涸時」；所謂工夫「只是率自然之性」，即抓住當下流行、呈現的良知而用功，即已發處出求未發，已發即是未發，本體即是工夫。從這一角度看，王釗雖然沒有受泰州學派和王畿的直接影響，但其思想與泰州學派的「自然」說心有靈犀，又與王畿的「良知現成」說有相通之處，這是江右王門中值得關注的現象。三是主張學悟一體。他認為學是悟的基礎，真悟積於學，學悟本質上一，在時間上悟先後之分，且學悟是一個自然進步的過程，最後才能臻至於神化之境（即真悟之境）。從良知學的發展來看，王釗的「靈根」說、「良知自然」說，與安福其他陽明學者，如其師鄒守益的「主敬戒懼」說、劉邦采的「悟性修命」說、劉文敏的「以虛為宗」說、王時槐的「透性研幾」說又有較大的不同，其中有不少獨到、精彩之處，是良知學發展脈絡中不可忽略的一朵浪花，與安福其他陽明學者一起豐富了陽明的良知學。

鑒於王釗學說在陽明學思想發展史上仍有一定的價值，而他又只有少量文獻傳世，資料非常寶貴，故將其傳記和語錄輯佚、整理、標點，公之於眾，以供學人利用、研討。

王柳川先生列傳

柳川王先生諱釗，字子懋。年十六，入邑庠，勤書史，分更分漏。及弱冠，與王聽齋、劉月山、張石屏、劉三五諸子從學劉梅源先生，始相率惇實行，駸駸不懈。又數年，偕諸同志及弟鑄往南浦，受王文成「格致」之說，欣然而歸，卒業於鄒東廓先生之門。蓋其學凡三變云。繼是，勤於取友，聞四方惜陰之會，輒往相質正。而本邑同志尤胥協於公，其倡會講學之力實居多焉。每見朋友之過，如痛乃身，或當會講中，直規之；而見人有善，亦每每於會中贊揚。蓋欲成人之美，而無負於會也。有一友聞規不能受，目先生為攻擊。公曰：「學求自真而已矣，人之攻擊與否，苟一計焉，則人在懷中坐矣。大舜之所以過人者，只是取諸人以為善，無順無逆，皆其所取也。苟順於爾心者取之，其逆於爾心者拒焉，是不能取諸人。此吾輩之學，在於相下而已，相下則虛，虛則能受，

然則惟患吾之不能攻擊，而豈拒吾之攻擊乎？」其友卒諒其相成之德而心服焉。

公讀書善思，於聖賢奧義處，尤反覆研究。一日，往訪蓮坪甘先生，與之論《易》，甚見契合，曰：「予得《易》旨矣。」於是往復論學，無虛歲。晚合家長為九老會，必使公參焉。公性至孝，服闋，過南都，干名文以表隱德。其有事於先祠，必齋戒致誠，如事生然。其事兄猶父，有命，唯唯不敢違。其於諸弟，則兼切偲之義。雖緦服，子弟稍敗德者，不少寬假。蓋其孝友之性，濟之以嚴毅者如此。

初理家政，必先公事，見於勤公者，輒為之喜。嘗書條例於公簿，以示子姓，欲其怡愉而永先業。其有懦而弗振、孤寡而弗能自樹者，必率家庭長幼共為保障，曰：「此吾祖宗流派，惡可坐視其失所而弗顧耶？」一切淡薄，羣居縕袍，不以為陋。不疑人欺，不逆人詐，不與人爭勝，客氣或萌，頓覺消釋。病且亟，未聞有慮後之語。獅泉、三五、秋渠、聽齋諸先生視病，胥祝曰：「柳川子修短有數，無忘此學。」則皆唯唯。諸先生方別，而病益篤，連聲呼曰：「琢磨琢磨。」子泣以請，答曰：「讀我書，學我所學。」言訖，瞑目遂絕。子孫歷今七傳，家學弗墜。

王柳川先生語錄

學語

明道曰：「以明覺為自然。」白沙曰：「學以自然為宗。」真法藏眼，良知流行，雖窮天竭地，只是自然。思慮一起，便生勞擾。所惡於智，為其鑿也，思慮正是鑿智。古今難事有過於禹之治水者，謂之行所無事者，只是率自然之性，故中心妥貼。中節是率性，故樂須如文王於后妃，哀須如孔子於顏淵，自是不傷不淫。不善學者，守箇恰好處為中節，是自生纏縛矣。宋儒有曰：纔高聲一句語，便是罪過。如是，則學是繩索。

良知常知也，須臾離不得。故時有昏塞，則離也；無昏塞處，便是工夫。思索可離也，生滅相因，自不能常，後儒以此為工夫，豈知可離者非道也？心體流行，真機活潑，猶源頭活水，無盈時，亦無涸時。若安排，思慮昏塞，猶黃潦之水，可立而盈，可立而退。吾輩工夫，只是事來隨機，應時無一毫倚著，開一面之網，來者不拒，去者不追，便超脫凡籠，躍此身於雲霄矣。

　　寂寞之地，其景清，幽閒清淡之人，樂享此福；鬧市之處，其景濁，飽煖逸樂之人，非此不能。若有道者，不倚著一偏，可以清寂，可以喧囂。

　　一身之病，只是箇驕吝。驕是添病，吝是不能去病。程子云：「驕吝最是不善之總名。」誠然。

　　今世以舉業取士，是學者一大毒窟。今人窮年只在陳編上弄過精神，纔去理落些身家之事，恐又躭閣此業矣。他日出去，將平日所學無分毫用處，雖豪傑之士，亦弄得此氣消縮。是故高爽之士真不能耐煩，柔弱之資日落廢矣。洗此酷毒，有望於聖君賢相。

　　天下一體，只無相形而已。不相與謀者，不見其相形也。相形之病，每起於同事同鄉，雖今之共學者不能免也，而況於他乎？大抵學不識真，皆養成相形之病也。

　　從來學者，只在已發、未發文義上討分曉，愈思愈遠。而今先師一句道破矣，只依此良知以應事接物，已發此也，未發亦此也，更何思量？

　　天地真是萬物父母，其動靜闔闢，只是造化萬物；人身真是萬事父母，其動靜闔闢，只是造化萬事。是故性命一源。而今說工夫，只是儘足自性分量。充其分，天地不能了，聖人不能了。故曰：「天地之大，人猶有所憾」，「堯舜其猶病諸」。

　　與人處事，要包容，要果斷。果斷者不能包容，則直遂攻擊，人不能堪；包容者不能果斷，則依隨唯諾，事無倒斷。此資質之病，倒居一邊。工夫到手者，無包容，無果斷，心中空虛，自是知剛知柔，知微知彰。噫！一毫沾染處洗刷不盡，則推之事為，便落一邊。故程子云：「道未盡乎聖人，推而行之，必有害矣。」

　　此心中不可有些子沾滯，柳下惠之和，伯夷之清，伊尹之任，猶是沾滯。稍一沾滯，則民可名矣，故非時中。夫人之用情有不同，厚者一於厚，薄者一於薄。聖人則無厚無薄，故厚薄適宜。然則人情之厚也，亦是留情，謂之賢於薄者，則可矣。

　　古人厚於義，今人厚於情，是故孔子三代出妻。事之有無，固不可知，大抵今人之所以論其事之有無者，皆係於情而已矣。豈知聖人之心渾然是義，豈以姑息為情之厚哉？夫婦、朋友，一也。朋友之賢者自不可離，其次則可以離，可以不離也，夫婦亦然。今人之係情於妻者，謂夫妻之倫重。噫！不識「倫」字。

子和惓惓以悟教人。予曰：「有真悟，有虛悟，真悟根於天命之靈竅，虛悟生於資稟之聰慧。且要肯學，肯學縱未能盡悟，只憑見在悟處實落用工，則根腳日實，悟竅日通。故嘗曰：『學力充一分，則悟竅長一分；學力充到十分，則悟竅長到十分。』然悟處終是不齊，雖充到十分處，只要滿自己分量。是故觀天地時，此靈根之精神命脈貫乎天地矣；考古今人情物理時，此靈根之精神命脈貫乎古今人物事變矣。今人觀天文，便要在天上討消息；察地理，便要在地理上討消息。只是想過一場，畢竟何益？有一言，恐諸公不信：說聖人悟到處，眾人不能悟，人皆信之；說眾人有悟到處，聖人不能悟，雖諸公恐亦不及盡信。」

友有論及知，曰：「某也舉一，知只得一二件；某也舉一，知得十餘件。此以較之優劣。」予曰：「此是孔門別一派學問，不是真訣。子貢落此窠裏，以此歉於顏子，所以孔子箴之曰吾不與汝。然以知之多寡為學，是不知知之宗旨，信乎不及顏子矣，故曰「弗如也」。我輩學問，不如一無所知，只精此靈根，隨來隨知而已。一來知一，二來知二，十百千萬來知十百千萬，即《易》所謂極天下之至精，其受命如響，無遠近，無幽深，遂知來物。是所存也神，所過也化。」

羅子近溪論及明德、親民、止至善。予曰：「明德、親民，其歸宿只在止至善。有善有惡者，意念也。本來面目，只此靈根而已，無善無惡，故曰至善。以此而事親，則精神命脈與親無障隔；以此而事長，則精神命脈與長無障隔。達之天下國家，精神命脈無不貫徹，非親民乎？反觀此心，廣大配天地，高明配日月，非明德乎？然則至善者，學者之止宿也。知此而止之，則定靜安慮，庶乎能得矣。或有以明德為淺、止至善為深，是不識《大學》一貫之旨也。」

子和謂：「悟在先，學在後。」予曰：「悟是悟箇甚？學是學箇甚？靈竅虛空，自知自悟，此學此悟，只是一箇，烏得言先後？」曰：「學問精一番，則悟竅通一番；學問精到極處，則悟竅通到極處。此為實悟實學，不落虛見。若曰悟在先，學在後，則悟為影響，學為支離矣。」或曰：「如此說，則硬致其良知而已，仰觀天文，俯察地理，皆不消得。」曰：「良知非死物也，酬酢萬變，此其把柄。仰觀者，任此良知以觀也；俯察者，任此良知以察也。仰首觀天，則此良知之精神命脈與天文貫徹無礙矣；俯首察地，則此良知之精神命脈與地理貫徹無礙矣。如此，其庶乎知幽明之故，知死生之說，知鬼神之情狀。我與人講論，只是言志。志立矣，則於精神命脈皆在此，自有悟處。然而悟處

任其悟，悟不得任其不悟，庶幾不困人於悟也。子以悟立說，吾恐外面之知識日長，自己之靈根日鑿。」

學之見處是悟，悟之實處是學，學悟非二物，安得有先後？學有生熟，則悟有精粗。由生入熟，由粗入精，此自然之勢也，豈能躐等？所可著力處，只是奮發、嚴密，一任此靈根，自通自達，神化之極，待其自熟。然亦生有生之神化，熟有熟之神化，不可想像，不可點檢，想像、點檢不化不神。

或問存神過化。予曰：「天地流行，無一息之或停；吾心之流行，亦無一息之或停。天地之流行，自神自化；吾心之流行，亦自神自化。神化非二物，存過無二件。過謂應事，存謂本主，存處過，過處存，本體流行，一而已矣。神為妙物，化謂變通，惟化故神，惟神故化。要而言之，只是靈根發露，不沾滯而已矣。如殺之而不怨，無心於殺也，殺自神化；利之而不庸，無心於利也，利自神化。不怨者，我自不怨也；不庸者，我無所庸也。蓋有所怨，則殺必任氣矣；有所庸，則利必起念矣。不怨不庸，此之謂行所無事，所以神，所以化，達之天下，一無所倚，則神化不可窮。」

劉真兆問曰：「天理人欲，認不真，恐以人欲為天理。」曰：「以人欲為天理者，畢竟不肯用工，自為人欲開方便門也。靈竅分明無不周知，焉有自家不能辯別耶？自知，此知也；知人，此知也；知古今宇宙，此知也；知物理事情，此知也。豈有人能分辯他人事，不能分辯自己事耶？」

予曰：「心一也，有照心，有妄心。妄心是病痛，照心是本體，雖然，妄不離照。」彭時超曰：「妄不離，照不達。」曰：「妄因照起，如赤子入井，乍見必怵惕，納交要譽從而生矣，是妄根乎照。」

虛明神化謂之聖。不著便虛，虛則明；不滯便神，神則化。

言天下之至賾而不可齊，言天下之至變而不可惡，言天下之至動而不可亂，非天下之至健乎？是故事變無常，而應改念矣。猶客來無數，接管為禮，只是一主人，客有來去，主人依舊。

日用工夫只在幾上。幾者，此靈根發竅，微而顯也，故曰「動之微」。長動長微，其知幾乎？

學貴知病。不知病，雖奮發勇往、真切篤實者，亦是以病為學。是故自孔孟以後，拳拳服膺者無限，其得於一善者寡矣。一善即良知，不知致此良知，皆是以意見為學。致此良知，非於良知而有加也，只是良知清明無病。不知今日致知更無病，正是不知病，蔽於意見，不知所謂致知矣。《記》曰：

「嗜欲將至，有開必先。」正是知病也，非清明在躬，能如是乎？孔子稱顏子為庶幾，只是知不善。知不善，故雖過不能貳；知過便無過，故不患過而患不知。

學求自真而已矣，人之攻擊與否，苟一計焉，則人在懷中坐矣。使吾之學真耶，則攻擊者自攻擊，其何損於吾之真？使吾不真耶，則人雖不攻，我將自攻擊矣，其何能益於我之真？大舜之所以過於人者，只是取諸人以為善，無順無逆，皆其所取也。苟順於爾心者取焉，其逆於爾心者拒之，便是不能取諸人。此吾輩之真，在於相下而已。相下則虛，虛則能受，然則將患人之不吾攻擊，而豈拒人之攻擊乎？

復古大會，告諸同志曰：「竊觀三代之英也，心術正，風俗美，無他道也，蓋人不嫌於相箴也。是故百僚師師，君臣相儆戒，下至比閭族黨，雖婦人童子，皆知所以相成。降及季世，心術不正，風氣頹敗，豈季世之運也？如此其殊，蓋規諷之風微，而附比之習熾，雖君子尚同，而況於小人乎？嗚呼！其何以成之？同理曰朋，同俗曰黨。今日之會，其稱名也，惇禮讓。諸君子其樂於為朋，恥於為黨，則在座也，舉相師矣，其慕義趨善也，不占而已矣。否則，風不動也，雖豪傑之士，亦將曰寧無會，離群索居，固無益也，將免於損矣。」

「誠者，天之道也」，曰天者，言自然也。「不思而得」，自然而知也；「不勉而中」，自然而能也。此正指出天道是本來面目，無所思，無所為，其得其中，一任自然而已矣，焉往不誠？今日之學，只是思此誠，亦只是任自然，復本來之誠而已矣。本來所得者，不容於思，今日不可思量，任其自然而知；本來所中者，不勉而能，今日不可勉強，任其自然而能。是自然處，完全具足，無所用力。其所謂用力者，只是任其自然，以去其妄思妄為而已矣。是之謂思誠，故曰「人之道也」。知必假窮索，以此為擇善，是外本體以求知矣；能必假勉強，以此為固執，是外本體以求能矣。孟子所謂「義襲」之學，與「克復」之旨，胡越異道矣。是擇善者，擇此「從容中道」之善也；固執者，固此「從容中道」之善也。嗚呼！「從容中道」，作之的矣乎！

本體即工夫，便是聖；本體離工夫，謂之眾。日往月來，寒往暑來，天之本體；尺蠖之屈以求伸，龍蛇之蟄以安身，物之本體；喜則笑，怒則啼，孩提之童之本體。天機自動，何思何慮？是故無思無慮，則本體精，即所謂工夫。噫！安得天下之人皆無思無慮？

「所以行之者一也」，率性而行，故一。常人不能率性，任氣而動，則柔者懦、剛者暴。執一，圓通快樂；愁悶各一其行，烏得而一乎？是故率性者，雖質氣不一，聽性而運，烏得而各行其術乎？此千萬其變，而變者不千萬矣。

「天命之謂性」，謂天命是性也。天命非自天言，自人言，一切流行處，即心之命。今謂之天，非人力所能為，皆出於自然矣。生生不息，故流行即性。率此性，則生生之妙，超然於形氣之上，無罣無礙。所謂「何天之衢」，非道乎？修道，謂性落形體，不免牽滯，修也者，非有所增減，運化氣稟，脫落世情，此勉強以率性也，罣礙處超出來，不謂之教乎？

工夫無他，只發處求未發而已矣。喜怒哀樂，發也；各求中節，無非率性，則未發矣。故曰：「戒慎乎其所不睹，恐懼乎其所不聞。」

中庸，性也，分於君子、小人。時中，率性也，惟君子能之，一切形氣俱從性化，故隨時處中，更無滯礙。小人無忌憚，一切任資質，性從氣轉，不見虛靈。此所以語率性之功，則小人別矣。

時中者，發中節，中節之外，更何處語未發？率性，故中節，喜怒哀樂，各適其時而已矣。發由性化，妙不可言，何所覩、何所聞也？莫見莫顯，則實覩實聞，見性之學，如斯而已矣。分已發、未發，不見性也，反貳其性矣。

君子自強不息，只是本體硬健，外面多少牽引者，不勞力驅遣，自然退聽矣。

友中有問曰：「心與性何別？意謂性為生理，心為主宰，今之學者但率得性，不知存心。」予應曰：「心性有異名，無異物，今曰率得性，不知存心，指何為性，性在何處？指何為心，心又在何處？可見心性只是一件，說心不必說性，說性不必說心，兼搭說便晦了。人只有此靈根，視聽言動，皆此主宰，皆此生息。生息便是主宰，主宰便是生息。欲視則視，欲聽則聽，欲言則言，欲動則動。視聽言動，耳目四體之司也；欲則，靈根之運動也。這是一箇發竅，則千萬矣。如今工夫，這是靈根不壞，隨處發見，千條萬緒，不可得而指。擬心與性，言可分別，而義無兩端，欲其中指點安頓，便是黏皮著骨，不知心性之體矣。」友曰：「孔子有命有性，有道有教，血脈精髓俱要明白悟通，庶幾入於無聲無臭。不然，只是率性，謂之入門可矣。究竟心源，入於無聲無臭，然後謂知心。止於率性，不能透此心關，終無歸宿。」予曰：「說得好聽，豈知靈根是心，靈根是性，無所沾染。則著於視聽言動，氣脈則充實無虧，無沾染則無聲無臭矣，便是透入於心關。此率性之功。謂未到極處，時有渣滓，未

可謂無聲臭，則可也。若謂透入心關為存心，感於視聽言動為率性，率性為淺，存心為深，是裂心性為二物，存率為二功矣。便使有兩截工夫，弄得人精神破裂，終無歸宿矣。」友曰：「學這在悟，悟竅不開，無以言學。」予曰：「然亦要識得悟之面目，苟不識得，便入於測度。心也者，這此靈根，悟只此靈根之領畧、通曉而已。是故上而天文，下而地理，幽而鬼神，散而物理，古往今來之事變，上下四傍之人情，其所周知者，蓋有靈根之自不外也。夫然學也者，無他，這儘足吾靈根之自照自悟，不容思索，不容補足。如此，則吾靈根不蠹，雖悟到無窮盡處，此間自是安妥。後之學者不識此面目，以為一處不悟，便不足以言學。故仰觀天文，便在天上想，以為默識天之脈絡精髓；俯察地理，便在地上想，以為默識地之脈絡精髓。用心精密，蠶絲牛毛，說得出來，皆是片團。這是丟卻自家，弄過精神。先儒云：『一物不知，儒者所恥。』又打入此窠裏矣。」友曰：「仰觀天文，俯察地理，近取諸身，遠取諸物，今曰悟只求精，不求廣，此何說？」予曰：「吾之靈竅不外於天地萬物、古今事變也，自照自悟，不容思量。日月星辰在上，起頭觀之，則靈悟之精神命脈與天文相貫徹矣；草木飛躍在下，俯首察之，則靈悟之精神命脈與地理相貫徹矣。更於其中探討消息，察知命脈，只在自己之靈根上求之，使之相與流通，則可。若在天地上察見，便是外求矣，雖無限知識出來，反之於身，無分毫之益。」

荅劉兩峰暨諸同志

大抵今之學者，只是要見盡，只是要[註3]思量，只是要解釋，只是要寫講章，只是要騰論說。凡此時刻，起念因緣相成，殆無休息。雖善善相承，多思多念，便不乾淨；多言多文，無非浮泛矣。以致至大至剛之精神，時刻漏泄，時刻傍倚，時刻更換，時刻皴樂，時刻逐馳，何得專一藏聚？釲嘗對廓翁曰：「學失其旨，則神氣飄散，如人死魄降，魂無依歸，倚艸附木而已矣。」廓翁長嘆曰：「今無他法，只是捨抛家當，從新專志，依卻自性而已，便潔淨，便安妥，便專一，便萬事一念，如此而已矣。」夫復何言？相見諸公，幸出此求正。

講論浮一字，便是念不潔淨。念頭潔淨，則一言成單，兩言成雙。觀《論語》，知聖學之皦皦，問荅間，無一浮詞，就義發明止矣，並不見緣引。今時之牽引兼搭，由念不乾淨。

〔註3〕要：底本奪，據上下文意補。

一竅生萬象，定天下之象，成天下之文，豈逐一為之哉？天下象文，總歸一竅，微之顯矣。

君子以虛受人，虛者，性也。性無物，故虛；物來便承接，故受。遇親受親，遇兄受兄，遇家國天下受家國天下，遇富貴受富貴，遇貧賤受貧賤，遇色受色，遇聲受聲。人有異來受，更無念也。長虛長受，任來而已矣。

簡蕭谷泉

近來腳力穩定，方能有成。天道之所以悠久不息者，亦至健而已矣。故君子之學，亦惟自強不息耳。果能自強，雖萬鍾袞冕，亦浮雲過目也；雖夷狄患難，亦袵席坦途也。況虫臂功名，乳口毀譽，奚足以動吾心哉！且吾之學也，為子學孝，為父學慈，為臣學忠，為朋友學信，為夫學義，吾何慊乎哉？彼之非笑詆毀我孝乎、慈乎、忠信乎、義乎，則彼為不知美惡也，猶飲食不辯甘苦也，亦病狂喪心矣，吾何以此而易其志哉？若非笑詆毀我徒冒名稱而無其實也，則我將求其實矣，如此則彼亦我之師也，吾安得而不喜乎？若因此而自沮而徒以免謗，則志趨之卑陋，不可言矣。且近聞有沮於婦人者，尤可醜也。婦人之不能以有成者，亦富貴之念蔽固已深也。我能喻之以道，而躬行實踐，又足為法，則今日雖蔽，他日不惕然而省乎？方洲志趣最清雅，亦牽於毀譽，而不肯弘爾，幸出此以告之。

簡方南姪

士君子立志，要當與日月爭光，與山嶽爭重，與古人相頡頏，世俗之強弱長短，何足較者也？夫然所爭者禮讓也，所行者節義也，所培植扶持者教化也。無補於風俗，無關於倫理，不順於人情，不宜於土俗，君子曰既損於我，又損於人，非義事也，棄之恐後，況肯勇於有為乎？若今日之事，其中固有可責者。君子以量容人，更有浮於此焉，亦在所必恕矣。況今已警之，過此已往，謂之大甚，幸俯聽之。

呈邑侯松溪程先生

學以明心，為政之本也。蓋心猶尺度權衡，定則長短輕重不可勝用矣。心性明，則形諸事為，緩急先後自不可欺其則矣。是故事上也，不諂不漫，絜矩之道行於上矣；使下也，不驕不瀆，絜矩之道行於下矣。其簿書期會、錢谷獄訟，雖紛然雜出，凡不外於心，凡不累於心，即此是學，即此是政，即此是事，即此是心。一貫之道，夫豈甚高難行哉？為政者誠能從事於學也，則此心之虛，

猶太空之無物；此心之運用，猶化機之流行。雖不拘於踐迹守轍，凡以興利除弊而與民更生者，猶慈母於赤子，癚癢摩痛，自中其所欲矣。孔子之所以能使民無訟者，更無他法，亦只是心虛無物，聽斷裁決得乎時中而已矣。苟政不急於學，則事不本於心，計度安排，日亦不足，縱有利於民，亦非與時偕行，求中民所欲，亦寡矣。何也？不明心以從政，何啻捨權衡而定輕重，棄尺度而計短長，幾何不相遠哉？然則善為政者，學焉爾矣。敝邑亦繁劇也，利可興，弊可革，雖終日言之，不可盡。惟益精此學，則摘姦發隱，殆若前知。愚生偃蹇林下，不有他望，惟惓惓思沐德教而已。

第六章 《劉元卿集》外佚文

本人整理編校的《劉元卿集》（上海古籍出版社，2014年）已收錄劉元卿的一些佚文，該書出版後，又陸陸續續發現了一些佚文，茲將其匯總、整理、標點，以貢獻於學界。

劉瀘瀟先生語錄

位育隨分而異，中和原無不同。吾輩但學個喜怒哀樂中節，則順父母，和妻子，即是一家之位育，推而至於治天下，總是天下之位育。（按：《劉元卿集·詩文集卷九·王孝廉問答記》有此文，有異文）

群聖，以聖人治天下之人，故必得位而後可以行。孔子見天下之人皆聖人，故以人治人，不必得位而亦可行。赤心扶元化，萬世開太平，斯其所以賢堯舜、冠百王。（按：《劉元卿集·詩文集卷十二·願學堂銘》有此文，有異文）

己立立人，己達達人，不能卓然自立而求人立，不能洞然自達而求人達，此未嘗近取諸己以譬之。所藏乎身不恕，豈有能喻人者？能近取譬，自度度人，守約施博，我取諸己而施之人，人又取諸己而施之人。以教為學，則因人自考，機日益進；以學為教，則自進無已，進人亦無已，故聖賢以自強不息為功。

徐行後長，便是堯舜。此真實不誑語。今人家子弟狎侮尊長，輕佻倨肆，那一家便不整肅了。又如朝廷之間，少年動輒詆訾前輩，議論盈庭，那一朝便不清明了。所以然者，只為少一「徐」字。以是知道不在遠，但充徐行之心，處處皆如是。作聖之功，無不在此間矣。（按：《劉元卿集·詩文集卷九·王孝廉問答記》有此文，有異文）

氣質雖有粗直，德性本自精微。視觀粗直過當處，本心自爾不安，此所謂德性也。尊德性而道問學，蓋變化氣質之方。（按：《劉元卿集·詩文集卷三·答徐仲雲》有此文）

謂「不捐棄人事，不消盡前業，則性必不可見，即見必不可盡見」。斯語不然。天下豈有窈冥之性隱在何方世界，必待離事消業而後見乎？又必待盡離人事，盡消前業乃遂盡見乎？此怪物也，惡謂之性？見此性，即見天下萬世之性；盡此性，即盡天下萬世之性。總不越日用常行。聖賢之言，明白簡易，援而入於佛氏之生死，恐非其旨。且孔子曰：「未知生，焉知死？」欲人先知生。今欲人先知死，亦異於孔子矣。（按：「總不越日用常行」前之文，《劉元卿集·詩文集卷三·復伍鷗沙》有，但有異文；「總不越日用常行」至「亦異於孔子矣」，該文無）

人須反身默識此中何以不思不勉而能聽能視，又何以不學不慮而能愛能敬，非大明終始者，其孰能知之？

君子必為舜而不為跖，為舜則慊，為跖則不慊。慊則天地好之，人咸好之；不慊則天地怒之，人咸怒之。人何故為跖？

神妙萬物，有統體之神，有各具之神。統體之神無盡，而各具之神有盡。大抵天地之間，無往非神，神凝則生，神盡則死，然而統體之神則萬古長存。如謂各具之殘魂舊魄互存，散運於天地之間，則未知舊管新收、開除實在，一絡�冊子，付孰主管？憑誰總箕？

盡性者不役不離，而生死與無生死，皆不足以名之。此雖妙語，然竊意宇宙中多此一種話頭，引入黑窟一路。吾道實學自足，何俟旁求虛幻乎？

未發之中是性，然必學而性始存。常人不學，則喜怒哀樂不免妄發，而所性安存？

學貴問以辨之，然學而後有問，不學何問之有？如行者過歧路即問，問了又行，原非二事。若謂不待存守而先擇，則是未出戶而空談路。

孔子言「敬以直內」，程子謂「約之入身」，亦直內之旨。不能直內，即牿亡矣。

學者果透本心，則知充塞宇宙皆此理，何內外之可离？何古今之可分？

告子曰「性無善無不善」，見天而不見人。或曰「性可以為善，可以為不善」，見人而不見天。或曰「有性善，有性不善」，則天與人互見其半。惟孟子曰「乃若其情，可以為善」，則知天知人，一以貫之。

夫欲有二：有不容不然之欲，有心所沉溺之欲。自不容不然之者而言，無論欲明明德之欲不可去，即聲色臭味之欲何可一日無？皆天也。自心所沉溺而言，無論聲色臭味之欲不可不去，即行仁義之欲亦不可一日有。何也？皆障天者也。知此則知去欲矣。然則欲不可去乎？曰：何可不去？去欲，特學中一事耳。心有君道焉。人君之職，統六官，治四海，孰非其事？而專以捕盜為役，一追胥之能，而即為君統四海可乎？（按：《劉元卿集・復禮會語》有此文，有異文）

孟子言好貨好色皆可以王天下。欲者，性之用。好貨好色亦人情，豈非性？但將好色等欲直窮到根蒂處，原是人我一原。故充之以與民同好，即欲即理。此便是盡其性以盡人之性，正是實見得性體。若以世儒對君，則曰：「王請去色去貨矣。」（按：《劉元卿集・復禮會語》有此文，有異文）

凡人認得身是世界之身，善世即是立身。若封閉自逸，身既不立，世界如何靠得？

凡為朋友講學，須指示路逕進趨，使之必其入處。若曰但要有志，彼未知路逕者縱是立志，亦止是舊巢穴鑽求，如何會開眼進步？

一言一行之善，引以自足，縱鄉里稍為善人，父兄目為孝弟，不過百步而止耳。

心體至大，故不易盡。蓋天本如是，故性如是，心亦如是。知此者，為知天；存此者，為事天；修此者，為立命。非達天德者，孰知之？（按：《劉元卿集・復禮測言附錄》有此文，有異文，但為仲子之語，而非劉元卿之語，此處誤作為劉元卿之語）

看人帶來父母、兄弟、妻子、君臣、朋友，可見萬物皆備，可見是天下歸仁，實實落落，不是念頭上懸想的光景。

吾人尋常有差，僅可言過，惟不肯作聖，方是大過。能改其大過，則小過不必瑣瑣理會，自然潛消。

時有困亨，天命則無困亨。志孔而孔，志顏而顏，身雖困而心未嘗困。故曰：困而亨，其惟君子乎？（按：《劉元卿集・大象觀上篇》有此文，有異文）

堯舜好問好察，孔聖好古敏求，乃精一求仁實處。（按：《劉元卿集・詩文集卷二・與鄒汝光內翰》有此文，有異文）

遇一切不容不盡心，米塩瑣屑亦盡心乎？遇同志不容不商訂，不遇同志遂不商訂乎？謂了無一法可得，深造自得何為乎？謂了無一物可舍，求田問舍、

干謁趨勢,將不必舍乎?此等空頭語言,似大而無歸,以此修持,欲吾身有所安頓,有所究竟,辟彼蒸砂,終不成飯。

古人常要指點未發是何主意,蓋未發真體原無作好、原無作惡,所謂率之即為道,發而皆中節。世或以任情為率性,總不達此。(按:《劉元卿集·詩文集卷三·答世馨姪》有此文)

善學者,天地以位;而不善學者,出門有碍,乾坤為之逼窄。善學者,萬物並育;而不善學者,惱怒填胸,妻子亦成藩籬。(按:《劉元卿集·詩文集卷十二·志仁申言》有此文) 以上錄自清同治刊本《識仁講院志》卷七)

鄉俗十二戒

一戒世家廢學

本會舊規次,四日演習冠禮。然至今童子自冠,此甚不合於禮。此後須循《家禮》舉行。戒賓不必顯貴,即於朋友中擇威儀端莊、禮文閑熟者為之儐贊;執事者不必衣冠士,即族戚子弟中能習禮者,可訓演行之。子加冠帽,如此其榮,子孫亦必自重,是可為子孫功名冠裳之兆矣。

一戒婚姻索財

近時議婚者論聘禮多寡,幾於為賈矣。及將婚,則又厚索食禮,甚至婚家鬻產以娶婦,婦方入門,而俯仰已無資食,是誠何心哉?請自思女非婢子,何忍賣婢之例乎?

一戒喪禮妄費

喪為送死大事,須以哀痛惻怛為本。近睹里俗,居喪之家,鳴金代鼓以迎吊賓,刲羊屠豕以張飲宴,招僧供佛以求追薦,侈費不可勝言。俗習既久,浹人骨髓。故喪主精神只在儀節上檢點,並哀衷忘之矣。今務須倡行古禮,毋布葷筵,毋作佛事。此不惟節省費用,亦所以明孝思也。

一戒大祠濫主

祭禮不明小宗之法,往往聚主於祠,及至祭祀,殊不清楚。且四代之祭已為僭矣,而四代之上又多不祧,以至前後相壅滯,幾於以祠堂為藏主之壑。自今有孝思者,或藏畫像,禮拜於私室而私奠之乎?或私祭小宗祠,無堆主於大祠中,其應祧者瘞主於墓,亦神之所肯。至於冷肉寒酒,不虔不誠,祖宗必怒,尤宜慎之。

一戒忿怒爭鬥

夫一朝之忿，可以忘身。或以一言不肯受，竟致受奴皀之呵。何其待鄉鄰不如奴皀也？或以一錢不讓，卒至傾祖父之業產。何其愛祖父之業不如愛一錢也？吾願與同志滅怒火於未然，以免亡身及親之禍。

一戒磊筭謀財

違例收息，重加桶面，斗斛權衡，大入小出。或喜糴貴穀，不與稱貸；或圖賴人命，希騙財物；或慣欺愚人，厚索貨賄。只等錢財，先得後失，必不能久，何曾見惡人久作財主乎？不報之於其身，必報之於其後。吾輩積陰德於冥冥之中，以為子孫長久之計，無徒為目前而遺殃百代。

一戒溺女忍心

子女俱一體，生女者或畏提抱之艱，或懼奩粧之費，忍心溺死，傷生害德，受報不小。養得大來，或是女孝，猶可養老，尚念爺娘，甚可靠倚。況溺女者必不生子，子亦不久，是不溺女而溺子矣，可不戒哉！

一戒演扮戲文

搬戲一事，昔人以為啟淫招寇之端，言甚懇切。夜扮，自然盜至；扮《西廂》《桃花》《焦帕》，自然引蕩；扮大戲，又惹鬼。皆為地方之害，有志者必戒之。

一戒僧人混俗

婦人不可拜僧為師，婦人不可入菴作會，父親不可賣子為僧，世家不可留僧宿夜。此不止儒禮當嚴，亦以見佛氏當謹。

一戒攸賴人命

螻蟻尚且貪生，豈可人自輕亡？句把說話，量大不聞；些小物件，心寬不較。命重乎？言重乎？物重乎？可自辨矣。

一戒子弟賭博

賭博蕩敗，盜賊根源。常見人家子弟打牌擲骰，三五成群，或祖父幾代之積累，一生之勤劬，歲月之間化為烏有。及至貧苦無聊，思為掏摸，掏摸不已，漸為穿窬，勢不至為大盜亡身隕命不止。自後吾鄉之中，父當戒子，兄當戒弟，有賭博者，群議逐之。

一戒土豪唆訟

口角爭鬥，事亦偶然；排難解紛，陰騭美事。近有土豪惡棍，每以小事兩邊刁唆，或鑽身作中，或梃身出証，只圖利己，不怕害人。此種心腸應遭天譴，自後鄉黨有此等人，院中舉會之日，察明諭戒。（錄自《識仁講院志》卷六《志訓戒》，清同治刊本）

正俗十四條〔註1〕

語有之：習俗之移人，賢者不免。然捨賢者，則無所望免矣。夫習之惡也，其初一二人倡之，已而成風焉。移而之善，豈不亦一二人賴之乎？士君子居鄉，能為倡者而已。待人之倡，其何日之有？作正俗十四：

一、重禮教。冠婚喪祭，禮之大者。禮教不明，俗之未善無惑也。本會舊規次，四日演習冠禮。然至今各姓行冠禮者尚少，此後須循《家禮》舉行。戒賓不必顯貴，即於朋友中擇威儀端莊、禮文閑熟者為之儐贊；執事者不必衣冠士，即族戚子弟中能習禮者，可訓演行之。惟從簡薄，庶可永久通行。婚者合二姓之好，為宗廟主，蓋大典也。近時議婚者，論聘禮多寡，幾於為賈矣。及將婚，則又厚索食禮，甚至婚家鬻產以娶婦，婦方入門，而俯仰已無資食，是誠何心哉？文中子曰：「婚娶論財，夷虜之道。」又安忍吾同會之重利而輕義也？喪為送死大事，須以哀痛惻怛為本。近睹里俗，居喪之家，鳴金伐鼓以迎吊賓，刲羊屠豕以張飲宴，招僧供佛以求追薦，侈費不可勝言。俗習既久，浹人骨髓，稍有敦古者，即群起誚之。故喪主精神只在儀節上檢點，並哀衷忘之矣。至葬之日，多裝飾無益虛文，以求美觀；動費不貲，題主祠后土。皆借榮達官，致忽慢壙事。此習俗之漸靡，為日久矣。今會中諸君志於復古，務須倡行古禮，一洗陋習，勿畏他人非笑，毋張鼓樂，毋布葷筵，毋作佛事。此不惟節省費用，亦所以明孝思也。至於祭禮，尤須講習。今各大家合祠而祭者，所在而是。然不明小宗之法，往往聚主於祠，及至祭祀，殊不清楚。且四代之祭已為僭矣，而四代之上又多不祧，以至前後相壅滯，幾於以祠堂為藏主之壑。此非小失也，宜漸次講明行之。凡此四禮之大，皆關係風教，倘能翕然倡行，使幼者漸知禮義，所謂還斯世於唐虞，其在斯夫！其在斯夫！

〔註1〕按：清同治四年刊本《蓮花廳志》卷二《風俗》錄此文，原無此標題，而賀恢《愛蓮編》卷九《學校志》錄此文，註明「正俗十四條」。此錄以《蓮花廳志》為底本，《愛蓮編》為參校本，擇善而從，不另出校注。

一、戒忿怒。夫一朝之忿，可以忘身，及親皆不能懲，以至於此。吾鄉大患，在不能懲忿。近稍稍知禮讓，減訟爭矣。回顧他時，孰得孰失？孰損孰益？予嘗試觀訟端之起，或以一言不肯受，竟致受奴皂之呵。何其待鄉鄰不如奴皂也？或以一錢不讓，卒至傾祖父之業產。何其愛祖父之業不如愛一錢也？夫怒猶火也，始發之初，滅之甚易。既已焰熾，則焚山燎原，不可撲滅，豈不甚可畏哉！吾願與同志滅怒火於未然也。

一、明義利。夫義利之辨，昔談尚之矣。今無論市井競刀錐，村落競倉箱，即吾輩負聲於時者，高談仁義，而身居欲境，無惑乎無以壓人心也。且富貴固有命，即窮貪極欲，不能增命之所無，而枉小人之名；即清介不取，不能損命之所有，而贏得君子之稱。人亦何若而不君子也？吾輩於義利一關，當極分校，無以私滅公，無以冥冥惰行，無以小節不檢為無傷。洗滌本源，心行一如，庶足以語精義之學。

一、崇儉約。古人云：「儉，德之基也；侈，惡之大也。」夫侈豈遽至於惡之大哉？窮奢極欲，費用不給，不得不取非所有，是奢者貪之根本也，故曰惡之大。近睹里中尚侈靡，甚有陰謀險計，以浚人之膏血，而求粉飾門面，以張大一時。噫！以飲食衣服之美，而致其身於凶，人懵不之顧，是之謂不知類者。矧富者侈靡成風，而貧者相倣相效，其為害尤不小。今後諸君子宜敦行儉樸，省虛文而尚實意，則用恒有餘，既不至於取非所有，而積之既厚，亦可以推濟貧窮。雖或蒙吝嗇之誚，而免貪夫之恥，獲惠人之名，亦未為不可也。苦心之言，尚慎聽之。

一、尚和睦。夫宗族鄉鄰之人，朝夕相見，住居里巷相近，自合和好。今人偏於相近鄉鄰，反生嫌隙猜忌，富者欺貧，貧者妬富，強者凌弱，眾者暴寡。無論他事，即言語之間，亦持相勝之心，甚則以一言不合，遂相爭鬥。又或陰設陷穽，唆人詞訟，彼此相報，了無寧日。鄰里有患難，不但不能相恤，且欣欣然樂道之。有美事不獎借，且吹毛求疵以譏之。風俗至此，去古遠矣。往時吾鄉在在如是，然非所望於今日向道諸君子也。

一、念貧窮。夫軫念貧窮，仁人之心，即施財救乏，或難槩律。然如近時違例收息，重加桶面，斗斛權衡，大入小出。或喜糴貴穀，不與稱貸；或圖賴人命，希騙財物；或慣欺無主僧道，厚索貨賄。此數者能一一戒之，不使加乎其身，即便是去惡實功，而貧困小民受利多矣。吾輩積陰德於冥冥之中，以為子孫長久之計，無出於此。無徒為目前之利，而遺殃百代也。

一、端蒙養。《易》曰：「蒙以養正，聖功也。」夫子教弟子者，必先孝弟謹信、愛眾親仁，學文則次之。今之教弟子者不然，學文先之矣，視孝弟等事為虛文，以歌詩習禮為長物。蒙養弗端，安取良才也哉？及其成人，無論不偶於時者，即文足以動主司，取科第，而浮薄貪婪，為父母之羞，為鄉人之賤，安在其為榮也？故教子弟者，須擇端莊之師，教之孝弟謹信、愛眾親仁。誘之歌詩，以和氣情性；導之習禮，以正其威儀。他日成家，必為端士。為父兄者其慎念之。

一、禁溺女。子女俱一體而分。近時生女者，或畏提抱之艱，或懼奩裝之費，遂忍心溺死，傷生害德，受報不小。今後同志者，宜首禁之，不爾有罰。

一、禁搬戲。搬戲一事，昔人以為啟淫招寇之端。此言甚懇切。凡我同會，合心嚴禁，有俳優入境，必預先申約，不許居民停引歇宿，自然不能容住矣。

一、禁尚鬥。夫鬥有二：有因忿爭，遂以酒食相勝，爭覓異品，盛設筵晏；或重利謝中，其有作中者，利於得謝，播弄是非，構成大釁。又有因時節賽會，裝餚神船，施張燈火，鳴金放銃，彼此相角。通屬惡俗，各約會嚴加禁令。

一、禁佛事。追薦受生之說，其妄明矣，不待辯也。近世愚民費口體必養之資，以為一時火化，遂至貧無所依，可痛甚也。今雖習尚已久，然知道君子須諭以義理，使之自覺其非，慎勿躬自蹈之，則此項靡費，可以漸減。

一、禁墨衰。鄉之愚民，每聽日者之說，遇父母之死，輒稱時日不利，遂不成喪。甚者言笑自若，官服如常。此豈人子之情哉？今後有此，必指明呈究，併及日者。

一、禁拖欠。頑悍之徒，故違官限，負累當年，甚至賠販傾家。以此懷忿起訟，輾轉相仇。甚非美俗所當，痛戒。

一、禁納叛。往有招納逃佃逋僕以為利者，然彼此相報，去自納之者一間耳。起訟傷情，多由於此。今既立為大會，則諸姓皆屬同心，豈可更為逋逃主以傷親情？自後當深戒之。（錄自清同治四年刊本《蓮花廳志》卷二《輿地志·風俗》，第八三～八八頁）

世外石渠庵募書題詞

世外石渠。先是庵既成，規制太高，取其足以豁雙眸於村落之外也。日久動搖，不可居，且前既面牆，後復臨壁，室堂暗塞，不稱雅懷。乃改從今向，作前後二堂，前堂題曰洞虛，以待遊客，後

以祀佛，左右房各為小樓，下瞰洞中，視前倍堅緻。又於巖下築方長，借石為瓦，題曰月院雲房。時萬曆乙未也。既成，引空令其徒法宗居之，而自居三一庵。三一庵在復禮書院之左，相去可五里許。有事西疇，則徒眾更相往來，有通力合作之風焉。

竊惟元公之悟主靜，必依月巖；朱子之事討求，須尋白鹿。蓋將啟千古之大道，庶幾見石室之丹書。維茲洞天，從來勝地。列仙家之六六，更塵世已千千。始者誰驅五丁，鑿一竅於混沌；既焉荒其三徑，塞溪澗以榛荊。鮫窟春寒，但見愁猿啼夜月；石城雲鎖，不聞仙犬吠桃源。予乃謀諸良朋，開乎茅塞。空中樓閣成於不日，高矣榱題疑若登天。初謂攀摘星辰，久之飄搖風雨。亢而有悔，孤則難持。茲欲捨舊圖新，摧高為下。始於覆簣，累為及肩。之墻下者為巢，豈必干霄之木？云無心而出岫，終依古洞以來歸；鳥倦飛而思還，應望邱隅而知止。不知老之將至，但喜朋自遠來。此身如羲皇上人，是名佛土；此土即孔顏樂處，當境西方。顧此盛圖，須資眾力。敢敷告於多方多士，蓋有望於同德同心。（錄自清嘉慶元年刊本《石城洞志·建置》）

題井湖馮君八十壽圖

三江委蛇，來石廊洞三飲之，於中吸聚為一小溪，從山後石鼻噴出，蓋奇境哉！予雅戀其勝，常遊之，風月之夕，坐石談經，不自分誰佛誰儒。廼好事者或寫為圖，列群仙其間。余披圖而嘆曰：「茲洞乎，仙佛儒交處之洞，故嗢三江合流而出。蓋三教合一，自昔象兆之矣。」於是洞之主人井湖馮翁，以今九月後望二日壽八袠，客有故善井湖翁者瑞喬彭君信，買其圖為壽，而屬余文。余曰：「石廊之圖，備三教之義矣。仙佛儒故皆貴壽，至其所以論壽，則儒者主仁，佛者主常住真性，雖仙家亦不專主吐納之術。蓋六根終歸於壞，而金玉富貴不轉瞬滄桑換易，尊譽奇勛未一再世而即湮泯，惟心乎道，則萬古不磨。故三教雖不可強同，然要歸於為善。井湖翁老矣，其尚披是圖而益勉於善，以睦其族而貽範厥嗣，則可法可傳，其壽為大，石廊之洞若增而重矣。」瑞喬君再拜而謝曰：「圖不盡意，書則盡言。請書以貽井湖。」

萬曆辛巳九月既望日，洞天散客劉元卿敬書。（錄自《洞溪馮氏三修族譜》）

馮氏祭田序

今之田連阡陌者，烹肥擊鮮以自奉與奉賓友者，豈鮮眇哉？廼其所以祀先者，缺如也。孔子無間然於禹，曰「菲飲食而致孝乎鬼神」，世或反之蔽矣。

吾鄉馮氏故著族，其先世有長者捐資助賑，有司上其事，天子命旌其門曰尚義，殊榮也。邇歲余蝟集鄉彥相勉以學，勃然嚮進者，首稱馮氏，移故習，敦禮法，一變至道焉。予歎之曰：「有本哉！其先世之能修德之驗歟！」又三年，某等僉議置田於祠，贍春秋祭，族之人咸歡然出金，不浹旬而事就。予又歎之曰：「有本哉！其諸君之能學道之驗歟！」嗟乎！有先世之尚義，故其子孫能樂學，其子孫能樂學，則益思先世之德之不可忘，然則今日之田之置，其馮氏先長者食尚義之餘報也哉！故為人祖者可以勸矣，為人孫者可以觀矣。一行而善物備，其斯之謂歟！抑予又有取焉。往馮氏豐於賓筵，又多豪達嗜飲，今一旦移其豐於鬼神，而遷其儉於享奉，斯善學禹者矣。予故特筆其事於籍端，以為學禹者赤幟云。（錄自《洞溪馮氏三修族譜》）

懶人會說

書林洞故有懶人會，再舉於丙子夏六月，謂余亦懶人，走檄來召。余方高臥北牕下懶人洞中，乃知余又懶之懶者。客或問余曰：「文王小心翼翼，周公坐以待旦，孔子不食不寢，獨奈何以懶名會？」予曰：「子來前，夫懶與勤難言哉！雞鳴而起，孳孳為利，若蜦蝜者然，是謂呆勤；潔身自好，杜門掃軌，若寒蟬者然，是謂愚懶。若是者君子弗取也。故惟善勤者能懶，亦惟善懶者能勤。子不云乎，文王小心翼翼，乃無然畔援，無然歆羨；周公坐以待旦，乃東麾一秉，蟬脫塵埃；孔子不食不寢，乃不義富貴，視若浮雲。三善人者，勤在道義，懶在外物，是之謂善懶，是之謂善勤。洞中諸君子，其亦承三聖人乎？其亦為呆勤呆懶者乎？是在擇之而已。故余嘗為之言曰：『古之君子懶乎今人之所勤者，今之君子勤乎古人之所懶者。』誠反之，則亦何今不可古乎？」諸君子皆欣然，願以予之說而相切磋，遂書於會簡之端。會凡若干人，後入者不限，不入者不強。（錄自《洞溪馮氏三修族譜》）

書扇贈守愚

智人之所恥也，馮君獨守之。余愚人也，喜人之守愚，乃謂之曰：「君子守善哉！」人皆貪得，而君獨愚讓；人皆競鬭，而君獨愚忍；人皆便便，而君獨愚默；人皆放達，而君獨愚勤。嗟夫！是愚耶？是智也？愚者愚耶？智者愚耶？今天下之智者夥矣。千思萬算，苦其身以死，而卒不能越其貧富壽夭之定數。回而算之，乃不若蠢而愚者之逸。是信乎智之未必智，愚之未必愚耶。是

故舉世尚爭，而夷、齊之讓愚；舉世競氣，而公藝之忍愚；舉世尚才辨，而顏子之默愚；舉世尚放達，而陶侃之勤愚。噫！唐虞之世，天下皆愚，愚無待守；愚而待於守，可以慨世矣。（錄自《洞溪馮氏三修族譜》）

祭茶園文

蓋嘗觀東下之波與西逝之烏，遷謝無停，新新相遞，彼彭、殤死等爾。顧獨念人生，區宇大較，品三：其下繕生自肥，譬之雞鶩；高者清於世味，即為時玩，猶然奇花弄器也；乃若才能肩鉅，志不營私，斯亦謂布帛谷粟，萬類共資者歟。嗟我茶園，才錫之天，志樹在己，人方交爭君，徐一語定之，或熄火於未然，或撲焰於已熾。鄉族帖帖賴君之力，而知君者稀，今君之沒也，豈無哲人而忘？或自好，則醒眼禁舌者麾肩；才儻非長，則盈庭不決者都是。蓋自今而後，君之族與君之都人日多事矣，欲不悲君，得乎？予與君交十年而餘，無月不聚，無遠不從，越水春帆，曾幾何時，奄忽長逝，變為丹旐。撫今追昨，淚盈盈落數行矣。嗟乎悲哉！（錄自《洞溪馮氏三修族譜》）

書慰善甫（一）

足下慨然行古喪禮，而以司祀司書屬之區區，方懼不諧典禮，乃辱大宴、雅覡，非惟負慚，且非所以待契厚者。六幣不敢當，僭授來使納歸，余俱拜嘉謹謝。今先翁神主香畢後，須祀之私室，大祥乃入祠，此古禮也。且朝夕識不忘，得伸孝子之情，吾輩知禮，當力守之，庶足以易風習，興孝敬也。事伯叔宜如父，即前輩氣質粗厲，正宜溫雅以順之，稍忤有觸，則兩失其道，不可但委之人。足下為人所屬望，須以聖賢自待，若放下自身，陪他人不是，風俗終無變易之期。勉之勉之！（錄自《洞溪馮氏三修族譜》）

書慰善甫（二）

耿叔臺相見，即笑我云「山中諸友如失慈母」，然兒子長大，若不離娘行走，終不得力。不佞雖不敢當慈母，然亦願望足下脫手擊磬，庶幾慰我矣。足下念自不凡，然終為作家心太重，故未得長益。常須平旦思量，人生六十，受用得幾何，奈何將千古事業為此妨去，他日如何消得此悔恨，念及此，自不能不聳動。不佞此中亦頗有同志，可與談此事。然不能忘情舊遊，至如足下與靜父、德中諸友，則時時不能去念，願相與勉之，更煩致意守愚丈及廡上諸君。（錄自《洞溪馮氏三修族譜》）

石橋馮君像讚

伐石為橋，往來以通。克剛為柔，惟學之功。有美貞士，我瞻我崇。謂我藏兮，聲味攸同。任俠之氣，化而為磬，折之肅恭。倨肆之質，約而為謳，吟之雍容。交深者知其一變至道，乍識者以為天性之含洪。始從講業，馮氏四公。守愚樸直，洞泉儒風。茶園才略，公則英雄。今公逝矣，子可亢宗。此固公之遺訓，而亦天之所以福公也哉！（錄自《洞溪馮氏三修族譜》）

守愚馮君像讚

有美馮君，鄉之長者。何以擬之，古之愚也。如象口張，畢露中藏。如矢斯直，一發穿楊。舉世滔滔，設械為奇。君曰嘻嘻，我不能知。里俗尚勇，力詘為雌。君曰嘻嘻，我只如斯。手不停抄，口不絕哦。客來一笑，歡極而歌。如此終身，遂忘其貧。殆不知為無懷氏之民，抑亦葛天氏之民？（錄自《洞溪馮氏三修族譜》）

守愚賢配謝氏像讚

侃侃夫子，好客如飴，孺人曰：「我有斗酒，藏之久矣。」侃侃夫子，好客而貧，孺人曰：「我有短髮，截以延賓。」不恤其躬，惟夫子是從。是故守愚，有子瞻士，行之高義。孺人有蘇妻、陶母之遺風。（錄自《洞溪馮氏三修族譜》）

茶園馮君像讚

君之壯也，翩翩任俠。思挫一毫，百折不抑。晚而回向，乃從我歌。於以贊我，為勞孔多。東越南楚，靡弗與俱。朝我夕我，是依是俞。古洞無恙，君則何適矣？忍見遺容，使我心惻矣。（錄自《洞溪馮氏三修族譜》）

鄒母賀碩人行狀

予得友僉憲公，自其為孝廉時矣。公遇予，輒以古學相勉。予時稍能束修，聞其言，始知有聖人事業云。嗣是交好日篤，以兒女相許，而翁子早卒。故予不但知僉憲公，而益習賀碩人賢。往者既為僉憲公狀，而碩人之歿後公二十有八載，其二孤將請銘而復以狀屬余。余弗能辭，而狀之曰：

碩人姓賀氏，永新下邳剌史諱世采之女，母封宜人蕭氏生。碩人語默定動凝然，授以《孝經》《列女傳》，一過輒習，絕憐愛之。初下邳公師事文莊

先生，稱高足弟子，因與太常公友善，見僉憲公器之，曰：「是當大其家學者，為吾女擇所歸，則無如此子。」遂許聘焉。既歸鄒，時文莊公而下皆兢兢講業，不暇問家人生產，碩人攻苦茹淡，佐僉憲公力學。戊午舉於鄉，碩人女紅自若，親黨相賀，門庭晏然如常。子袞纔四歲，輒教之詩書，手足容有不飭，即引禮切諭之，勿令佻達，亂家範，其肅如此。天臺先生典學南畿，寓書招僉憲公，公挈家往依先生，屬諸名士若焦弱侯、楊道南輩，往還相訂無虛日。碩人於旅中具漿脯豐腆，令無失賢者意。及太常公督學齊魯，公又挈家而東。署中婦姑娣姒融融洩洩，二母各舉子，更互為哺，人莫能名其所自出。時有二貓相乳之祥，蓋和氣之應云。語在僉憲公《貓相乳說》中。

　　僉憲公既成進士，授比部主事。宦邸清冷，碩人殊安之，二子至手足痿瘃，不為意。時天臺先生為符卿，僉憲公物色宇內名彥，欵致師門。碩人為親治菜茹，肴核或不給，脫簪珥佐之，未嘗有倦怠之色。先生嘗語：「吾得甲戌榜中英才，半為汝海壺飡中所招來者。」蓋碩人有力也。江陵柄政，傅、劉二公先後詆訶罷譴，僉憲公悉調護之，具疏擬申救。碩人力止之：「公即不自念，獨不念禍及老父耶？」焚其草，弗得上。讒者微知其事，公以是稍遷員外，隨出之僉憲河南。巡按御史望風疏論，公於是遂拂衣歸。念家世食祿，惠不及人，因捐贍族田百石，復置田琥溪，周諸內姻，碩人實慫恿焉。

　　僉憲公即世，閔閔焉望其子之成立，如望歲然。且內難外侮，百相攢集，則日討二孤而訓之，孺子惟弗力學，斯為及是耳。延故諫議介石王先生於塾，合執經焉。居頃之，遣子袞問學王塘南先生及從父汝光氏。每往，必問師所言，因而勉之。及袞廩食縣，官科試居副榜，又其力行，日有名於諸生中，乃喜見色。時太常公夫婦春秋高矣，碩人奉甘旨惟謹，比其老不懈益虔。人或謂碩人齒日尊，諸婦可服勞，宜少休。碩人則以「吾一身兼婦道子職，安敢不謹？」太夫人每稱冢婦孝不去口，蓋其安之也。

　　碩人性喜施予，歲大饑，捐粟為饘粥食貧民，令兒子輩平糶，勿因災為利，貧病者市藥物，死者予之槥以斂，諸乞布施者無不得其意而去。居常鍵一室，齋心禮佛，修西方淨業，即造次不釋數珠子。子袞遭奇疾，為禱金仙，捐田百奉祀。袞因問請捐田百石供東山會，則碩人益大喜，曰：「此先文莊公講學之地也，抑爾先君子之志也，爾亟圖之。」蓋慈而好施，其天性云。噫！可謂賢矣。碩人生以嘉靖丁酉五月二十六日，歿以萬曆戊申八月二十六日，享年七十

有二。歿之數夕，家人方擊鮮治奠饌，夢碩人責子婦何不先進太夫人。其孝謹之誠，死猶不忘如是。是宜太夫人之亟稱冢婦孝，而哀碩人特深也。

萬曆己酉夏五月，眷生劉元卿頓首拜撰。（錄自《鄒氏潗源七修族譜》卷八《狀銘》）

明故王母劉孺人墓誌銘

江西庚午經魁、眷晚生劉元卿頓首拜撰，文林郎、知楚鄂嘉邑事、文水武功漁樵、宗生王天任書篆。

孺人諱芷秀，姓劉氏，余族月溪桂山君之女，金灘王靜軒先生之妻也。孺人柔靜利貞，出於天性，歸王氏，克閑內則。居亡何，翁且即世，屬有重役，孺人備嘗艱辛，相靜軒不遺餘力，以是靜軒得無內顧憂。靜軒昆弟四人而己長，孺人孝於舅姑，為娣姒先。遇諸娣姒，和柔謙厚終其身，微小郤，尤加意，族屬厚之、敬之。雖待貧甚者，不損於富人。有忿爭，輒百計慰勸。其困窘者貸以錢，貸而貧不能償者還其券。余常慨世風之下，人私其身，秦越族人者不尠，甚則憂其所喜，喜其所憂，夫豈謂孺人能如是，無亦其性則然，不濡漸於習耶？丈夫可少媿省矣。又性故謹飾，動從儀法，居卑尊間無不順適。庭闈絕不聞厲聲，御女奴假以顏色，使治紡績皆有條序，雖甚怒而寬厚之意常溢焉。

居五十年，夫妻相敬如一日，延師課子，盡其勤劬，示諸子婦，大都以忠厚勤儉為先。靜軒君先孺人卒，孺人寡居，統諸子婦聚一室中，不異爨，若靜軒君存日。久之，倦於家事，廼三分其產，委諸子。獨季也早卒，有遺孤，孺人又撫之，至於成立。居常撫盈若竭，未常侈飾金寶，而豐於賓席與祀事。即屬纊時，尤語諸子曰：「老婦膳田毋令得私之，必以供祠冬祭。」其子卒奉遺命。其識見弘遠類如此，若習聞乎理道者，孺人蓋賢有德者云。孺人出余宗，而余弟貴卿氏與孺人之次子師傑為兒女好，則既耳孺人之賢行熟矣；又徵諸郡庠生王廓泉之狀，必不溢美者，而余銘蓋不能辭。

按〔狀〕，孺人生弘治辛酉十一月二十二，歿萬曆癸酉四月初三，享年七十有三。奉柩葬於本邑二十七都藕塘象形壬子山丙午向。子三，師仁，師傑，季師化，先孺人逝。師仁娶謝氏，女一，適烏溪陳汝祈，生男嘉猷，師仁自幼撫育擇配，不啻己出，皆孺人遺愛所及。師傑娶賀氏，生女二，長即余弟所聘者，次尚幼。師化娶朱氏，生子國桂，娶姚氏，女一，適龍田賀堯賓。

銘曰：婦人之道，柔順乃常。出為辨強，匪德之良。淑哉孺人，遠有賢譽。協於尊章，壼範是樹。儉於服食，而豐賓祭。道固宜然，豈不能備？藕塘之墟，山田水護。有崇者丘，其鎮茲土。（此文為蓮花縣新發現的墓志銘，由南陂中小學陳啟明初點校，筆者再校勘）

明處士守安王先生墓誌銘

鄉進士奉詔徵請告耕牧瀘瀟二山、石廊飛瓊二洞，兼署復禮、識仁二書院事，眷生劉元卿拜撰，南京太學生忝甥陳國相書篆。

王氏其先邑北連嶺人，遷袁州，載遷浯源，有諱宗英者，徙家金灘云。數傳至鼎，家聲日振。鼎生孔莊，孔莊生體徵，體徵生秉良，秉良生子瞻，是為君父。

君名師仁，守安其號。蚤失怙，奉母劉，能適其心，愛二仲甚篤。亡何，劉亦捐館舍，君乃纖嗇儉苦，惟恐失墜其先業。尤善忍，人以非意於之，寬然不為校。屬有天幸，家用饒裕，起視其產，拓之倍於疇昔。會季氏死，而其所遺孤復早卒，久之，仲亦亡，君憐撫其兩稚孤若己出。間語其家人曰：「吾老不子，吾父而下奄奄不絕者如帶，即有困粟隆於天，宛其逝矣，孰懷其德？豈不可及其生平佈恩市義，使里中稱為善士，不亦休乎？」會歲再大侵，為飯於路，以食餓者。兩輸其家粟，佐邑長吏以給貧民，邑長吏為請賜爵一級，不聽，既而強致之。君冠帶，一見其族黨，曰：「吾終不以一行掩取長吏之惠。」已而捐地構大父祠，置祭田，輯家乘，所費良鉅。

先是，予謀修復禮院，又楊宅橋，而鄒太常亦議修鳳林橋，此三大役，君皆數十金資之，若可以已矣。尋念嘉林當有浮橋，上百金於縣創為之，縣大夫謂君子之里方謀創識仁講院，移此金倡之，其為渡人多矣。君喜唯唯，於是邑之西有兩書院，咸推君之力。嗟乎！此不亦所謂富而好行其德者耶？而世之論者常暗也，曰：「是殆為艱嗣之故以爾。」夫當吾身，修業而息之，類不忍銖兩，蓋吾猶及見鄰之翁，老而不嗣，比病且革，一侍兒從旁哭之，翁息不屬，睊而強語，猶諄諄謂某也：「債未畢收。」計不過斗升矣，此其人豈必有子傳之？利亦人之情性也，誠不吝數十百金而人受其利，斯亦仁矣，又從而極之。何世之人重與人為善，率若此哉！

君生於嘉靖辛卯中秋，歿於萬曆辛卯閏三月十三日。妻謝氏，子二人，國楷、國親。國楷，弟師傑次子，立為君後。國親，出姜彭氏所挾身而去者，君

沒而後還之。人以為君行道有福之徵云。女一人，謝出，烏溪陳汝祈，其婿也。卒之明年十二月念八日，葬君於三十一都尖嶺龜形申庚山寅甲向。先期其甥陳嘉猷以王庠生天位所為狀來征銘，予最德君，誼不得辭。

銘曰：人不必鑿於聖，惟其有利於人。利不必周於物，惟其有繫於風。中國授室，西土所宗。先生之義，百世不窮。

以萬曆丁未臘月初八，附葬二十七都象形母劉氏墳右，山向同。

萬曆壬辰年冬十二月二十八日孤子國楷、國親泣血立石。（此文為蓮花縣新發現的墓志銘，由南陂中小學陳啟明初點校，筆者再校勘）

鄉試《春秋》題答卷

《春秋》第一題：春王正月。隱公元年。春，會戎於潛。隱公二年。

（按：《春秋》共四題，劉元卿選擇第一題作答）

觀《春秋》尊周外夷之旨，王者之體用備矣。蓋王者，合體用而一之者也。隆王正而謹交戎，經世之訓，其深乎！且帝王之御世也，必囿天下以仁而後其體立，必辨天下以義而後其用行。《春秋》，天子之事，而體用咸備者也，安得不於《隱公》之編而首發之耶？

正月，紀春明天時也，而加「王」於「正」焉，是豈徒尊周而已哉？蓋自乾坤覆載，而萬物竝育於其間矣，王者參天兩地，而可以自隘其含弘之量乎？以采甸，則撫綏之不遺焉；以荒服，則兼育之無外焉。雖殊疆異域，不無親疎之等，而有分土無分民，王德之體固宜爾也。苟於正朔而不有以尊之，則西周大統之業，其何以續好音於不墜也哉！是故大一統以尊王，庶乎內而諸夏，外而蠻貊，莫敢不來享，而帝王萬世之業定矣，其亦《周官》設懷方之意歟！

於「潛」書「會」，錄脩好也，而「戎」舉其號焉，豈徒抑夷而已哉！蓋自否泰攸分，而陰陽消長於其間矣，王者保泰傾否，而可以自弛其制禦之略乎？以冠裳，則捍衛之孔固焉；以左衽，則防斥之惟嚴焉。雖慕義求通，固有懷柔之道，而治之以不治，王道之用固宜爾也。苟於會戎而不有以外之，則東郊既開之烈，其何以繼先業於不忘也哉！是故外戎狄以譏魯，庶乎內者不出，外者不入，莫不安其所，而中國萬世之防峻矣，其亦《周官》別六服之意歟！

吁！王德體也，體弘而用始不隘；王道用也，用秩而體始不淆。恩威兼濟，其國家長久之術乎！雖然，廣土眾民，先王懼焉，夷狄雖或賓服，其欲逞之志，未嘗忘也，則夫仁賢以衛國，德澤以保民，訓詁兵戎、謹固疆圉者，其可後歟？此又順治威嚴之道也。《詩》曰：「勉勉我王，綱紀四方。」《書》曰：「無怠無荒，四夷來王。」其亦《春秋》之意乎！（錄自《明朝隆慶四年庚午科江西鄉試錄》，《天一閣藏明代科舉錄選刊·鄉試錄》第二十九函第一六四冊）

輓茶園馮君

飄零湖海竟何求？十載論交意氣投。劉向蕭然經欲罷，馮唐已矣語空留。屋梁月落寒生夢，巖洞雲深草自秋。繫馬庭邊倍惆悵，斷猿孤雁兩悠悠。（錄自《洞溪馮氏三修族譜》）

賀守愚馮丈榮躋七裘有序

余之契守愚君也，二十年於茲矣。今年五月二十八日，屆七裘，而令壻彭霓則余外甥也，貽書北來，徵余言為君壽，壽之以詩。

人間幾度見桑田，盛夏馮驩敞玳筵。天可必乎宜爾壽，古之愚也定誰憐。時呼雞黍知留客，渴問瓊漿應得仙。煙鎖石城君代主，劉郎萬里寄新篇。（錄自《洞溪馮氏三修族譜》）

贈坦泉公廬墓

十年還著舊儒冠，潦倒行歌善自寬。苫塊獨憐形影瘦，蓼莪猶識淚痕殘。文明堂上琴為伴，茂對庭前草未刊。車馬城邊人不少，誰能耐得此中寒。（錄自《瀲源七修族譜》卷十二）

元潭山菴為瀘水兄題

瀘江自抱危巒曲，飛閣臨流相映新。櫓盪波光搖石壁，風吹樵歌入松筠。廟廊不少匡時策，巖谷偏宜我輩人。若問龜山在何處，一川雲月老孤臣。（錄自《瀲源七修族譜》卷十二）

集杜一首

愛爾玉山草堂靜，柴門不正逐江開。旁人錯比揚雄宅，江上徒逢袁紹杯。漁翁夜傍西巖宿，賈客船隨返照來。此地從來可乘興，須成一醉習池回。（錄自《瀲源七修族譜》卷十二）

月院雲房新成志喜

誅茅磊石竟何求，為愛巖居事事幽。換盡遊人山自好，閱窮桑海洞長秋。鶴來掠動巢雲薄，仙去空遺丹井流。不羨西莊王給事，閒呼麋鹿是交遊。（錄自清嘉靖元年重刊本《石城洞志·詞翰》）

小憩雲樓酬謝諸馮君觴客

小樓閒倚對斜曛，塵世紛紛總不聞。夢裏宰官堪自笑，山中鹿豕莫離群。泉分竹梘終宵雨，僧臥巖屏盡日云。除卻腐儒庸淺語，壺觴何以答諸君。（錄自清嘉靖元年重刊本《石城洞志·詞翰》）

洞中戲答成甫弟

我自憐君沉苦海，君還念我在風塵。縱聞黃鳥思求友，無奈青氈坐絆身。過雨泉聲鳴珂珮，劈雲石柱聳嶙峋。小劉可識天台趣，與爾相攜一問津。（錄自清嘉靖元年重刊本《石城洞志·詞翰》）

於石城別萬繼躍

傾蓋相逢十載前，重來把臂各依然。故人風雨淋頭夜，長夏雲霞洞裏天。乍聽蘭言驚法座，忽看柳色入離筵。悟來卓爾尋常事，莫說高堅是秘傳。

一臥禪扉長薜蘿，每於仙洞得春多。客來老鶴能呼主，興到微吟只自歌。雲過石巖添玉筍，風生水月盪金波。驪駒聲動君歸去，悶殺桃花可奈何。（錄自清嘉靖元年重刊本《石城洞志·詞翰》）

飛瓊岩

在二十七都老山，予與予兄止山共管山之上有瀑布泉，飛瓊濺雪，其下小洞可坐，予遂以「飛瓊」名之。乃徹故神座，平其地，三面為橙，一面為闌干以俯泉，置神座於小案上，闌以外為玉井，為丹竈云。聯曰：「野鶴叫殘岩下月，飛泉滴破洞中天。」〔註2〕（錄自清嘉靖元年重刊本《石城洞志·附書》）

〔註 2〕按：此聯，劉丹主編《蓮花縣志》誤作《石城洞聯》，且有兩處異文，作「野雞叫殘岩下月，飛泉擊破洞中天」。《劉元卿集》（第 1518 頁）未加考證，誤收了所謂《石城洞聯》，特此說明。

神宗授禮部主事劉元卿承德郎制

　　奉天承運，皇帝敕曰：朕寤寐賢儁，以天下羅之，猶慮逸焉，則搜求巖穴，與共天位，乃績底明，亦克愜於朕志。爾禮部主客清吏司主事劉元卿，力學古人，直言世事，忤時遠引，物論歸賢。朕特試爾於辟雍，多士以為楷，乃擢佐客部大夫。而爾信足孚頑明，能紀遠式、颺文德，譓彼要荒，朕實嘉之。茲以歲滿，授爾階承德郎，錫之敕命。朕聞之君子難進，進不隱賢。《易》不云乎：「井渫用汲，王明受福。」為德為汲矣，爾尚究而友所為福者。欽哉。初任國子監博學，二任令。萬曆二十五年五月十七日。（錄自蓮花縣坊樓鎮南陂九祖祠內匾牌原文，此文與《南溪劉氏續修族譜》中收錄者（見《劉元卿集》，第一五六二頁）文字上略有異）